KB085812

제1회
포스코그룹
적성검사

〈쿠폰번호〉

도서 동형 온라인 모의고사(4회분 수록)	ASSW-00000-0AD1D

〈문항 및 시험시간〉

포스코그룹 온라인 PAT		
영역	문항 수	영역별 제한시간
언어이해	15문항	15분
자료해석	15문항	15분
문제해결	15문항	15분
추리	15문항	15분

제1회 모의고사

제1영역 언어이해

01 다음 글의 제목으로 가장 적절한 것은?

> 만공탑에서 다시 돌계단을 오르면 정혜사 능인선원이 나온다. 정혜사 앞뜰에 서서 담장을 앞에 두고 올라온 길을 내려다보면 홍성 일대의 평원이 일망무제로 펼쳐진다. 산마루와 가까워 바람이 항시 세차게 불어오는데, 살면서 쌓인 피곤과 근심이 모두 씻겨지는 후련한 기분을 느낄 수 있을 것이다. 자신도 모르게 물 한 모금을 마시며 이 호탕하고 맑은 기분을 오래 간직하고 싶어질 것이다. 정혜사 약수는 바위틈에서 비집고 올라오는 샘물이 공을 반으로 자른 모양의 석조에 넘쳐흐르는데 이 약수를 덮고 있는 보호각에는 '불유각(佛乳閣)'이라는 현판이 걸려 있다. 부처님의 젖이라! 글씨는 분명 스님의 솜씨다. 말을 만들어낸 솜씨도 예사롭지 않다. 누가 저런 멋을 가졌던가. 누구에게 묻지 않아도 알 것 같았고 설혹 틀린다 해도 상관할 것이 아니었다(훗날 다시 가서 확인해 보았더니 예상대로 만공의 글씨였다). 나는 그것을 사진으로 찍고 그만한 크기로 인화해서 보며 즐겼다. 그런데 우리 집에는 그것을 걸 자리가 마땅치 않았다. 임시방편이지만 나는 목욕탕 문짝에 그것을 압정으로 눌러 놓았다.

① 만공탑의 뜻　　　　　　　② 약수 보호각

③ 정혜사의 불유각　　　　　④ 정혜사 능인선원

02 다음 중 밑줄 친 빈칸에 들어갈 내용으로 가장 적절한 것은?

1979년 경찰관 출신이자 샌프란시스코 시의원이었던 댄 화이트는 시장과 시의원을 살해했다는 이유로 1급 살인죄로 기소되었다. 화이트의 변호인은 피고인이 스낵을 비롯하여 컵케이크, 캔디 등을 과다 섭취해 당분 과다로 뇌의 화학적 균형이 무너져 정신에 장애가 왔다고 주장하면서 책임 경감을 요구하였다. 재판부는 변호인의 주장을 인정하여 계획 살인죄보다 약한 일반 살인죄를 적용하여 7년 8개월의 금고형을 선고했다. 이 항변은 당시 미국에서 인기 있던 스낵의 이름을 따 '트윙키 항변'이라 불렸고 사건의 사회성이나 의외의 소송 전개 때문에 큰 화제가 되었다.

이를 계기로 1982년 슈엔달러는 교정시설에 수용된 소년범 276명을 대상으로 섭식과 반사회 행동의 상관관계에 대해 실험을 하였다. 기존의 식단에서 각설탕을 꿀로 바꾸어 보고, 설탕이 들어간 음료수에서 천연 과일 주스를 주는 등으로 변화를 주었다. 이처럼 정제한 당의 섭취를 원천적으로 차단한 결과 시설 내 폭행, 절도, 규율 위반, 패싸움 등이 실험 전에 비해 무려 45%나 감소했다는 것을 알게 되었다. 따라서 이 실험을 통해

① 과다한 영양 섭취가 범죄 발생에 영향을 미친다는 것을 알 수 있다.
② 과다한 정제당 섭취는 반사회적 행동을 유발할 수 있다는 것을 알 수 있다.
③ 가공 식품의 섭취가 일반적으로 폭력 행위를 증가시킨다는 것을 알 수 있다.
④ 정제당 첨가물로 인한 범죄 행위는 그 책임이 경감되어야 한다는 것을 알 수 있다.

03 다음 글의 내용으로 적절하지 않은 것은?

헤로도토스의 앤드로파기(식인종)나 신화나 전설적 존재들인 반인반양, 켄타우로스, 미노타우로스 등은 아무래도 역사적인 구체성이 크게 결여된 편이다. 반면에 르네상스의 야만인 담론에 등장하는 야만인들은 서구의 전통 야만인관에 의해 각색되었지만, 이전과는 달리 현실적 구체성을 띠고 나타난다. 하지만 이때도 문명의 시각이 작동하여 야만인이 저질 인간으로 인식되는 것은 마찬가지이다. 다만 이런 인식이 서구 중심의 세계 체제 형성과 관련을 맺는다는 점이 이전과의 차이점이다. 르네상스 야만인상은 서구인의 문명 건설 과업과 관련하여 만들어진 것이다. '신대륙 발견'과 더불어 '문명'과 '야만'의 접촉이 빈번해지자 야만인은 더는 신화적·상징적·문화적 이해 대상이 아니다. 이제 그는 실제 경험의 대상으로서 서구인의 일상생활에까지 모습을 드러내는 존재이다.

특히 주목해야 할 점은 콜럼버스의 '신대륙 발견' 이후로 야만인 담론은 유럽인이 '발견'한 지역의 원주민들과 집단으로 직접 만나는 실제 체험과 관련되어 있다는 사실이다. 르네상스 이전이라고 해서 이방의 원주민들을 만나지 않았을 리 없겠지만 그때에는 원주민에 관한 정보가 직접 경험에 의한 것이라기보다는 뜬소문에 근거하거나 아니면 순전히 상상의 산물인 경우가 많았다. 반면에 르네상스 시대 야만인은 그냥 원주민이 아니다. 이때 원주민은 식인종이며 바로 이 점 때문에 문명인의 교화를 받거나 정복과 절멸의 대상이 된다. 이 점은 코르테스가 정복한 아스테카 제국인 멕시코를 생각하면 쉽게 이해할 수 있다.

멕시코는 당시 거대한 제국으로서 유럽에서도 유례를 찾아보기 힘들 정도로 인구 25만의 거대한 도시를 건설한 '문명국'이었다. 하지만 멕시코 정벌에 참여한 베르날 디아즈는 나중에 이 경험을 토대로 한 회고록 『뉴 스페인 정복사』에서 멕시코 원주민들을 지독한 식인 습관을 가진 것으로 매도한다. 멕시코 원주민들이 식인종으로 규정되고 나면 그들이 아무리 스페인 정복군이 눈이 휘둥그레질 정도로 발달된 문화를 가지고 있어도 소용이 없다. 그들은 집단으로 '식인 야만인'으로 규정됨으로써 정복의 대상이 되고 또 이로 말미암아 세계사의 흐름에 큰 변화가 오게 된다. 거대한 대륙의 주인이 바뀌는 것이다.

① 고대에 형성된 야만인 이미지들은 경험에 의한 것이기보다 허구의 산물이었다.
② 르네상스 이후 서구인의 야만인 담론은 전통적인 야만인관과 단절을 이루었다.
③ 르네상스 이후 야만인은 서구의 세계제패 전략의 관점에서 인식되고 평가되었다.
④ 스페인 정복군에 의한 아스테카 문명의 정복은 서구 야만인 담론을 통해 합리화되었다.

04 다음 문장을 논리적 순서대로 바르게 나열한 것은?

> (가) 이번에 개소한 은퇴연구소는 연구조사팀, 퇴직연금팀 등 5개팀 외에 학계 인사와 전문가로 구성된 10명 내외의 외부 자문위원단도 포함된다.
> (나) 은퇴연구소를 통해 일반인들의 안정된 노후 준비를 돕는 지식 기반으로서, 은퇴 이후의 건강한 삶에 대한 다양한 정보를 제공하는 쌍방향의 소통 채널로 적극 활용할 계획이다.
> (다) P회사는 10일, 우리나라의 급격한 고령화 진전 상황에 따라 범사회적으로 바람직한 은퇴 준비의 필요성을 부각하고, 선진형 은퇴 설계모델의 개발과 전파를 위한 국내 최대 규모의 '은퇴연구소'를 개소했다.
> (라) 마지막으로 은퇴연구소는 은퇴 이후의 생활에 대한 의식과 준비 수준이 아직 선진국에 비해 크게 취약한 우리의 인식변화를 위해 사회적 관심과 참여를 유도할 계획이다.

① (나) – (가) – (라) – (다)   ② (다) – (가) – (나) – (라)
③ (다) – (나) – (라) – (가)   ④ (다) – (라) – (가) – (나)

※ 다음 제시된 문단을 읽고, 이어질 문단을 논리적 순서대로 바르게 나열한 것을 고르시오. **[5~6]**

05

> 연금제도의 금융 논리와 관련하여 결정적으로 중요한 원리는 중세에서 비롯된 신탁 원리다. 12세기 영국에서는 미성년유족(遺族)에게 토지에 대한 권리를 합법적으로 이전할 수 없었다. 그럼에도 영국인들은 유언을 통해 자식에게 토지 재산을 물려주고 싶어 했다.

> (가) 이런 상황에서 귀족들이 자신의 재산을 미성년유족이 아닌, 친구나 지인 등 제3자에게 맡기기 시작하면서 신탁 제도가 형성되기 시작했다. 여기서 재산을 맡긴 성인 귀족, 재산을 물려받은 미성년유족, 그리고 미성년유족을 대신해 그 재산을 관리·운용하는 제3자로 구성되는 관계, 즉 위탁자, 수익자, 그리고 수탁자로 구성되는 관계가 등장했다.
> (나) 연금제도가 이 신탁 원리에 기초해 있는 이상, 연금 가입자는 연기금 재산의 운용에 대해 영향력을 행사하기 어렵게 된다. 왜냐하면 신탁의 본질상 공·사 연금을 막론하고 신탁 원리에 기반을 둔 연금 제도에서는 수익자인 연금 가입자의 적극적인 권리행사가 허용되지 않기 때문이다.
> (다) 이 관계에서 주목해야 할 것은 미성년유족은 성인이 될 때까지 재산권을 온전히 인정받지는 못했다는 점이다. 즉 신탁 원리하에서 수익자는 재산에 대한 운용 권리를 모두 수탁자인 제3자에게 맡기도록 되어 있었기 때문에 수익자의 지위는 불안정했다.
> (라) 결국 신탁 원리는 수익자의 연금 운용 권리를 현저히 약화시키는 것을 기본으로 한다. 그 대신 연금 운용을 수탁자에게 맡기면서 '수탁자책임'이라는 논란이 분분하고 불분명한 책임이 부과된다. 수탁자책임 이행의 적절성을 어떻게 판단할 수 있는가에 대해 많은 논의가 있었지만, 수탁자책임의 내용에 대해서 실질적인 합의가 이루어지지는 못했다.

① (가) – (나) – (라) – (다)   ② (가) – (다) – (나) – (라)
③ (나) – (라) – (가) – (다)   ④ (다) – (가) – (나) – (라)

06

봄에 TV를 켜면 황사를 조심하라는 뉴스를 볼 수 있다. 많은 사람이 알고 있듯이, 황사는 봄에 중국으로부터 바람에 실려 날아오는 모래바람이다. 그러나 황사를 단순한 모래바람으로 치부할 수는 없다.

(가) 물론 황사도 나름대로 장점은 존재한다. 황사에 실려 오는 물질들이 알칼리성이기 때문에 토양의 산성화를 막을 수 있다. 그러나 이러한 장점만으로 황사를 방지하지 않아도 된다는 것은 아니다.

(나) 그러므로 황사에는 중국에서 발생하는 매연이나 화학물질 모두 함유되어 있다. TV에서 황사를 조심하라는 것은 단순히 모래바람을 조심하라는 것이 아니라 중국 공업지대의 유해 물질을 조심하라는 것과 같은 말이다.

(다) 황사는 중국의 내몽골자치구나 고비사막 등의 모래들이 바람에 실려 중국 전체를 돌고 나서 한국 방향으로 넘어오게 된다. 중국 전체를 돈다는 것은, 중국 대기의 물질을 모두 흡수한다는 것이다.

(라) 개인적으로는 황사용 마스크를 쓰고 외출 후에 손발을 청결히 하는 등 황사 피해에 대응할 수 있겠지만, 국가적으로는 쉽지 않다. 국가적으로는 모래바람이 발생하지 않도록 나무를 많이 심고, 공장지대의 매연을 제한해야 하기 때문이다.

① (나) – (다) – (가) – (라) ② (다) – (가) – (나) – (라)
③ (다) – (나) – (가) – (라) ④ (다) – (나) – (라) – (가)

귀납은 현대논리학에서 연역이 아닌 모든 추론, 즉 전제가 결론을 개연적으로 뒷받침하는 모든 추론을 가리킨다. 귀납은 기존의 정보나 관찰 증거 등을 근거로 새로운 사실을 추가하는 지식 확장적 특성을 지닌다. 이 특성으로 인해 귀납은 근대과학발전의 방법적 토대가 되었지만, 한편으로 귀납 자체의 논리적 한계를 지적하는 문제들에 부딪히기도 한다.

먼저 흄은 과거의 경험을 근거로 미래를 예측하는 귀납이 정당한 추론이 되려면 미래의 세계가 과거에 우리가 경험해 온 세계와 동일하다는 자연의 일양성(一樣性), 곧 한결같음이 가정되어야 한다고 보았다. 그런데 자연의 일양성은 선험적으로 알 수 있는 것이 아니라 경험에 기대어 알 수 있는 것이다. 즉, "귀납이 정당한 추론이다."라는 주장은 "자연은 일양적이다."라는 다른 지식을 전제로 하는데, 그 지식은 다시 귀납에 의해 정당화되어야 하는 경험적 지식이므로 귀납의 정당화는 순환논리에 빠져버린다는 것이다. 이것이 귀납의 정당화 문제이다.

귀납의 정당화 문제로부터 과학의 방법인 귀납을 옹호하기 위해 라이헨바흐는 이 문제에 대해 현실적 구제책을 제시한다. 라이헨바흐는 자연이 일양적일 수도 있고 그렇지 않을 수도 있음을 전제한다. 먼저 자연이 일양적일 경우, 그는 지금까지의 우리의 경험에 따라 귀납이 점성술이나 예언 등의 다른 방법보다 성공적인 방법이라고 판단한다. 자연이 일양적이지 않다면 어떤 방법도 체계적으로 미래 예측에 계속해서 성공할 수 없다는 논리적 판단을 통해 귀납은 최소한 다른 방법보다 나쁘지 않은 추론이라고 확언한다. 결국 자연이 일양적인지 그렇지 않은지 알 수 없는 상황에서는 귀납을 사용하는 것이 옳은 선택이라는 라이헨바흐의 논증은 귀납의 정당화 문제를 현실적 차원에서 해소하려는 시도로 볼 수 있다.

① 귀납이 지닌 논리적 허점을 완전히 극복한 것은 아니라는 비판의 여지가 있다.

② 귀납을 과학의 방법으로 사용할 수 있음을 지지하려는 목적에서 시도하였다는 데 의미가 있다.

③ 귀납과 다른 방법을 비교하기 위해 경험적 판단과 논리적 판단을 모두 활용한 것이 특징이다.

④ 귀납이 현실적으로 옳은 추론 방법임을 밝히기 위해 자연의 일양성이 선험적 지식임을 증명한 데 의의가 있다.

08 다음 글의 주장을 반박하는 내용으로 적절하지 않은 것은?

> 윤리와 관련하여 가장 광범위하게 받아들여진 사실 가운데 하나는 옳은 것과 그른 것에 대한 광범위한 불일치가 과거부터 현재까지 항상 있었고, 아마도 앞으로도 계속 있을 것이라는 점이다. 가령 육식이 올바른지를 두고 한 문화에 속해 있는 사람들의 판단은 다른 문화에 속해 있는 사람들의 판단과 굉장히 다르다. 그뿐만 아니라 한 문화에 속한 사람들의 판단은 시대마다 아주 다르기도 하다. 심지어 우리는 동일한 문화와 시대 안에서도 하나의 행위에 대해 서로 다른 윤리적 판단을 하는 경우를 볼 수 있다.
>
> 이러한 사실이 의미하는 바는 사람들의 윤리적 기준이 시간과 장소 그리고 그들이 사는 상황에 따라 달라진다는 것이다. 그러므로 올바른 윤리적 기준은 그것을 적용하는 사람에 따라 상대적이다. 이것이 바로 윤리적 상대주의의 핵심 논지이다. 따라서 우리는 윤리적 상대주의가 참이라는 결론을 내려야 한다.

① 사람들의 윤리적 판단은 그들이 사는 지역에 따라 크게 다르지 않다.

② 윤리적 판단이 다르다고 해서 윤리적 기준도 반드시 달라지는 것은 아니다.

③ 윤리적 상대주의가 옳다고 해서 사람들의 윤리적 판단이 항상 서로 다른 것은 아니다.

④ 인류학자들에 따르면 문화에 따른 판단의 차이에도 불구하고 일부 윤리적 기준은 보편적으로 신봉되고 있다.

※ 환경문제에 관심이 많은 P사원은 미세먼지에 대한 신문 기사를 읽었다. 이어지는 질문에 답하시오. [9~10]

봄철 미세먼지 때문에 야외 활동이 힘들다. 미세먼지는 직경 10㎛ 이하의 작은 입자 크기로, 1㎛는 0.001mm이다. 이렇게 작은 먼지들을 흡입하게 되면, 몸 밖으로 배출되지 않고 체내에 축적되기 때문에 더욱 위험하다. 폐에 쌓인 미세먼지는 잔기침과 가래를 유발하고, 폐렴이나 호흡곤란을 일으킬 수도 있다. 또한 호흡기를 지나 혈액으로 침투하게 되면 큰 질병으로 번질 우려가 있다. 이외에도 아토피나 알레르기성 피부염 증상을 유발하기도 하고, 결막염의 원인이 되기도 한다. 이 때문에 세계보건기구(WHO)는 미세먼지를 담배보다 해로운 1급 발암물질로 규정할 만큼 치명적이라고 한다.

이런 미세먼지를 막기 위해서는 어떻게 해야 할까? 전문가들은 야외로 나갈 때는 항상 마스크를 착용하도록 권장하고 있다. 여기서 마스크는 일반 마스크가 아닌 미세먼지 마스크를 말하는데, 일반 마스크로는 미세먼지를 막을 수 없기 때문이다. 그렇다면 미세먼지 전용 마스크에는 어떤 비밀이 숨어 있을까?

미세먼지 마스크의 비밀은 특수필터와 섬유에 숨어 있다. 일반적인 섬유보다 더 가늘게 연사한 나노섬유(Nano Fiber)를 사용한 특수 필터가 세밀하게 미세먼지를 걸러준다. 게다가 섬유가 직각으로 교차하는 일반마스크와는 달리 특수필터의 섬유는 무작위로 얽혀있어 틈이 매우 작다. 또한 섬유가 2중, 3중으로 배치되어 있어 미세먼지들이 통과하지 못하고 걸러지게 제작되었다.

무작위로 얽힌 섬유가 아무리 빼곡할지라도 틈새는 있기 마련이다. 그래서 2㎛보다 작은 먼지들이 통과하지 못하도록 미세먼지 마스크의 특수섬유는 정전기를 띠고 있다. 정전기를 이용한 특수섬유에는 부분별로 다른 극성을 띠도록 제작되었다. 그래서 양극(+)이나 음극(−) 중 하나를 띠고 있는 미세먼지의 대부분을 잡아낼 수 있는 것이다. ___㉠___ 미세먼지 마스크는 이런 구조 탓에 재활용을 할 수 없다는 단점이 있다.

미세먼지 농도를 수시로 확인해서 미세먼지 농도가 높을 때에는 외출을 자제해야 한다. 외출이 불가피한 경우에는 미세먼지 마스크의 착용은 물론 신체 노출 부위를 최소화할 수 있도록 긴소매의 옷을 입어주는 것이 안전하다. 귀가 후에는 양치질을 통해 몸에 남아있는 미세먼지를 제거해야 한다.

외출을 아무리 자제한다고 해도 실내 미세먼지의 위험이 있을 수 있다. 가정 또는 사무실에서 창문을 열어 놓으면 미세먼지가 유입될 가능성이 높다. 이때에는 공기청정기와 가습기를 이용해 쾌적한 내부환경을 유지하고, 가급적 많은 양의 물을 마셔서 호흡기를 건조하지 않게 하는 것이 좋다. 또한 실내에서 흡연을 하거나 촛불을 켜는 것도 미세먼지 농도를 높이는 원인이 될 수 있으니 자제하자.

09 기사를 읽고 P사원이 동료 직원들에게 조언할 말로 적절하지 않은 것은?

① 가급적 물을 많이 마셔서 호흡기가 건조하지 않도록 하고, 외출 시 신체 노출 부위를 최소화하도록 해.

② 체내에 쌓인 미세먼지는 폐렴을 유발할 수 있고, 혈액으로 침투해 큰 병을 일으킬 수 있으니 조심해야 해.

③ 외출을 자제한다고 해도 실내에 미세먼지가 있을 수 있으니 공기청정기와 가습기로 적절한 실내 환경을 만들어야 해.

④ 미세먼지 전용 마스크는 특수섬유로 이루어져 있어 대부분의 미세먼지를 막을 수 있고 여러 번 재사용할 수 있으니 경제적이야.

10 밑줄 친 빈칸 ㉠에 들어갈 접속 부사로 가장 적절한 것은?

① 하지만   ② 또한

③ 그런데도   ④ 그리고

※ 다음 글을 읽고 이어지는 질문에 답하시오. [11~12]

예술 작품의 의미는 역사의 특정한 순간에 만나게 되는 감상자에 의해 해석된다. 그런데 의미를 해석하기 위해서는 반드시 일정한 준거 틀이 있어야 한다. 준거 틀이 없다면 해석은 감상자의 주관적 이해를 벗어나기 어렵기 때문이다. 해석의 준거 틀 역할을 하는 것이 바로 참조체계이다. 감상자가 예술 작품과 만나는 역사적 순간의 참조체계는 과거와는 다른 새로운 관계를 만들어내며, 이러한 새로운 관계에 의거해 감상자는 예술 작품으로부터 새로운 의미를 생산해 낸다.

따라서 예술 작품이 계속 전해지기만 한다면, 그것은 끊임없이 새로운 참조체계를 통해 변화하며 새로운 의미를 부여받게 된다. 근본적으로 예술 작품의 의미는 무궁하다. 이것은 ㉠ "셰익스피어는 모두 다 말하지 않았다."라는 말과도 같다. 이때 '다 말하지 않았다'는 것은 의미가 예술 작품 그 자체에서 기인한다는 뜻이 아니다. 작품의 의미는 예술 작품 밖에 존재하는 참조체계의 무궁함에서 기인하는 것이다. 텍스트는 끊임없이 새로운 ___ⓐ___ 를 찾으며 그로부터 새로운 ___ⓑ___ 를 획득하고, 끊임없이 새로운 ___ⓒ___ 를 형성하며 새로운 ___ⓓ___ 를 생산한다.

감상의 과정은 주체와 주체의 대화이다. 감상 과정에서 예술 작품과 감상자는 서로 다른 관점과 개성을 지닌 두 명의 개인과 마찬가지로 묻고 대답하면서 서로의 관점을 교정해 가는 개방적 태도를 갖는다. 자신의 시계 속으로 상대방을 끌어들이는 것이 아니라 대화를 통해 진리로 나아간다. 감상자는 예술 작품 속에 존재하는 진리를 얻는 것이 아니라 대화방식의 감상을 통해 예술 작품과 소통함으로써 새로운 진리를 만들어낸다. 예술 작품을 자신이 갖고 있는 전이해(前理解)의 예증으로 삼는 것이 아니라 외재하는 예술 작품을 통해 이를 초월·확대·변화시킴으로써 새로운 시야를 획득한다. 그렇게 함으로써 예술 작품도 자신과는 다른 감상자를 통해 자신의 의미를 초월하게 된다.

감상은 감상자와 예술 작품이 양방향으로 초월하는 미적 체험의 과정이다. 예술 작품은 감상자를 향하여, 감상자는 예술 작품을 향하여 서로 열려있는 것이다.

11 밑줄 친 ㉠의 문맥적 의미를 가장 적절하게 이해한 것은?

① 셰익스피어의 작품에는 명확한 주제가 존재하지 않는다.
② 셰익스피어 작품이 지니는 의미는 준거 틀에 따라 변화한다.
③ 셰익스피어의 작품은 새로운 감상자들에게 언제나 한결같은 의미로 다가간다.
④ 셰익스피어는 그의 작품에서 그가 전달하고자 하는 의미를 쉽게 드러내지 않는다.

12 윗글의 밑줄 친 빈칸 ⓐ~ⓓ에 각각 들어갈 내용으로 가장 적절한 것은?

	ⓐ	ⓑ	ⓒ	ⓓ
①	참조체계	감상자	의미	관계
②	감상자	참조체계	의미	관계
③	참조체계	감상자	관계	의미
④	감상자	참조체계	관계	의미

매실은 유기산 중에서도 구연산(시트르산)의 함량이 다른 과일에 비해 월등히 많다. 구연산은 섭취한 음식을 에너지로 바꾸는 대사 작용을 돕고, 근육에 쌓인 젖산을 분해하여 피로를 풀어주며 칼슘의 흡수를 촉진하는 역할도 한다. 피로를 느낄 때, 매실 식초와 생수를 1 : 3 비율로 희석하여 마시면 피로 회복에 효과가 있다.

매실의 유기산 성분은 위장 기능을 활발하게 한다고 알려졌다. 매실의 신맛은 소화기관에 영향을 주어 위장, 십이지장 등에서 소화액 분비를 촉진시켜 주어 소화불량에 효능이 있다. 소화가 안 되거나 체했을 때 매실청을 타 먹는 것도 매실의 소화액 분비 촉진작용 때문이다. 또한 장 내부를 청소하는 정장 작용은 물론 장의 연동 운동을 도와 변비 예방과 피부까지 맑아질 수 있다.

매실의 해독작용은 『동의보감』도 인정하고 있다. 매실에 함유된 피루브산은 간의 해독작용을 도와주며, 카테킨산은 장 속 유해 세균의 번식을 억제하는 효과가 있다. 매실의 해독작용은 숙취 해소에도 효과가 있다. 매실즙이 알코올 분해 효소의 활성을 높여주기 때문이다. 또 이질균, 장티푸스균, 대장균의 발육을 억제하는 것은 물론, 장염 비브리오균에도 항균 작용을 하는 것으로 알려져 있다.

매실의 유기산 성분은 참으로 다양한 곳에서 효능을 발휘하는데, 혈액을 맑게 해주고 순환을 돕기도 한다. 혈액순환이 좋아지면 신진대사가 원활해지고 이는 피부를 촉촉하고 탄력 있게 만들어준다. 또한 매실은 인스턴트나 육류 등으로 인해 점점 몸이 산성화되어가는 체질을 중화시켜 주는 역할도 한다.

매실은 칼슘이 풍부하여 여성에게서 나타날 수 있는 빈혈이나 생리 불순, 골다공증에도 좋다고 한다. 특히 갱년기 장애를 느낄 때 매실로 조청을 만들어 꾸준히 먹는 것이 좋다. 꾸준한 복용을 추천하지만 적은 양으로도 농축된 효과가 나타나므로 중년의 불쾌한 증세에 빠른 효과를 나타낸다고 알려져 있다. 또한 매실은 체지방을 분해해 주어 다이어트에도 효능이 있다.

13 다음 중 글의 제목으로 가장 적절한 것은?

① 알뜰살뜰, 매실청 집에서 담그는 법
② 여름철 '푸른 보약' 매실의 힘
③ 장수 비법 – 제철 과일의 효과
④ 색깔의 효능 : 초록색 편 – 매실

14 매실의 성분과 그 효능을 연결한 것으로 적절하지 않은 것은?

① 구연산 – 숙취 해소
② 유기산 – 소화작용 촉진
③ 피루브산 – 해독작용
④ 칼슘 – 빈혈 완화

15 한 매실 음료업체가 윗글을 마케팅 기획안에 반영하고자 한다. 이 때, 예상하는 타깃층으로 적절하지 않은 것은?

① 갱년기가 걱정되는 중년여성들
② 외모에 관심이 많은 20대 여성들
③ 매일 학교 또는 학원에서 밤늦게까지 공부하는 학생들
④ 스마트폰 사용, TV 시청 등으로 시력 저하가 걱정되는 청소년들

01 다음은 어느 나라의 2022년과 2023년의 노동 가능 인구 구성의 변화를 나타낸 자료이다. 2022년도와 비교한 2023년도의 상황에 대한 설명으로 옳은 것은?

<노동 가능 인구 구성의 변화>

구분	취업자	실업자	비경제활동인구
2022년	55%	25%	20%
2023년	43%	27%	30%

① 이 자료에서 실업자의 수는 알 수 없다.
② 실업자의 비율은 감소하였다.
③ 경제활동인구는 증가하였다.
④ 취업자 비율의 증감폭이 실업자 비율의 증감폭보다 작다.

02 철강회사에서 근무하는 P사원은 월별매출 현황에 대한 보고서를 작성 중이었다. 그런데 실수로 파일이 삭제되어 기억나는 매출액만 다시 작성하였다. P사원이 기억하는 월평균 매출액은 35억 원이고, 상반기의 월평균 매출액은 26억 원이었다. 다음 중 남아 있는 매출 현황을 통해 상반기 평균 매출 대비 하반기 평균 매출의 증감액을 바르게 구하면?

<월별매출 현황>

(단위 : 억 원)

1월	2월	3월	4월	5월	6월	7월	8월	9월	10월	11월	12월	평균
	10	18	36				35	20	19			35

① 12억 원 증가   ② 12억 원 감소
③ 18억 원 증가   ④ 18억 원 감소

03 다음은 주중과 주말 교통상황에 대한 자료이다. 이에 대한 〈보기〉의 설명 중 옳은 것을 모두 고르면?

〈주중·주말 예상 교통량〉

(단위 : 만 대)

구분	전국	수도권 → 지방	지방 → 수도권
주중 예상 교통량	40	4	2
주말 예상 교통량	60	5	3

〈대도시 간 예상 최대 소요 시간〉

구분	서울 – 대전	서울 – 부산	서울 – 광주	서울 – 강릉	남양주 – 양양
주중	1시간	4시간	3시간	2시간	1시간
주말	2시간	5시간	4시간	3시간	2시간

─────〈보기〉─────

ㄱ. 대도시 간 예상 최대 소요 시간은 모든 구간에서 주중이 주말보다 적게 걸린다.
ㄴ. 주중 전국 예상 교통량 중 수도권에서 지방으로 가는 예상 교통량의 비율은 10%이다.
ㄷ. 지방에서 수도권으로 가는 주말 예상 교통량은 주중 예상 교통량의 2배이다.
ㄹ. 서울 – 광주 구간 주중 예상 소요 시간은 서울 – 강릉 구간 주말 예상 소요 시간과 같다.

① ㄱ, ㄴ
② ㄴ, ㄷ
③ ㄷ, ㄹ
④ ㄱ, ㄴ, ㄹ

04 다음은 2014년 ~ 2023년 전국 풍수해 규모에 대한 자료이다. 이에 대한 설명으로 옳은 것은?

〈연도별 전국 풍수해 규모〉

(단위 : 억 원)

구분	2014년	2015년	2016년	2017년	2018년	2019년	2020년	2021년	2022년	2023년
태풍	118	1,609	8	–	1,725	2,183	10,037	17	53	134
호우	19,063	435	581	2,549	1,808	5,276	384	1,581	1,422	12
대설	52	74	36	128	663	480	204	113	324	130
강풍	140	69	11	70	2	–	267	9	1	39
풍랑	57	331	–	241	70	3	–	–	–	3
전체	19,430	2,518	636	2,988	4,268	7,942	10,892	1,720	1,800	318

① 풍랑으로 인한 풍수해 규모는 매년 가장 낮았다.
② 2023년 호우로 인한 풍수해 규모의 전년 대비 감소율은 97% 미만이다.
③ 전체 풍수해 규모에서 대설로 인한 풍수해 규모가 차지하는 비중은 2021년이 2019년보다 크다.
④ 2015년 ~ 2023년간 발생한 전체 풍수해 규모의 전년 대비 증감 추이는 태풍으로 인한 풍수해 규모의 증감 추이와 비례한다.

05 다음은 국가별 4차 산업혁명 기반 산업 R&D 투자 현황에 대한 자료이다. 이에 대한 설명으로 옳지 않은 것을 〈보기〉에서 모두 고르면?

〈국가별 4차 산업혁명 기반 산업 R&D 투자 현황〉

(단위 : 억 달러,%)

구분	서비스				제조					
	IT서비스		통신 서비스		전자		기계장비		바이오·의료	
	투자액	상대수준	투자액	상대수준	투자액	상대수준	투자액	상대수준	투자액	상대수준
한국	3.4	1.7	4.9	13.1	301.6	43.1	32.4	25.9	16.4	2.3
미국	200.5	100.0	37.6	100.0	669.8	100.0	121.3	96.6	708.4	100.0
일본	30.0	14.9	37.1	98.8	237.1	33.9	125.2	100.0	166.9	23.6
독일	36.8	18.4	5.0	13.2	82.2	11.7	73.7	58.9	70.7	10.0
프랑스	22.3	11.1	10.4	27.6	43.2	6.2	12.8	10.2	14.2	2.0

※ 투자액은 기반 산업별 R&D 투자액의 합계임
※ 상대수준은 최대 투자국의 R&D 투자액을 100으로 두었을 때의 상대적 비율임

〈보기〉

ㄱ. 한국의 IT서비스 부문 투자액은 미국 대비 1.7% 이다.
ㄴ. 미국은 모든 산업의 상대수준이다.
ㄷ. 한국의 전자 부문 투자액은 전자 외 부문 투자액을 모두 합한 금액의 6배 이상이다.
ㄹ. 일본과 프랑스의 부문별 투자액 순서는 동일하지 않다.

① ㄱ, ㄴ
② ㄱ, ㄷ
③ ㄴ, ㄷ
④ ㄴ, ㄹ

※ 다음은 2023년도 관측지점별 기상 평년값을 나타낸 자료이다. 이어지는 질문에 답하시오. **[6~7]**

<관측지점별 기상 평년값>

(단위 : ℃, mm)

구분	평균기온	최고기온	최저기온	강수량
속초	12.2	16.2	8.5	1,402
철원	10.2	16.2	4.7	1,391
춘천	11.1	17.2	5.9	1,347
강릉	13.1	17.5	9.2	1,464
동해	12.6	16.8	8.6	1,278
충주	11.2	17.7	5.9	1,212
서산	11.9	17.3	7.2	1,285

06 관측지점 중 최고 기온이 17℃ 이상이며, 최저 기온이 7℃ 이상인 지점의 강수량의 합은 몇 mm인가?

① 3,027mm

② 2,955mm

③ 2,834mm

④ 2,749mm

07 다음 중 제시된 자료에 대한 설명으로 옳은 것은?

① 동해의 최고 기온과 최저기온의 평균은 12.7℃이다.

② 최고기온과 최저기온의 차이가 가장 큰 지점은 서산이다.

③ 속초는 관측지점 중 평균기온이 두 번째로 높고, 강수량도 두 번째로 많다.

④ 평균기온, 최고·최저기온이 가장 높고, 강수량도 가장 많은 지점은 강릉이다.

※ 다음은 외국인 직접투자의 투자 건수 비율과 투자 금액 비율을 투자 규모별로 나타낸 자료이다. 이어지는 질문에 답하시오. **[8~9]**

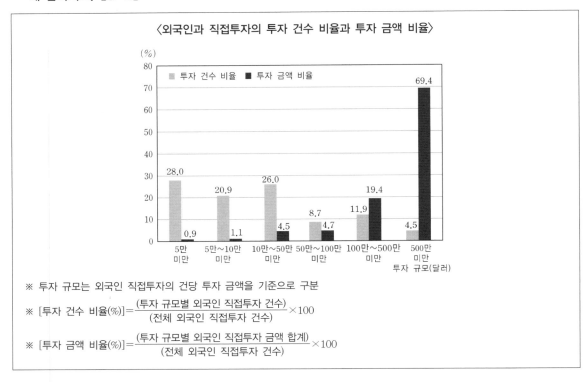

〈외국인과 직접투자의 투자 건수 비율과 투자 금액 비율〉

※ 투자 규모는 외국인 직접투자의 건당 투자 금액을 기준으로 구분

※ [투자 건수 비율(%)]$=\dfrac{(\text{투자 규모별 외국인 직접투자 건수})}{(\text{전체 외국인 직접투자 건수})}\times100$

※ [투자 금액 비율(%)]$=\dfrac{(\text{투자 규모별 외국인 직접투자 금액 합계})}{(\text{전체 외국인 직접투자 건수})}\times100$

08 다음 중 투자 규모가 50만 달러 미만인 투자 건수 비율은?

① 83.6% ② 74.9%

③ 68.6% ④ 62.8%

09 다음 중 100만 달러 이상의 투자 건수 비율은?

① 16.4% ② 19.6%

③ 23.5% ④ 26.1%

10 다음은 P사에서 최근 5년간 생산한 기계제품의 원가 정보를 연도별로 정리한 자료이다. 이에 대한 설명으로 옳지 않은 것은?

<P사 기계제품 원가 정보>

(단위 : 만 원)

구분	2019년	2020년	2021년	2022년	2023년
가격	200	230	215	250	270
재료비	105	107	99	110	115
인건비	55	64	72	85	90
수익	40	59	44	55	65

① 제품의 가격 증가율은 2023년에 가장 크다.

② 제품의 원가에서 인건비는 꾸준히 증가하였다.

③ 2022 ~ 2023년에 재료비와 인건비의 증감 추이는 같다.

④ 재료비의 상승폭이 가장 큰 해에는 가격의 상승폭도 가장 크다.

※ 농산물 도매업자 P는 가락시장에서 경매가격을 높게 받을 수 있는 고추, 토마토, 감자, 고구마 4가지 농작물을 지역 농민들로부터 수매하고 있다. 다음은 지역농작물을 수매하여 가락시장 경매로 판매한 가격을 기록한 자료이다. 이어지는 질문에 답하시오. **[11~13]**

〈농작물별 가격변동 현황〉

(단위 : 원)

구분	2022년 12월	2023년 3월	2023년 6월	2023년 12월
고추(1kg)	9,800	10,300	11,000	11,400
토마토(1kg)	8,200	7,500	8,400	8,100
감자(1box)	25,000	25,800	26,000	27,300
고구마(1box)	21,000	18,000	20,000	19,300

11 P는 수매작물 관리를 위해 2023년 6월 대비 2023년 12월 가격 증가율이 가장 낮은 농작물을 수매하지 않으려고 한다. 내년에 수매하지 않을 농작물은 무엇인가?

① 고추   ② 토마토

③ 감자   ④ 고구마

12 P는 전년 동월 대비 2023년 12월의 가격 증가율이 가장 높은 농작물의 수매를 촉진하려고 한다. 내년에 어떤 농작물의 수매를 촉진해야 하는가?

① 고추   ② 토마토

③ 감자   ④ 고구마

13 P는 전년 동월 대비 2023년 12월의 가격 증가율이 가장 낮은 농작물의 품질을 향상하여 2023년 12월 대비 다음 분기 가격 증가율을 10%로 만들려고 한다. 이 농작물의 다음 분기 목표가격은 얼마인가?

① 8,690원   ② 8,910원

③ 12,540원   ④ 21,230원

※ 다음은 2019년 물가지수를 기준(100)으로 하여 연도별 국내 공산품 수출 및 수입물가지수를 나타낸 자료이다. 이어지는 질문에 답하시오. [14~15]

〈국내 공산품 수출 및 수입물가지수〉

구분	수출물가지수			수입물가지수		
	2021년	2022년	2023년	2021년	2022년	2023년
공산품 전체	102.51	106.19	96.97	100.90	106.24	101.33
음식료품	104.53	105.13	101.52	97.97	94.03	93.66
섬유 및 가죽제품	100.15	102.49	101.04	99.77	100.97	96.23
목재 및 종이제품	97.57	110.75	103.11	101.61	113.66	97.87
석탄 및 석유제품	102.45	127.80	116.36	104.80	129.38	113.37
화학제품	104.20	113.49	101.34	101.72	106.70	100.73
비금속광물제품	94.06	100.08	101.73	96.14	98.31	99.54
제1차 금속제품	111.15	121.91	112.11	107.26	116.77	110.42
금속가공제품	99.93	105.56	106.11	105.04	109.17	109.97
컴퓨터, 전자 및 광학기기	102.93	98.58	80.94	96.47	93.83	88.46
전기장비	99.86	102.48	100.46	98.67	124.17	129.59
기계 및 장비	99.14	100.59	99.20	101.01	102.78	101.93
운송장비	100.42	100.86	99.84	103.68	106.49	103.12
기타제조업제품	97.90	102.41	105.41	104.19	105.26	105.66

14 다음 중 국내 공산품 수출 및 수입물가지수에 대한 설명으로 옳은 것은?

① 2021년 대비 2023년 음식료품의 수출물가지수는 3.01% 감소하였다.
② 2019년 대비 2023년 화학제품의 수입물가지수는 0.73% 증가하였다.
③ 석탄 및 석유제품의 2021년 수입 및 수출물가지수는 전년 대비 높아졌다.
④ 2019년 대비 2023년 수출물가지수의 감소율은 운송장비가 기계 및 장비보다 크다.

15 공산품의 수출량 및 수입량은 물가지수와 일반적으로 반비례 관계에 있다고 한다. 화학제품과 제1차 금속제품을 수출 및 수입을 하고 있는 P회사에 대한 설명 중 옳은 것을 〈보기〉에서 모두 고르면?(단, 공산품 수출량 및 수입량은 물가의 영향만 받는다고 가정한다)

─────────〈보기〉─────────
ㄱ. 2019년 대비 2022년에 P회사의 화학제품 수출량은 증가하였을 것으로 추측할 수 있다.
ㄴ. 2021년 대비 2022년에 P회사의 화학제품 수입량은 감소하였을 것으로 추측할 수 있다.
ㄷ. 2019년 대비 2023년에 P회사가 수입하는 제1차 금속제품의 수입량은 10% 이상 증가하였을 것이다.

① ㄱ
② ㄴ
③ ㄱ, ㄴ
④ ㄱ, ㄷ

01 P사는 직원들의 사기 증진과 친화력 도모를 위해 전 직원이 참여하는 사내 가족 체육대회를 열기로 하였다. 다음 7월 달력과 〈조건〉을 보고 체육대회를 열기에 가장 적절한 날은?

〈7월 달력〉

월	화	수	목	금	토	일
	1	2	3	4	5	6
7	8	9	10	11	12	13
14	15	16	17	18	19	20
21	22	23	24	25	26	27
28	29	30	31			

〈조건〉

- 7월 3일부터 7일까지는 장마 기간으로 비가 온다.
- 가족 모두가 참여해야 하므로 주말(토, 일요일) 중 하루로 정한다.
- 마케팅팀은 토요일에 격주로 출근을 한다.
- 서비스팀은 토요일에 격주로 출근을 한다.
- 사장님은 7월 11일부터 15일까지 중국으로 출장을 간다.
- 마케팅팀 M사원은 12일에 출근을 했다.
- 서비스팀 L과장은 5일에 출근을 했다.
- Y운동장은 둘째, 넷째 주말에는 개방하지 않는다.

① 7월 6일   ② 7월 12일
③ 7월 13일   ④ 7월 20일

서울에 사는 P씨는 결혼기념일을 맞이하여 가족과 함께 KTX를 타고 부산으로 여행을 다녀왔다. P씨의 가족이 이번 여행에서 지불한 교통비는 모두 얼마인가?

- P씨 부부에게는 만 6세인 아들, 만 3세인 딸이 있다.
- 갈 때는 딸을 무릎에 앉혀갔고, 돌아올 때는 좌석을 구입했다.
- P씨의 가족은 일반석을 이용하였다.

〈KTX 좌석별 요금〉

구 분	일반석	특 실
가 격	59,800원	87,500원

※ 만 4세 이상 13세 미만 어린이는 운임의 50%를 할인함
※ 만 4세 미만의 유아는 보호자 1명당 2명까지 운임의 75%를 할인함(단, 유아의 좌석을 지정하지 않을 시 보호자 1명당 유아 1명의 운임을 받지 않음)

① 301,050원

② 307,000원

③ 313,850원

④ 313,950원

03 P회사는 7월 중에 신입사원 면접을 계획하고 있다. 면접에는 마케팅팀과 인사팀 차장, 인사팀 부장과 과장, 총무팀 주임이 한 명씩 참여한다. P회사에서는 6 ~ 7월에 계획된 여름휴가를 팀별로 나누어 간다고 할 때, 다음 중 면접이 가능한 날짜는?

휴가 규정	팀별 휴가 시작일
• 차장급 이상 : 4박 5일 • 대리 ~ 과장 : 3박 4일 • 사원 ~ 주임 : 2박 3일	• 마케팅팀 : 6월 29일 • 인사팀 : 7월 6일 • 총무팀 : 7월 1일

① 7월 1일

② 7월 3일

③ 7월 5일

④ 7월 7일

04 P회사에서 체육대회를 개최한다. 지점별로 출전선수를 선발하는데, Y지점 직원들(A ~ J)은 각자 2종목씩 필수로 출전해야 한다. 다음 중 계주에 꼭 출전해야 하는 직원을 모두 고르면?

〈지점별 참가 인원〉

(단위 : 명)

홀라후프	계주	줄넘기	줄다리기	2인 3각
1	4	5	8	2

〈직원별 참가가능 종목〉

(단위 : 명)

구분	홀라후프	계주	줄넘기	줄다리기	2인 3각
A	X	X	O	O	O
B	X	O	O	O	X
C	O	O	O	X	X
D	O	X	X	O	X
E	X	O	X	O	X
F	X	X	O	O	X
G	X	X	X	O	O
H	O	O	O	O	X
I	X	O	O	O	X
J	X	O	O	X	X

① B, C, J
② C, E, J
③ C, G, I
④ D, E, H

05 해외로 출장을 가는 김대리는 다음과 같이 이동하려고 계획한다. 연착 없이 계획대로 출장지에 도착했다면, 도착했을 때의 현지 시각은?

- 서울 시각으로 5일 오후 1시 35분에 출발하는 비행기를 타고, 경유지 한 곳을 거쳐 출장지에 도착한다.
- 경유지는 서울보다 1시간 빠르고, 출장지는 경유지보다 2시간 느리다.
- 첫 번째 비행은 3시간 45분이 소요된다.
- 경유지에서 3시간 50분을 대기하고 출발한다.
- 두 번째 비행은 9시간 25분이 소요된다.

① 오전 5시 35분
② 오전 6시
③ 오후 5시 35분
④ 오후 6시

06 P업체는 서울 시내에 4개의 매장을 가지고 있다. 1년 동안 업무 실적이 다음과 같을 때, 실적이 가장 좋은 매장은 어디인가?

〈매장별 실적〉

(단위 : 만 원)

구분	시설투자비	월 유지비	판매 실적	고용인력 수
A매장	2,000	200	11,000	3명
B매장	7,000	500	15,000	5명
C매장	5,000	300	10,000	4명
D매장	3,000	200	17,000	2명

※ 인력 1명당 인건비는 월 150만 원임

① A매장
② B매장
③ C매장
④ D매장

07 다음은 P대리가 부산 출장을 갔다 올 때, 선택할 수 있는 교통편에 대한 자료이다. P대리가 교통편 하나를 선택하여 왕복 티켓을 모바일로 예매하려고 할 때, 가장 저렴한 교통편은 무엇인가?

〈출장 시 이용 가능한 교통편 현황〉

구분	종류	비용	기타
버스	일반버스	24,000원	–
	우등버스	32,000원	모바일 예매 1% 할인
기차	무궁화호	28,000원	왕복 예매 시 15% 할인
	새마을호	36,000원	왕복 예매 시 20% 할인
	KTX	58,000원	1+1 이벤트(편도 금액으로 왕복 예매 가능)

① 일반버스
② 우등버스
③ 무궁화호
④ 새마을호

08 P사에서는 A ~ N직원 중 면접 위원을 선발하고자 한다. 면접 위원의 구성 조건이 다음과 같을 때, 적절하지 않은 것은?

〈면접 위원 구성 조건〉

- 면접관은 총 6명으로 구성한다.
- 이사 이상의 직급으로 50% 이상 구성해야 한다.
- 인사팀을 제외한 모든 부서는 2명 이상 선출할 수 없고, 인사팀은 반드시 2명 이상을 포함한다.
- 모든 면접 위원의 입사 후 경력은 3년 이상으로 한다.

직원	직급	부서	입사 후 경력
A	대리	인사팀	2년
B	과장	경영지원팀	5년
C	이사	인사팀	8년
D	과장	인사팀	3년
E	사원	홍보팀	6개월
F	과장	홍보팀	2년
G	이사	고객지원팀	13년
H	사원	경영지원	5개월
I	이사	고객지원팀	2년
J	과장	영업팀	4년
K	대리	홍보팀	4년
L	사원	홍보팀	2년
M	과장	개발팀	3년
N	이사	개발팀	8년

① 과장은 두 명 이상 선출되었다.
② L사원은 면접 위원으로 선출될 수 없다.
③ N이사는 반드시 면접 위원으로 선출된다.
④ B과장이 면접 위원으로 선출됐다면 K대리도 선출된다.

※ 다음은 P사의 신입사원 채용시험 결과와 합격자 선발기준 가중치에 대한 자료이다. 이어지는 질문에 답하시오.
[9~10]

〈신입사원 채용시험 결과〉

(단위 : 점)

구분	언어이해	자료해석	문제해결	추리	인성
A	90	80	90	80	90
B	80	90	80	90	90
C	90	70	100	90	80
D	80	90	100	100	80
E	100	80	70	80	90

※ 각 점수는 100점을 만점으로 함

〈합격자 선발기준 가중치〉

언어이해	자료해석	문제해결	추리	인성
30%	30%	10%	10%	20%

※ 위의 선발기준 가중치를 고려하여 채용시험 성적 총점을 산출하고 합격자를 정함

09 5명 중 점수가 가장 높은 상위 2명을 합격자로 선정하였을 때, 합격자들을 바르게 추론한 것은?

① A, B
② A, D
③ B, C
④ D, E

10 합격자 선발기준에서 인성에 대한 가중치를 높이고자 인성 점수와 자료해석 점수의 가중치를 서로 바꾸었을 때, 합격자들을 바르게 추론한 것은?

① A, B
② A, D
③ A, E
④ B, D

11 영업사원 P가 〈조건〉에 따라 도시 3곳을 방문할 때, 방문한 도시를 순서대로 바르게 나열한 것은?

〈조건〉

- 출발지는 대전이다.
- 출발지와 여행한 도시는 다시 방문하지 않는다.
- 이동 방법은 디스크 스케줄링 기법 SSTF(Shortest Seek Time First)를 활용한다.

※ SSTF : 현 위치에서 가장 짧은 거리를 우선 탐색하는 기법

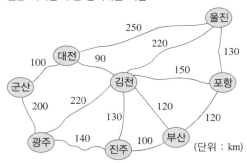

① 군산 – 광주 – 김천
② 군산 – 광주 – 진주
③ 김천 – 부산 – 진주
④ 김천 – 부산 – 포항

12 현재 C기업은 제품을 순회 배송(서울 → 광주 → 부산 → 서울)하고 있으며, 배송당 1만 개의 제품을 운송하고 있다. 향후 대전에 Hub물류센터를 구축하여 순회 배송망(서울 → 대전 → 광주 → 대전 → 부산 → 대전 → 서울)을 구축할 예정이다. 이에 대한 설명으로 옳지 않은 것은?[단, 숫자는 제품 단위별 운송비(원)이며, 화살표는 이동 방향이다]

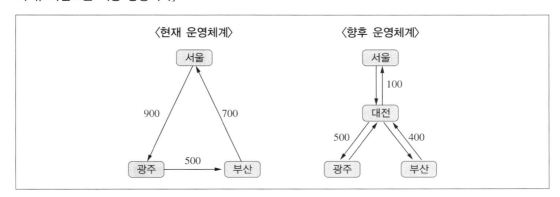

① 향후 1회 순회 배송 시 전체 운송비는 1,900만 원이 된다.
② 향후 광주 → 부산의 제품 단위별 운송비는 500원에서 900원으로 400원 증가한다.
③ 향후 부산 → 서울의 제품 단위별 운송비는 700원에서 500원으로 200원 절감된다.
④ 향후 서울 → 광주의 제품 단위별 운송비는 900원에서 600원으로 300원 절감된다.

※ 다음은 그래프 구성 명령어 실행 예시이다. 이어지는 질문에 답하시오. [13~15]

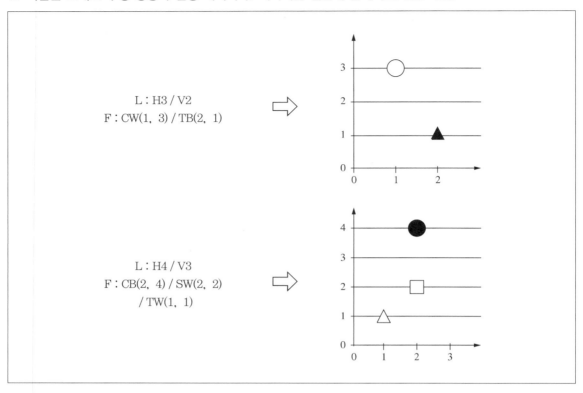

13 다음 그래프를 산출하기 위한 명령어는 무엇인가?

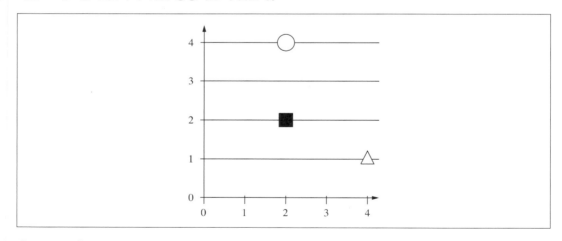

① L : H4 / V4
   F : CW(4, 2) / SB(2, 2) / TW(1, 4)

② L : H4 / V4
   F : CW(2, 4) / SB(2, 2) / TW(4, 1)

③ L : H4 / V4
   F : CB(4, 2) / SW(2, 2) / TB(1, 4)

④ L : H4 / V4
   F : CB(4, 2) / SW(2, 2) / TB(1, 4)

14 다음 그래프를 산출하기 위한 명령어는 무엇인가?

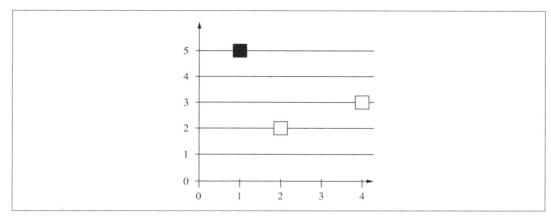

① L : H5 / V4
　　F : SB(1, 5) / SW(2, 2) / SW(4, 3)

② L : H4 / V5
　　F : SB(1, 5) / SW(2, 2) / SW(4, 3)

③ L : H5 / V4
　　F : SW(1, 5) / SB(2, 2) / SB(4, 3)

④ L : H4 / V5
　　F : SW(1, 5) / SB(2, 2) / SB(4, 3)

15 L : H3 / V3, F : TW(1, 1), CB(2, 2), CW(2, 3), SW(3 ,2)의 그래프를 산출할 때, 오류가 발생하여 다음과 같은 그래프가 산출되었다. 다음 중 오류가 발생한 값은?

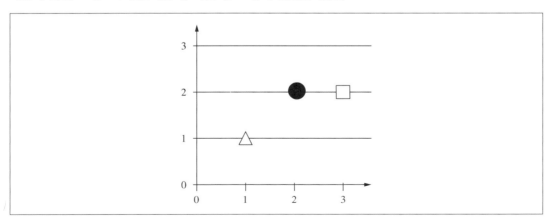

① L : H3 / V3

② TW(1, 1)

③ CW(2, 3)

④ SW(3, 2)

※ 다음은 체스 게임에서 사용하는 기물의 행마법이다. 이어지는 질문에 답하시오. [1~2]

- 다음은 체스의 나이트(♘), 비숍(♗), 룩(♖), 퀸(♕)의 행마법이다.
- 나이트(♘)는 직선으로 2칸 이동 후 양 옆으로 1칸 이동하며, 다른 기물을 뛰어 넘을 수 있다.
- 비숍(♗)은 대각선으로, 룩(♖)은 직선으로, 퀸(♕)은 대각선과 직선 모두 끝까지 이동할 수 있으며, 다른 기물은 뛰어 넘을 수 없다.

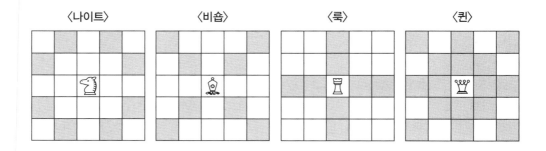

01 다음 중 백색 퀸(♕)이 흑색 킹(♚)을 잡으려면 최소한 몇 번 움직여야 하는가?(단, 움직일 기물을 제외한 다른 기물은 움직이지 않는다)

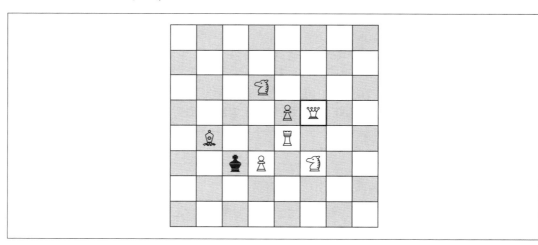

① 1번
③ 3번

② 2번
④ 4번

02 다음 중 백색 나이트(♘)가 6번 움직일 수 있을 때, 잡을 수 있는 흑색 기물의 최대 개수는?(단, 흑색 기물은 움직이지 않는다)

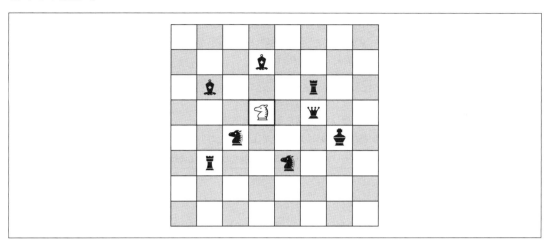

① 3개　　　　　　　　　　　　② 4개
③ 5개　　　　　　　　　　　　④ 6개

- ⇨는 A에서 B까지 이어지는 길의 입구와 출구이다.
- 서로 떨어져 있지 않은 4×4=16개의 칸을 1개의 타일로 가정하고, 길은 회색으로 표시한다.
- 타일 사이 떨어져 있는 부분은 맞닿아 있는 양쪽 칸이 모두 길인 경우 이어진 것으로 가정한다.
- 각 타일은 다음 작동 버튼에 따라 위치와 모양이 바뀐다.

작동 버튼	기능
♡	홀수 행의 타일을 시계 방향으로 90° 회전한다.
♥	홀수 열의 타일을 시계 방향으로 90° 회전한다.
♧	홀수 행의 타일을 1개씩 오른쪽으로 이동한다(가장 오른쪽 타일의 경우 가장 왼쪽으로 이동).
♣	홀수 열의 타일을 1개씩 아래쪽으로 이동한다(가장 아래쪽 타일의 경우 가장 위쪽으로 이동).

03 A에서 B까지 이어지는 길을 만들 때, 다음 중 눌러야 할 버튼의 순서를 바르게 나열한 것은?

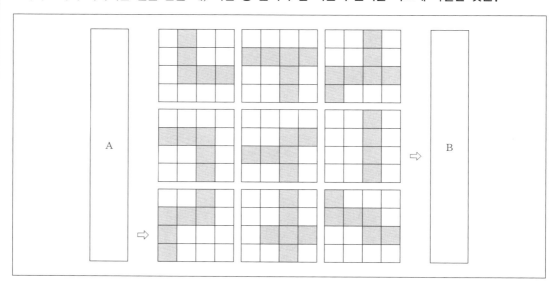

① ♥♧♣
② ♡♧♥
③ ♣♧♡
④ ♡♧♣

04 다음 〈조건〉과 같이 버튼을 눌러 A에서 B까지 길이 이어졌을 때, 빈칸에 들어갈 타일로 옳은 것은?

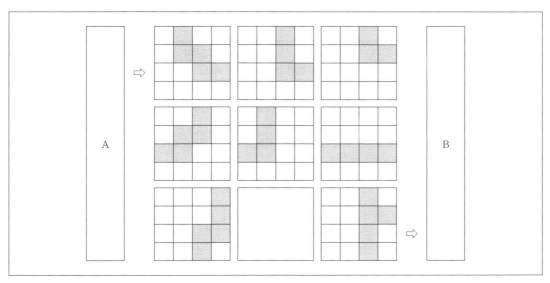

①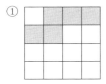

②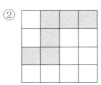

③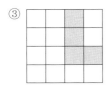

④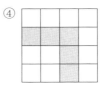

05 다음 규칙을 바탕으로 작동 단추를 눌러 좌표평면 위 $(-5, 2)$ 위치에 놓인 흰색 바둑돌을 $(1, -3)$ 위치에 있는 검은색 바둑돌과 겹치도록 할 때, 입력해야 하는 작동 단추의 순서는?

작동 단추	기능
↑ / ↓	좌표평면 위에 있는 흰색 바둑돌을 위 / 아래로 한 칸 옮긴다.
← / →	좌표평면 위에 있는 흰색 바둑돌을 왼쪽 / 오른쪽으로 한 칸 옮긴다.
※	좌표평면 위에 있는 흰색 바둑돌의 x, y좌표를 서로 바꾼다. $(a, b) \rightarrow (b, a)$
§	좌표평면 위에 있는 흰색 바둑돌을 원점을 중심으로 $180°$ 회전한다. $(a, b) \rightarrow (-a, -b)$

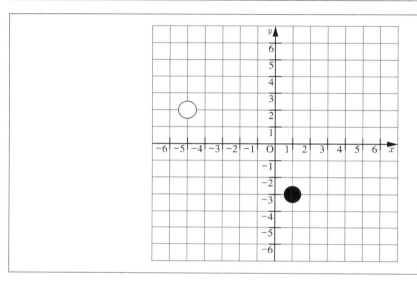

① ↑ § ※ § ← ←

② ※ ← § ↓ ↓ §

③ § ↓ ← ↑ ↑ ※

④ → ↑ → → → ※

06 다음 규칙을 바탕으로 〈보기〉의 순서대로 작동 단추를 눌러 좌표평면 위 $(-4, -4)$ 위치에 놓인 흰색 바둑돌을 움직일 때, 모든 단추를 누른 후 겹쳐진 검은색 바둑돌은?

작동 단추	기능
△ / ▽	좌표평면 위에 있는 흰색 바둑돌을 위 / 아래로 한 칸 옮긴다.
◁ / ▷	좌표평면 위에 있는 흰색 바둑돌을 왼쪽 / 오른쪽으로 한 칸 옮긴다.
目 / 皿	좌표평면 위에 있는 흰색 바둑돌을 x, y축 기준으로 대칭인 곳으로 옮긴다.
※	좌표평면 위에 있는 흰색 바둑돌의 x, y좌표가 홀수인 좌표는 그 값의 2배, 짝수인 좌표는 그 값의 절반인 곳으로 옮긴다. 예 흰색 바둑돌이 $(4, -3)$에 있을 때, '※'를 누르면 $(2, -6)$ 위치로 옮긴다.

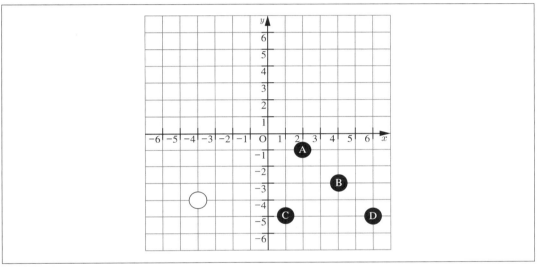

〈보기〉

※ 目 ◁ ※ 皿 ※ △ 目 ※ △

① A   ② B

③ C   ④ D

07 키패드의 버튼을 누르면 숫자의 배열이 규칙에 따라 달라진다. 다음과 같이 버튼을 눌렀을 때 달라지는 숫자의 배열로 옳은 것은?(단, 제시된 숫자의 배열은 한 자릿수 수들의 배열이다)

〈키패드〉

1	2	3
4	5	6
7	8	9
*	0	#

〈키패드 버튼별 규칙〉

버튼	규칙	버튼	규칙	버튼	규칙
1	홀수 자리에 위치한 숫자를 왼쪽 끝으로 이동	2	홀수 자리에 위치한 숫자를 오른쪽 끝으로 이동	3	오름차순 정렬
4	짝수 자리에 위치한 숫자를 왼쪽 끝으로 이동	5	짝수 자리에 위치한 숫자를 오른쪽 끝으로 이동	6	내림차순 정렬
7	홀수 자리에 위치한 숫자를 오름차순 정렬	8	짝수 자리에 위치한 숫자를 내림차순 정렬	9	가장 오른쪽에 위치한 숫자 3개를 모두 왼쪽으로 이동
*	2의 배수를 왼쪽 정렬	0	가운데 숫자를 기준으로 좌우 대칭 이동	#	3의 배수를 오른쪽 정렬

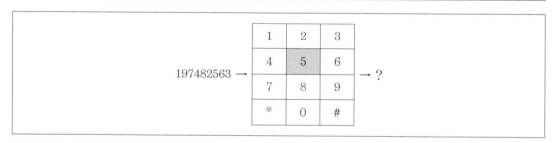

197482563 → [키패드 5 강조] → ?

① 172435689 ② 179254863
③ 178539426 ④ 178542369

08 다음 기호들은 일정한 규칙에 따라 도형을 변화시킨다. 기호에 해당하는 규칙을 파악하여 ?에 들어갈 도형으로 알맞은 것은?

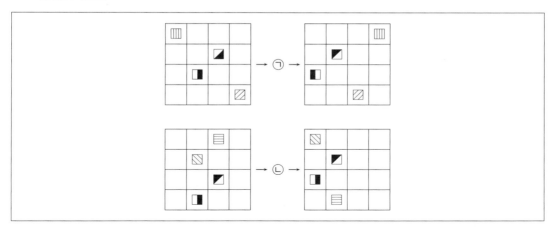

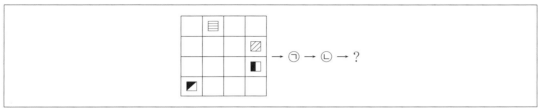

①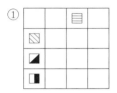

②

③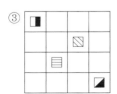

④

09 다음 제시된 도형의 규칙을 보고 ?에 들어갈 도형으로 알맞은 것은?

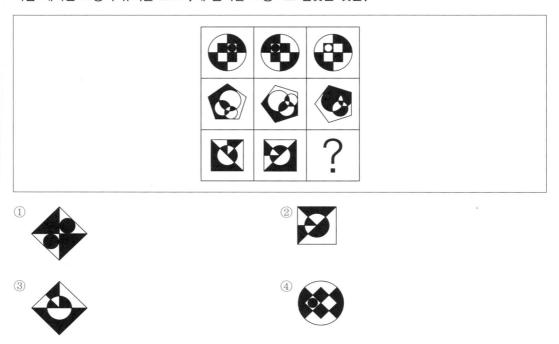

① 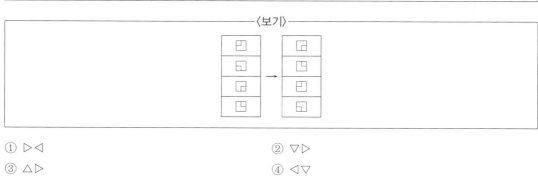 ②

③ ④

10 〈보기〉의 왼쪽 상태에서 작동 버튼을 두 번 눌렀더니, 오른쪽과 같은 결과가 나타났다. 다음 규칙을 읽고, 작동 버튼의 순서를 바르게 나열한 것은?

작동 버튼	기능
△	모든 도형을 한 칸씩 올린다(가장 위 칸의 도형은 맨 아래로 내린다).
▽	모든 도형을 한 칸씩 내린다(가장 아래 칸의 도형은 맨 위로 올린다).
◁	모든 도형을 반시계 방향으로 90° 회전한다.
▷	모든 도형을 시계 방향으로 90° 회전한다.

〈보기〉

① ▷◁   ② ▽▷
③ △▷   ④ ◁▽

11

$$3 \quad 5 \quad 9 \quad 17 \quad 33 \quad 65 \quad (\quad)$$

① 96
③ 128

② 97
④ 129

12

$$121 \quad 144 \quad 169 \quad (\quad) \quad 225$$

① 182
③ 192

② 186
④ 196

13 동물원에는 A ~ E의 다섯 관람 구역이 있고, 각각의 구역은 알파벳 순서대로 입구부터 출구까지 차례로 배치되어 있다. 한 구역에 한 종류의 동물이 있다고 할 때, 다음에 근거하여 바르게 추론한 것은?

- 기린은 입구와 가장 가까이 있다.
- 거북이는 악어의 다음 구역에 있어야 한다.
- 호랑이는 악어보다 입구에 가까울 수 없다.
- 코끼리는 기린과 거북이 사이 구역(들) 중 하나에 있다.
- 악어는 관람 구역들 중 중앙에 위치하고 있다.

① 악어는 D구역에서 볼 수 있다.
② 거북이는 호랑이보다 출구에 가까이 있다.
③ 출구에 가장 가까이 위치한 동물은 호랑이이다.
④ 기린 바로 다음으로 볼 수 있는 동물은 악어이다.

14 다섯 가지의 운동 A ~ E 다섯 가지를 순서대로 매일 하고자 한다. 두 번째로 A운동을 할 때, 다섯 번째로 하는 운동은?

─────────〈조건〉─────────
- 다섯 가지의 운동을 모두 한 번씩 한다.
- A보다 E를 먼저 수행한다.
- C는 E보다 나중에 수행한다.
- D는 B와 C보다 나중에 수행한다.

① B   ② C
③ D   ④ E

15 아마추어 야구 리그에서 활동하는 가 ~ 라의 4개 팀은 빨간색, 노란색, 파란색, 보라색 중에서 매년 상징하는 색을 바꾸고 있다. 다음 〈조건〉을 참고할 때, 반드시 참인 것은?

─────────〈조건〉─────────
- 하나의 팀은 하나의 상징색을 갖는다.
- 이전에 사용했던 상징색을 다시 사용할 수는 없다.
- 가와 나팀은 빨간색을 사용한 적이 있다.
- 나와 다팀은 보라색을 사용한 적이 있다.
- 라팀은 노란색을 사용한 적이 있고, 파란색을 선택하였다.

① 다팀의 상징색은 빨간색이 될 것이다.
② 가팀의 상징색은 노란색이 될 것이다.
③ 다는 파란색을 사용한 적이 있을 것이다.
④ 가는 파란색을 사용한 적이 있어 다른 색을 골라야 한다.

2권

제2회 포스코그룹 적성검사

www.sdedu.co.kr

〈문항 및 시험시간〉

포스코그룹 온라인 PAT		
영역	문항 수	영역별 제한시간
언어이해	15문항	15분
자료해석	15문항	15분
문제해결	15문항	15분
추리	15문항	15분

제2회 모의고사

제1영역 언어이해

01 다음 글의 내용으로 가장 적절한 것은?

> 지진해일은 지진, 해저 화산 폭발 등으로 바다에서 발생하는 파장이 긴 파도이다. 지진에 의해 바다 밑바닥이 솟아오르거나 가라앉으면 바로 위의 바닷물이 갑자기 상승 또는 하강하게 된다. 이 영향으로 지진해일파가 빠른 속도로 퍼져나가 해안가에 엄청난 위험과 피해를 일으킬 수 있다.
>
> 전 세계의 모든 해안 지역이 지진해일의 피해를 받을 수 있지만, 우리에게 피해를 주는 지진해일의 대부분은 태평양과 주변 해역에서 발생한다. 이는 태평양의 규모가 거대하고 이 지역에서 대규모 지진이 많이 발생하기 때문이다. 태평양에서 발생한 지진해일은 발생 하루 만에 발생지점에서 지구의 반대편까지 이동할 수 있으며, 수심이 깊을 경우 파고가 낮고 주기가 길기 때문에 선박이나 비행기에서도 관측할 수 없다.
>
> 먼 바다에서 지진해일 파고는 해수면으로부터 수십 cm 이하이지만 얕은 바다에서는 급격하게 높아진다. 수심이 6,000m 이상인 곳에서 지진해일은 비행기의 속도와 비슷한 시속 800km로 이동할 수 있다. 지진해일은 얕은 바다에서 파고가 급격히 높아짐에 따라 그 속도가 느려지며 지진해일이 해안가의 수심이 얕은 지역에 도달할 때 그 속도는 시속 45 ~ 60km까지 느려지면서 파도가 강해진다. 이것이 해안을 강타함에 따라 파도의 에너지는 더 짧고 더 얕은 곳으로 모여 무시무시한 파괴력을 가져 우리의 생명을 위협하는 파도로 발달하게 된다. 최악의 경우, 파고가 15m 이상으로 높아지고 지진의 진앙 근처에서 발생한 지진해일의 경우 파고가 30m를 넘을 수도 있다. 파고가 3 ~ 6m 높이가 되면 많은 사상자와 피해를 일으키는 아주 파괴적인 지진해일이 될 수 있다.
>
> 지진해일의 파도 높이와 피해 정도는 에너지의 양, 지진해일의 전파경로, 앞바다와 해안선의 모양 등으로 결정될 수 있다. 또한 암초, 항만, 하구나 해저의 모양, 해안의 경사 등 모든 것이 지진해일을 변형시키는 요인이 된다.

① 바다가 얕을수록 지진해일의 파고가 높아진다.

② 지진해일은 파장이 짧으며, 화산 폭발 등으로 인해 발생한다.

③ 지진해일이 해안가에 도달할수록 파도가 강해지며 속도는 800km에 달한다.

④ 태평양 인근에서 발생한 지진해일은 대부분 한 달에 걸쳐 지구 반대편으로 이동하게 된다.

02 다음 글을 읽고 추론할 수 있는 내용으로 가장 적절한 것은?

> 조건화된 환경의 영향을 중시하는 스키너와 같은 행동주의와는 달리, 로렌츠는 동물행동의 가장 중요한 특성들은 타고나는 것이라고 보았다. 인간을 진화의 과정을 거친 동물의 하나로 보는 그는, 공격성은 동물의 가장 기본적인 본능 중 하나이기에 인간에게도 자신의 종족을 향해 공격적인 행동을 하는 생득적인 충동이 있다는 것이다. 진화의 과정에서 가장 단합된 형태로 공격성을 띤 종족이 생존에 유리했으며, 이것은 인간이 호전성에 대한 열광을 갖게 된 이유라고 로렌츠는 설명한다.
>
> 로렌츠의 관찰에 따르면 치명적인 발톱이나 이빨을 가진 동물들이 같은 종의 구성원을 죽이는 경우는 드물다. 이는 중무장한 동물의 경우 그들의 자체 생존을 위해서는 자기 종에 대한 공격을 제어할 억제 메커니즘이 필요했고, 그것이 진화의 과정에 반영되었기 때문이라고 로렌츠는 설명한다. 그에 비해서 인간을 비롯한 신체적으로 미약한 힘을 지닌 동물들은 자신의 힘만으로 자기 종을 죽인다는 것이 매우 어려운 일이었기 때문에 이들의 경우 억제 메커니즘에 대한 진화론적인 요구가 없었다는 것이다. 그런데 기술이 발달함에 따라 인간은 살상 능력을 지니게 되었고 억제 메커니즘을 지니지 못한 인간에게 내재된 공격성은 자기 종을 살육할 수 있는 상황에 이르게 된 것이다.
>
> 그렇다면 인간에 내재된 공격성을 제거하면 되지 않을까? 이 점에 대해서 로렌츠는 회의적이다. 우선 인간의 공격적인 본능은 긍정적인 측면과 부정적인 측면을 모두 포함해서 오늘날 인류를 있게 한 중요한 요소 중 하나이기에 이를 제거한다는 것이 인류에게 어떤 영향을 끼칠지 알 수 없으며, 또 공격성을 최대한 억제시킨다고 해도 공격성의 본능은 여전히 배출구를 찾으려고 하기 때문이다.

① 인간은 본능적인 공격성을 갖고 있지만, 학습을 통해 공격성을 억제한다.

② 인간의 공격적인 본능을 억제해야 하는 이유는 부정적인 측면이 더 크기 때문이다.

③ 인간은 동물에 비해 지능이 뛰어나기 때문에 같은 종의 구성원을 공격하지 않는다.

④ 늑대 등은 진화 과정에 반영된 공격 억제 메커니즘을 통해 자기 종에 대한 공격을 억제할 수 있다.

03 다음 제시된 문단을 읽고, 이어질 문단을 논리적 순서대로 바르게 나열한 것은?

> 어떤 문화의 변동은 결코 외래문화의 압도적 영향이나 이식에 의해 이루어지는 것이 아니라, 수용 주체의 창조적·능동적 측면과 관련되어 이루어지는 매우 복합적인 성격의 것이다.

> (가) 그리하여 외래문화 중에서 이러한 결핍 부분의 충족에 유용한 부분만을 선별해서 선택적으로 수용하게 된다.
> (나) 이러한 수용 주체의 창조적·능동적 측면은 문화 수용과 변동에서 무엇보다도 우선하는 것인데, 이것이 외래문화 요소의 수용을 결정짓는다.
> (다) 즉, 어떤 문화의 내부에 결핍 요인이 있을 때, 그 문화의 창조적·능동적 측면은 이를 자체적으로 극복하려 노력하지만 이러한 극복이 내부에서 성취될 수 없을 때, 그것은 외래 요소의 수용을 통해 이를 이루고자 한다.
> 다시 말해, 외래문화는 수용 주체의 내부요인에 따라 수용 또는 거부되는 것이다.

① (가) – (나) – (다) 　　② (가) – (다) – (나)
③ (나) – (가) – (다) 　　④ (나) – (다) – (가)

04 다음 글이 비판의 대상으로 삼는 주장으로 가장 적절한 것은?

> 경제문제는 대개 해결이 가능하다. 대부분의 경제문제에는 몇 개의 해결책이 있다. 그러나 모든 해결책은 누군가가 상당한 손실을 반드시 감수해야 한다는 특징을 갖고 있다. 하지만 누구도 이 손실을 자발적으로 감수하고자 하지 않으며, 우리의 정치제도는 누구에게도 이 짐을 짊어지라고 강요할 수 없다. 우리의 정치적·경제적 구조로는 실질적으로 제로섬(Zero-sum)적인 요소를 지니는 경제문제에 전혀 대처할 수 없기 때문이다. 대개의 경제적 해결책은 대규모의 제로섬적인 요소를 갖기 때문에 큰 손실을 수반한다. 모든 제로섬게임에는 승자가 있다면 반드시 패자가 있으며, 패자가 존재해야만 승자가 존재할 수 있다. 경제적 이득이 경제적 손실을 초과할 수도 있지만, 손실의 주체에게 손실의 의미란 상당한 크기의 경제적 이득을 부정할 수 있을 만큼 매우 중요하다. 어떤 해결책으로 인해 평균적으로 사회는 더 잘살게 될 수도 있지만 이 평균이 훨씬 더 잘살게 된 수많은 사람과 훨씬 더 못살게 된 수많은 사람을 감춘다. 만약 당신이 더 못살게 된 사람 중 하나라면 내 수입이 줄어든 것보다 다른 누군가의 수입이 더 많이 늘었다고 해서 위안을 얻지는 않을 것이다. 결국 우리는 우리 자신의 수입을 보호하기 위해 경제적 변화가 일어나는 것을 막거나 혹은 사회가 우리에게 손해를 입히는 공공정책이 강제로 시행되는 것을 막기 위해 싸울 것이다.

① 빈부격차를 해소하는 것만큼 중요한 정책은 없다.
② 사회의 총생산량이 많아지게 하는 정책이 좋은 정책이다.
③ 경제문제에서 모두가 만족하는 해결책은 존재하지 않는다.
④ 경제적 변화에 대응하는 정치제도의 기능에는 한계가 존재한다.

05 다음 문장을 논리적 순서대로 바르게 나열한 것은?

(가) 이들의 주장한 바로는 아이들의 언어습득은 '자극 – 반응 – 강화'의 과정을 통해 이루어진다. 즉, 행동주의 학자들은 후천적인 경험이나 학습을 언어습득의 요인으로 본다.

(나) 이러한 촘스키의 주장은 아이들이 선천적으로 지니고 태어나는 언어능력에 주목함으로써 행동주의 학자들의 주장만으로는 설명할 수 없었던 복잡한 언어습득 과정을 효과적으로 설명해 주고 있다.

(다) 그러나 이러한 행동주의 학자들의 주장은 아이들의 언어습득 과정을 후천적인 요인으로만 파악하려 한다는 점에서 비판을 받는다.

(라) 아이들은 어떻게 언어를 습득하는 걸까? 이 물음에 대해 행동주의 학자들은 아이들이 다른 행동을 배울 때와 마찬가지로 지속적인 모방과 학습을 통해 언어를 습득한다고 주장한다.

(마) 미국의 언어학자 촘스키는 아이들이 의식적인 노력이나 훈련 없이도 모국어를 완벽하게 구사하는 이유가 태어나면서부터 두뇌 속에 '언어습득장치(LAD)'라는 것을 가지고 있기 때문이라고 주장한다.

---

① (마) – (가) – (라) – (나) – (다)

② (마) – (라) – (가) – (다) – (나)

③ (라) – (가) – (다) – (마) – (나)

④ (라) – (다) – (가) – (마) – (나)

06 다음 글을 통해 알 수 있는 내용으로 가장 적절한 것은?

상업광고는 기업은 물론이고 소비자에게도 요긴하다. 기업은 마케팅 활동의 주요한 수단으로 광고를 적극적으로 이용하여 기업과 상품의 인지도를 높이려 한다. 소비자는 소비생활에 필요한 상품의 성능, 가격, 판매 조건 등의 정보를 광고에서 얻으려 한다. 광고를 통해 기업과 소비자가 모두 이익을 얻는다면 이를 규제할 필요는 없을 것이다. 그러나 광고에서 기업과 소비자의 이익이 상충하는 경우도 있고 광고가 사회 전체에 폐해를 낳는 경우도 있어, 다양한 규제 방식이 모색되었다.

이때 문제가 된 것은 과연 광고로 인한 피해를 책임질 당사자로서 누구를 상정할 것인가였다. 초기에는 '소비자 책임 부담 원칙'에 따라 광고 정보를 활용한 소비자의 구매 행위에 대해 소비자가 책임을 져야 한다고 보았다. 여기에는 광고 정보가 정직한 것인지와는 상관없이 소비자는 이성적으로 이를 판단하여 구매할 수 있어야 한다는 전제가 있었다. 그래서 기업은 광고에 의존하여 물건을 구매한 소비자가 입은 피해에 대하여 책임을 지지 않았고, 광고의 기만성에 대한 입증 책임도 소비자에게 있었다.

책임 주체로 기업을 상정하여 '기업 책임 부담 원칙'이 부상하게 된 배경은 복합적이다. 시장의 독과점 상황이 광범위해지면서 소비자의 자유로운 선택이 어려워졌고, 상품에 응용된 과학기술이 복잡해지고 첨단화되면서 상품 정보에 대한 소비자의 정확한 이해도 기대하기 어려워졌다. 또한 다른 상품 광고와의 차별화를 위해 통념에 어긋나는 표현이나 장면도 자주 활용되었다. 그리하여 경제적, 사회・문화적 측면에서 광고로부터 소비자를 보호해야 한다는 당위를 바탕으로 기업이 광고에 대해 책임을 져야 한다는 공감대가 확산되었다.

오늘날 행해지고 있는 여러 광고 규제는 이런 공감대에서 나온 것인데, 이는 크게 보아 법적 규제와 자율 규제로 나눌 수 있다. 구체적인 법 조항을 통해 광고를 규제하는 법적 규제는 광고 또한 사회적 활동의 일환이라는 점에 근거한다. 특히 자본주의 사회에서는 기업이 시장점유율을 높여 다른 기업과의 경쟁에서 승리하기 위하여 사실에 반하는 광고나 소비자를 현혹하는 광고를 할 가능성이 높다. 법적 규제는 허위광고나 기만 광고 등을 불공정 경쟁의 수단으로 간주하여 정부 기관이 규제를 가하는 것이다.

자율 규제는 법적 규제에 대한 기업의 대응책으로 등장했다. 법적 규제가 광고의 역기능에 따른 피해를 막기 위한 강제적 조치라면, 자율 규제는 광고의 순기능을 극대화하기 위한 자율적 조치이다. 광고에 대한 기업의 책임감에서 비롯된 자율 규제는 법적 규제를 보완하는 효과가 있다.

---

① 광고 주체의 자율 규제가 잘 작동될수록 광고에 대한 법적 규제의 역할도 커진다.

② 기업의 이익과 소비자의 이익이 상충하는 정도가 클수록 법적 규제와 자율 규제의 필요성이 약화된다.

③ 시장 독과점상황이 심각해지면서 기업 책임 부담 원칙이 약화되고 소비자 책임 부담 원칙이 부각되었다.

④ 첨단기술을 강조한 상품의 광고일수록 소비자가 광고 내용을 정확히 이해하지 못한 채 상품을 구매할 가능성이 커진다.

『조선왕조실록』에 기록된 지진만 1,900여 건, 가뭄과 홍수는 이루 헤아릴 수 없을 정도다. 농경사회였던 조선시대 백성의 삶을 더욱 힘들게 했던 재난·재해, 특히 목조건물과 초가가 대부분이던 당시에 화재는 즉각적인 재앙이었고 공포였다. 우리 조상은 화재를 귀신이 장난치거나, 땅에 불의 기운이 넘쳐서라 여겼다. 화재 예방을 위해 벽사(辟邪)를 상징하는 조형물을 세우며 안녕을 기원했다.

고대 건축에서 안전관리를 상징하는 대표적인 예로 지붕 용마루 끝에 장식기와로 사용하는 '치미(鴟尾)'를 들 수 있다. 전설에 따르면 불이 나자 큰 새가 꼬리로 거센 물결을 일으키며 비를 내려 불을 껐다는 기록이 남아있다. 약 1,700년 전에 중국에서 처음 시작돼 화재 예방을 위한 주술적 의미로 쓰였고, 우리나라에선 황룡사 '치미'가 대표적이다.

조선 건국 초기, 관악산의 화기를 잠재우기 위해 '해치(해태)'를 광화문에 세웠다. '해치'는 물의 기운을 지닌 수호신으로 현재 서울의 상징이기도 한 상상 속 동물이다. 또한 궁정이나 관아의 안전을 수호하는 상징물로 '잡상(雜像)'을 세웠다. 궁궐 관련 건물에만 등장하는 '잡상'은 건물의 지붕 내림마루에 『서유기』에 등장하는 기린, 용, 원숭이 등 다양한 종류의 신화적 형상으로 장식한 기와이다.

그 밖에 경복궁 화재를 막기 위해 경회루에 오조룡(발톱이 다섯인 전설의 용) 두 마리를 넣었다는 기록이 전해진다. 실제 1997년 경회루 공사 중 오조룡이 발견되면서 화제가 됐다. 불을 상징하는 구리 재질의 오조룡을 물속에 가둬 놓고 불이 나지 않기를 기원했던 것이다.

조선시대에는 도성 내 화재 예방에 각별히 신경 썼다. 궁궐을 지을 때 불이 번지는 것을 막기 위해 건물 간 10m 이상 떨어져 지었고, 창고는 더 큰 피해를 입기에 30m 이상 간격을 뒀다. 민간에선 다섯 집마다 물독을 비치해 방화 수로 활용했고, 행랑이나 관청에 우물을 파게 해 화재 진압 용수로 사용했다.

지붕 화재에 대비해 사다리를 비치하거나 지붕에 쇠고리를 박고, 타고 올라갈 수 있도록 쇠줄을 늘여놓기도 했다. 오늘날 소화기나 완강기 등과 같은 이치다. 특히 세종대왕은 '금화도감'이라는 소방 기구를 설치해 인접 가옥 간에 '방화장(防火墻)'을 쌓고, 방화범을 엄히 다루는 등 화재 예방에 만전을 기했다.

07 다음 중 글의 제목으로 가장 적절한 것은?

① 미신에 관한 과학적 증거들
② 화재 예방을 위해 지켜야 할 법칙들
③ 자연재해에 어떻게 대처해야 하는가?
④ 불귀신을 호령하기 위한 조상들의 노력

08 다음 중 글의 내용과 일치하지 않는 것은?

① 오조룡은 실제 경회루 공사 중에 발견되었다.
② 해치는 화재 예방을 위한 주술적 의미로 쓰인 '치미'의 예이다.
③ 조선시대의 재난·재해 중 특히 화재는 백성들을 더욱 힘들게 했다.
④ 잡상은 『서유기』에 등장하는 다양한 종류의 신화적 형상을 장식한 기와를 말한다.

펀드(Fund)를 우리말로 바꾸면 '모금한 기금'을 뜻하지만 경제 용어로는 '경제적 이익을 보기 위해 불특정 다수인으로부터 모금하여 운영하는 투자 기금'을 가리키는 말로 사용합니다. 펀드는 주로 주식이나 채권에 많이 투자를 하는데 개인이 주식이나 채권에 투자하기 위해서는 어떤 회사의 채권을 사야 하는지, 언제 사야 하는지, 언제 팔아야 하는지, 어떻게 계약을 하고 세금을 얼마나 내야 하는지, 알아야 할 게 너무 많아 복잡합니다. 이러한 여러 가지 일을 투자 전문 기관이 대행하고 일정 비율의 수수료를 받게 되는데, 이처럼 펀드에 가입한다는 것은 투자 전문 기관에게 대행 수수료를 주고 투자활동에 참여하여 이익을 보는 일을 말합니다.

펀드는 크게 보아 주식 투자 펀드와 채권 투자 펀드로 나눌 수 있습니다. 주식 투자 펀드를 살펴보면 회사가 회사를 잘 꾸려서 영업이익을 많이 만들면 주식가격이 오릅니다. 그래서 그 회사의 주식을 가진 사람은 회사의 이익을 나누어 받습니다. 이처럼 주식 투자 펀드는 주식을 사서 번 이익에서 투자기관의 수수료를 뺀 금액이 '펀드가입자의 이익'이 되며 이 이익은 투자한 자금에 비례하여 분배받습니다. 그리고 투자자는 분배받는 금액에 따라 세금을 냅니다. 채권 투자 펀드는 회사, 지방자치단체, 국가가 자금을 조달하기 위해 이자를 지불할 것을 약속하면서 발행하는 채권을 사서 이익을 보는 것입니다. 채권을 사서 번 이익에서 투자기관의 수수료를 뺀 금액이 수익이 됩니다. 이외에도 투자 대상에 따라, 국내 펀드, 해외 펀드, 신흥국가 대상 펀드, 선진국 펀드, 중국 펀드, 원자재 펀드 등 펀드의 종류는 아주 다양합니다.

채권 투자 펀드는 회사나 지방자치단체 그리고 국가가 망하지 않는 이상 정해진 이자를 받을 수 있어 비교적 안정적입니다. 그런데 주식 투자 펀드는 일반주식 가격의 변동에 따라 수익을 많이 볼 수도 있지만 손해를 보는 경우도 흔합니다. 예를 들어 어떤 펀드는 10년 후 누적 수익률이 원금의 열 배나 되지만 어떤 펀드는 수익률이 나빠져 1년 만에 원금의 절반이 되어버리는 일도 발생합니다. 이렇게 수익률 차이가 심하게 나는 것은 주식이 경기변동의 영향을 많이 받기 때문입니다.

이로 인해 펀드와 관련하여 은행을 비롯한 투자 전문 기관에 가서 상담을 하면 상품에 대한 안내만 할 뿐, 가입 여부는 고객이 스스로 판단하도록 하고 있습니다. 합리적으로 안내를 한다고 해도 소비자의 투자 목적, 시장 상황, 투자 성향에 따라 맞는 펀드가 다르기 때문입니다. 그러니까 펀드에 가입하기 전에는 펀드의 종류를 잘 알아보고 결정해야 합니다. 또, 펀드에 가입을 해도 살 때와 팔 때를 잘 구분해야 합니다. 이것이 가장 어려운 일입니다. 그래서 주식이나 펀드는 사회 경험을 쌓고 경제 지식을 많이 알고 난 후에 하는 것이 좋다는 얘기를 많이 합니다.

09 위 발표 내용을 통해 답변을 확인할 수 있는 질문으로 적절하지 않은 것은?

① 펀드에 가입하면 돈을 벌 수 있는가? ② 펀드란 무엇인가?
③ 펀드 가입 시 유의할 점은 무엇인가? ④ 펀드 가입 절차는 어떻게 되는가?

10 위 발표 내용을 통해 이해한 내용으로 가장 적절한 것은?

① 주식 투자 펀드는 경기변동의 영향을 많이 받게 된다.
② 주식 투자 펀드는 정해진 이자를 받을 수 있어 안정적이다.
③ 채권 투자 펀드는 투자기관의 수수료를 더한 금액이 수익이 된다.
④ 채권 투자 펀드는 주식 가격이 오를수록 펀드 이익을 많이 분배받게 된다.

발전된 산업사회는 인간을 단순한 수단으로 지배하기 위한 새로운 수단을 발전시키고 있다. 여러 사회과학들과 심층 심리학이 이를 위해서 동원되고 있다. 목적이나 이념의 문제를 배제하고 가치판단으로부터의 중립을 표방하는 사회과학들은 쉽게 인간 조종을 위한 기술적·합리적인 수단을 개발해서 대중 지배에 이바지한다. 마르쿠제는 발전된 산업사회에 있어서의 이러한 도구화된 지성을 비판하면서 이것을 '현대인의 일차원적 사유'라고 불렀다. 비판과 초월을 모르는 도구화된 사유라는 것이다. 따라서 산업사회에서의 합리화라는 것은 기술적인 수단의 합리화를 의미하는 데 지나지 않는다.

발전된 산업사회는 이와 같이 사회과학과 도구화된 지성을 동원해서 인간을 조종하고 대중을 지배할 뿐만 아니라 향상된 생산력을 통해서 인간을 매우 효율적으로 거의 완전하게 지배한다. 곧 발전된 산업사회는 그의 높은 생산력을 통해서 늘 새로운 수요들을 창조하고 이러한 새로운 수요들을 광고와 매스컴 등 모든 선전 수단을 동원해서 인간의 삶을 위한 불가결의 것으로 만든다. 그뿐만 아니라 사회구조와 생활 조건을 변화시켜서 그러한 수요들을 필수적인 것으로 만들어서 인간으로 하여금 그것들을 지향하지 않을 수 없게 한다. 이렇게 산업사회는 늘 새로운 수요의 창조와 그 공급을 통해서 인간의 삶을 거의 완전히 지배하고 그의 인격을 사로잡아버릴 수 있게 되어가고 있다.

11 다음 중 글의 중심 내용으로 가장 적절한 것은?

① 산업사회에서 도구화된 지성의 필요성
② 산업사회의 발전과 경제력 향상
③ 산업사회의 특징과 문제점
④ 산업사회의 대중 지배 양상

12 다음 중 글의 내용으로 보아 우리가 취해야 할 태도로 가장 적절한 것은?

① 전통문화와 외래문화를 조화시켜 발전시킨다.
② 산업사회의 긍정적인 측면을 최대한 부각시킨다.
③ 보다 효율적인 산업 사회로의 발전 방향을 모색한다.
④ 산업사회에서 인간소외를 줄이는 방향으로 생활양식을 변화시킨다.

※ 다음 글을 읽고 이어지는 질문에 답하시오. [13~14]

독일의 발명가 루돌프 디젤이 새로운 엔진에 대한 아이디어를 내고 특허를 얻은 것은 1892년의 일이었다. 1876년 오토가 발명한 가솔린엔진의 효율은 당시에 무척 떨어졌으며, 널리 사용된 증기기관의 효율 역시 10%에 불과했고 가동 비용도 많이 드는 단점이 있었다. 디젤의 목표는 고효율의 엔진을 만드는 것이었고 그의 아이디어는 훨씬 더 높은 압축비율로 연료를 연소시키는 것이었다.

일반적으로 가솔린엔진은 기화기에서 공기와 연료를 먼저 혼합하고, 그 혼합기체를 실린더 안으로 흡입하여 압축한 후, 점화플러그로 스파크를 일으켜 동력을 얻는다. 이러한 과정에서 문제는 압축 정도가 제한된다는 것이다. 만일 기화된 가솔린에 너무 큰 압력을 가하면 멋대로 점화되어 버리는데, 이것이 엔진의 노킹현상이다.

공기를 압축하면 뜨거워진다는 것은 알려져 있던 사실이다. 디젤엔진의 기본원리는 실린더 안으로 공기만을 흡입하여 피스톤으로 강하게 압축시킨 다음, 그 압축공기에 연료를 분사하여 저절로 점화가 되도록 하는 것이다. 따라서 디젤엔진에는 점화플러그가 필요 없는 대신, 연료분사기가 장착되어 있다. 또 압축 과정에서 공기와 연료가 혼합되지 않기 때문에 디젤엔진은 최대 12 : 1의 압축 비율을 갖는 가솔린엔진보다 훨씬 더 높은 25 : 1 정도의 압축비율을 갖는다. 압축 비율이 높다는 것은 그만큼 효율이 높다는 것을 의미한다.

사용하는 연료의 특성도 다르다. 디젤 연료인 경유는 가솔린보다 훨씬 무겁고 점성이 강하며 증발하는 속도도 느리다. 왜냐하면 경유는 가솔린보다 훨씬 더 많은 탄소 원자가 길게 연결되어 있기 때문이다. 일반적으로 가솔린은 5 ~ 10개, 경유는 16 ~ 20개의 탄소를 가진 탄화수소들의 혼합물이다. 탄소가 많이 연결된 탄화수소물에 고온의 열을 가하면 탄소 수가 적은 탄화수소물로 분해된다. 한편, 경유는 가솔린보다 에너지 밀도가 높다. 1갤런의 경유는 약 1억 5,500만 줄의 에너지를 가지고 있지만, 가솔린은 1억 3,200만 줄을 가지고 있다. 이러한 연료의 특성들이 디젤엔진의 높은 효율과 결합되면서, 디젤엔진은 가솔린엔진보다 좋은 연비를 내게 되는 것이다.

발명가 디젤은 디젤엔진이 작고 경제적인 엔진이 되어야 한다고 생각했지만, 그의 생전에는 크고 육중한 것만 만들어졌다. 하지만 그 후 디젤의 기술적 유산은 이 발명가가 꿈꾼 대로 널리 보급되었다. 디젤엔진은 원리상 가솔린엔진보다 더 튼튼하고 고장도 덜 난다. 디젤엔진은 연료의 품질에 민감하지 않고 연료의 소비 면에서도 경제성이 뛰어나 오늘날 자동차 엔진용으로 확고한 자리를 잡았다. 환경론자들이 걱정하는 디젤엔진의 분진 배출 문제도 필터 기술이 나아지면서 점차 극복되고 있다.

13 다음 중 글을 읽고 추론한 내용으로 가장 적절한 것은?

① 손으로 만지면 경유보다는 가솔린이 더 끈적끈적할 것이다.
② 가솔린과 경유를 섞으면 가솔린이 경유 아래로 가라앉을 것이다.
③ 주유할 때 차체에 연료가 묻으면 경유가 가솔린보다 더 빨리 증발할 것이다.
④ 원유에 가하는 열의 정도에 따라 원유를 경유와 가솔린으로 변화시킬 수 있을 것이다.

14 다음 중 글의 내용과 일치하는 것은?

① 디젤엔진은 가솔린엔진보다 내구성이 뛰어나다.
② 디젤엔진은 가솔린엔진보다 먼저 개발되었다.
③ 가솔린엔진은 디젤엔진보다 분진을 많이 배출한다.
④ 디젤엔진은 가솔린엔진보다 연료의 품질에 민감하다.

15 다음 글의 중심 주제로 가장 적절한 것은?

맹자는 다음과 같은 이야기를 전한다. 송나라의 한 농부가 밭에 나갔다 돌아오면서 처자에게 말한다. "오늘 일을 너무 많이 했다. 밭의 싹들이 빨리 자라도록 하나하나 잡아당겨 줬더니 피곤하구나." 아내와 아이가 밭에 나가보았더니 싹들이 모두 말라 죽어 있었다. 이렇게 자라는 것을 억지로 돕는 일, 즉 조장(助長)을 하지 말라고 맹자는 말한다. 싹이 빨리 자라기를 바란다고 싹을 억지로 잡아 올려서는 안 된다. 목적을 이루기 위해 가장 빠른 효과를 얻고 싶겠지만 이는 도리어 효과를 놓치는 길이다. 억지로 효과를 내려고 했기 때문이다. 싹이 자라기를 바라 싹을 잡아당기는 것은 이미 시작된 과정을 거스르는 일이다. 효과가 자연스럽게 나타날 가능성을 방해하고 막는 일이기 때문이다. 당연히 싹의 성장 가능성은 땅 속의 씨앗에 들어있는 것이다. 개입하고 힘을 쏟고자 하는 대신에 이 잠재력을 발휘할 수 있도록 하는 것이 중요하다.

피해야 할 두 개의 암초가 있다. 첫째는 싹을 잡아당겨서 직접적으로 성장을 이루려는 것이다. 이는 목적성이 있는 적극적 행동주의로써 성장의 자연스러운 과정을 존중하지 않는 것이다. 달리 말하면 효과가 숙성되도록 놔두지 않는 것이다. 둘째는 밭의 가장자리에 서서 자라는 것을 지켜보는 것이다. 싹을 잡아당겨서도 안 되고 그렇다고 단지 싹이 자라는 것을 지켜만 봐서도 안 된다. 그렇다면 무엇을 해야 하는가? 싹 밑의 잡초를 뽑고 김을 매주는 일을 해야 하는 것이다. 경작이 용이한 땅을 조성하고 공기를 통하게 함으로써 성장을 보조해야 한다. 기다리지 못함도 삼가고 아무것도 안함도 삼가야 한다. 작동 중에 있는 자연스런 성향이 발휘되도록 기다리면서도 전력을 다할 수 있도록 돕는 노력도 멈추지 말아야 한다.

① 인류사회는 자연의 한계를 극복하려는 인위적 노력에 의해 발전해 왔다.
② 싹이 스스로 성장하도록 그대로 두는 것이 수확량을 극대화하는 방법이다.
③ 어떤 일을 진행할 때 가장 중요한 것은 명확한 목적성을 설정하는 것이다.
④ 잠재력을 발휘하도록 하려면 의도적 개입과 방관적 태도 모두를 경계해야 한다.

01 다음은 A ~ E과제에 대해 전문가 5명이 평가한 점수이다. 최종 점수와 평균 점수가 같은 과제로만 짝지어진 것은?

〈과제별 점수 현황〉

(단위 : 점)

구분	A과제	B과제	C과제	D과제	E과제
전문가 1	100	80	60	80	100
전문가 2	70	60	50	100	40
전문가 3	60	40	100	90	( )
전문가 4	50	60	90	70	70
전문가 5	80	60	60	40	80
평균 점수	( )	( )	( )	( )	70

※ 최종 점수는 가장 낮은 점수와 가장 높은 점수를 제외한 평균 점수임

① A, B
② B, C
③ B, D
④ B, E

02 다음은 A ~ C학과의 입학 및 졸업자 인원 현황에 대한 자료이다. 빈칸에 들어갈 값은?(단, 각 수치는 매년 일정한 규칙으로 변화한다)

〈학과별 입학 및 졸업자 추이〉

(단위 : 명)

구분	A학과		B학과		C학과	
	입학	졸업	입학	졸업	입학	졸업
2019년	70	57	63	50	52	39
2020년	79	66	65	52	56	43
2021년	90	77	58		60	47
2022년	85	72	60	47	50	37
2023년	95	82	62	49	53	40

① 37
② 45
③ 46
④ 47

03 다음은 기업 집중도를 나타낸 자료이다. 이에 대한 설명으로 옳지 않은 것은?

<기업 집중도 현황>

구분	2021년	2022년	2023년	
				전년 대비
상위 10대 기업	25.0%	26.9%	25.6%	▽ 1.3%p
상위 50대 기업	42.2%	44.7%	44.7%	-
상위 100대 기업	48.7%	51.2%	51.0%	▽ 0.2%p
상위 200대 기업	54.5%	56.9%	56.7%	▽ 0.2%p

① 2023년의 상위 10대 기업의 점유율은 전년도에 비해 낮아졌다.
② 2021년 상위 101 ~ 200대 기업이 차지하고 있는 비율은 5% 미만이다.
③ 전년 대비 2023년에는 상위 50대 기업을 제외하고 모두 점유율이 감소했다.
④ 전년 대비 2023년의 상위 100대 기업이 차지하고 있는 점유율은 약간 하락했다.

04 다음은 국가별 생산자 물가지수 추이에 대한 자료이다. 이에 대한 설명으로 옳지 않은 것은?

<국가별 생산자 물가지수 추이>

구분	2017년	2018년	2019년	2020년	2021년	2022년	2023년
한국	97.75	98.63	100.0	108.60	108.41	112.51	119.35
미국	93.46	96.26	100.0	106.26	103.55	107.94	114.39
독일	93.63	98.69	100.0	105.52	101.12	102.72	-
중국	94.16	96.99	100.0	106.87	101.13	106.69	113.09
일본	95.15	98.27	100.0	104.52	99.04	98.94	100.96
대만	88.89	93.87	100.0	105.16	95.91	101.16	104.62

① 2017년에 비해 2023년 물가지수 상승폭이 가장 낮은 나라는 일본이다.
② 2018년부터 2023년까지 전년 대비 미국과 일본, 중국의 생산자 물가지수는 동일한 증감 추이를 보인다.
③ 독일을 제외한 2017년 대비 2023년의 생산자 물가지수 상승폭이 가장 낮은 나라보다 4배 이상 높은 나라는 없다.
④ 2020년 대비 2023년 우리나라의 생산자 물가지수 상승률은 독일을 제외한 다른 나라에 비해 가장 높은 상승률을 보인다.

05 다음은 지역별 초·중·고등학교 수에 대한 자료이다. 이를 그래프로 나타낸 것으로 옳지 않은 것은?(단, 모든 그래프의 단위는 '개'이다)

<지역별 초·중·고등학교 수>

(단위 : 개)

구분	초등학교	중학교	고등학교
서울	680	660	590
인천	880	820	850
경기	580	520	490
강원	220	180	190
대전	180	150	140
충청	320	290	250
경상	380	250	280
전라	420	390	350
광주	190	130	120
대구	210	160	140
울산	150	120	110
부산	260	220	230
제주	110	100	100
합계	4,580	3,990	3,840

※ 수도권은 서울, 인천, 경기 지역임

① 수도권 지역 초·중·고등학교 수

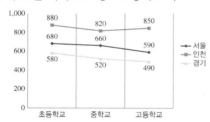

② 광주, 울산, 제주 지역별 초·중·고등학교 수

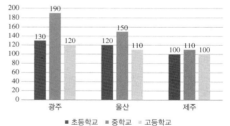

③ 수도권 외 지역 초·중·고등학교 수

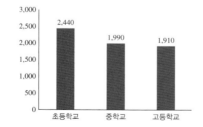

④ 국내 초·중·고등학교 수

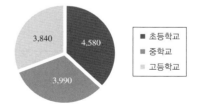

※ 다음은 2023년 범죄유형별 두려움에 대한 자료이다. 이어지는 질문에 답하시오. **[6~7]**

〈2023년 범죄유형별 두려움〉

(단위 : 명)

구분	전혀 그렇지 않다	그렇지 않은 편이다	보통이다	그런 편이다	매우 그렇다
절도	3,605	7,240	3,519	2,004	189
강도	3,728	7,467	3,351	1,826	185
폭행	3,670	7,294	3,415	1,897	281
사기	3,771	7,309	3,462	1,785	230
기물파손	4,129	7,516	3,291	1,431	190
가택침입	3,384	6,239	3,329	3,014	591
협박	5,093	7,226	2,870	1,138	230
성폭행	1,904	3,474	1,811	1,200	249

06 다음 중 자료에 대한 설명으로 옳지 않은 것을 〈보기〉에서 모두 고르면?

─〈보기〉─

ㄱ. 절도에 대하여 '보통이다'라고 응답한 사람의 수는 '매우 그렇다'라고 응답한 사람 수의 20배 이상이다.

ㄴ. 기물파손에 대하여 '매우 그렇다'라고 응답한 사람의 수는 성폭행에 대하여 '매우 그렇다'라고 응답한 사람의 수보다 많다.

ㄷ. 가택침입에 대하여 '전혀 그렇지 않다'라고 응답한 사람의 수는 강도에 대하여 '그런 편이다'라고 응답한 사람의 수보다 많다.

ㄹ. 모든 유형에서 '전혀 그렇지 않다'라고 응답한 사람의 수가 두 번째로 많다.

① ㄱ, ㄴ

② ㄱ, ㄷ

③ ㄴ, ㄷ

④ ㄴ, ㄹ

07 다음 중 두 번째로 많은 사람들이 '그렇지 않은 편이다'라고 대답한 두려움의 유형은?

① 절도

② 강도

③ 폭행

④ 사기

※ 다음은 2023년 자원봉사자 1인당 연간 평균 봉사 시간에 대한 자료이다. 이어지는 질문에 답하시오. [8~9]

〈2023년 자원봉사자 1인당 연간 평균 봉사 시간〉

(단위 : 시간)

구분	전 분야	사회복지	보건의료	기타
전체	20.9	20.3	26.6	19.0
서울특별시	21.9	20.1	41.4	17.4
부산광역시	24.7	21.5	34.4	17.8
대구광역시	24.9	25.4	32.3	24.4
인천광역시	26.1	25.1	42.9	28.7
광주광역시	21.5	21.0	21.5	20.0
대전광역시	20.5	19.7	29.3	19.9
울산광역시	23.0	19.9	26.3	19.0
세종특별자치시	15.3	21.7	14.3	6.8
경기도	21.5	19.2	27.5	20.2
강원도	20.6	19.9	24.3	15.6
충청북도	23.1	21.7	18.9	26.4
충청남도	17.3	17.1	24.6	16.2
전라북도	19.2	17.6	29.4	15.3
전라남도	19.1	18.4	24.0	14.2
경상북도	20.8	20.0	22.2	28.7
경상남도	19.4	19.2	20.8	15.2
제주특별자치도	15.8	17.4	18.4	17.5

08 다음 중 자료에 대한 설명으로 옳지 않은 것을 〈보기〉에서 모두 고르면?

─〈보기〉─

ㄱ. 자원봉사자 1인당 연간 사회복지 평균 봉사 시간이 두 번째로 높은 시도는 세종특별자치시이다.

ㄴ. 경상남도의 자원봉사자 1인당 연간 보건의료 평균 봉사 시간은 충청북도보다 높다.

ㄷ. 서울특별시의 자원봉사자 1인당 연간 평균 봉사 시간은 전 분야, 사회복지, 보건의료에서 모두 전라남도보다 높다.

ㄹ. 자원봉사자 1인당 연간 보건의료 평균 봉사 시간이 가장 낮은 시도는 기타 분야에서도 가장 낮다.

① ㄱ   ② ㄱ, ㄷ

③ ㄴ, ㄹ   ④ ㄷ, ㄹ

09 다음 중 전 분야에서 자원봉사자 1인당 연간 평균 봉사 시간이 가장 높은 시도 4곳을 높은 순으로 바르게 나열한 것은?

① 서울특별시 – 부산광역시 – 인천광역시 – 대구광역시

② 인천광역시 – 서울특별시 – 울산광역시 – 부산광역시

③ 인천광역시 – 대구광역시 – 부산광역시 – 울산광역시

④ 인천광역시 – 대구광역시 – 부산광역시 – 충청북도

※ 다음은 학력별 여가 활동의 주된 목적에 대한 자료이다. 이어지는 질문에 답하시오. **[10~11]**

〈학력별 여가 활동의 주된 목적〉

(단위 : %)

구분	초졸 이하	중졸	고졸	대졸 이상
사례 수(명)	923	1,452	4,491	3,632
즐거움	31.8	33.8	34.3	29.9
안정과 휴식	17.2	17.1	18.3	18.6
스트레스 해소	9.4	14.1	15.2	15.4
건강	13.7	12.6	8.9	9.9
자기만족	7.7	5.7	9.5	9.3
대인관계	4.3	5.6	5.4	4.7
가족과의 시간	1.0	1.7	3.7	7.9
시간 보내기	13.8	7.0	2.9	2.1
자기계발	1.1	2.4	1.8	2.2

10 다음 중 대인관계를 여가 활동의 주된 목적이라고 많이 응답한 학력을 높은 순으로 바르게 나열한 것은?

① 고졸 – 초졸 이하 – 중졸 – 대졸 이상
② 고졸 – 대졸 이상 – 초졸 이하 – 중졸
③ 고졸 – 대졸 이상 – 중졸 – 초졸 이하
④ 대졸 이상 – 중졸 – 초졸 이하 – 고졸

11 다음 중 제시된 자료에 대한 설명으로 옳지 않은 것을 〈보기〉에서 모두 고르면?

───〈보기〉───

ㄱ. '스트레스 해소'로 응답한 인원수는 고졸이 중졸보다 1.1% 더 많다.
ㄴ. 중졸과 대졸 이상의 학력에서 가장 응답률이 낮은 항목 3개는 동일하다.
ㄷ. '시간 보내기'로 응답한 인원수는 고졸이 초졸 이하보다 더 많다.
ㄹ. '자기계발'로 응답한 대졸 이상 인원수는 '건강'으로 응답한 중졸 인원수보다 적다.

① ㄱ, ㄴ   ② ㄱ, ㄷ
③ ㄴ, ㄷ   ④ ㄴ, ㄹ

※ 다음은 동일한 제품을 생산하는 A사와 B사의 원재료·재공품 및 제품의 가격을 비교한 자료이다. 이어지는 질문에 답하시오. [12~13]

〈A사·B사의 원재료·재공품 및 제품 가격 비교〉

(단위 : 원)

구분		2019년	2020년	2021년	2022년	2023년
원재료	A사	2,290	2,320	2,410	2,550	2,860
	B사	2,100	2,250	2,280	2,460	2,680
재공품	A사	11,830	12,210	12,840	13,350	13,960
	B사	10,520	10,810	11,820	12,780	13,330
제품	A사	35,430	35,820	36,210	36,660	37,210
	B사	36,730	36,990	37,290	37,680	37,990

※ 원재료는 A사·B사가 다른 업체로부터 구매한 가격이고, 재공품과 제품은 A사·B사에서 판매하는 가격이다.
※ 순이익 원재료가격만 고려함
　ⅰ) 재공품 판매 시 순이익＝(재공품 판매가)－(원재료 구매가)
　ⅱ) 제품 판매 시 순이익＝(제품 판매가)－(원재료 구매가)

12 다음 중 제시된 자료에 대한 해석으로 옳은 것은?

① 원재료는 B사가 A사보다 저렴하게 판매한다.
② B사는 재공품, A사는 제품 판매 시 회사매출에 더 유리하다.
③ 2023년, A사는 재공품 30개 판매보다 제품 10개 판매 시 매출이 더 높다.
④ 2020년, B사의 제품 판매 순이익은 그 해 원재료 가격의 15배 이상이다.

13 다음 빈칸에 순서대로 들어갈 내용으로 옳은 것은?(단, 소수점은 버림한다)

> A사의 2019년 대비 2023년 제품가격 증가율은 (가)이고, B사의 2019년 대비 2023년 제품가격 증가율은 (나)이다.

	(가)	(나)			(가)	(나)
①	3%	3%		②	3%	5%
③	5%	1%		④	5%	3%

<2023년 범죄 수사단서>

(단위 : 건)

범죄 구분		합계	현행범	신고	미신고
합계	소계	1,824,876	142,309	1,239,772	442,795
형법범죄	소계	958,865	122,097	753,715	83,053
	재산범죄	542,336	23,423	470,114	48,799
	강력범죄(흉악)	36,030	7,366	23,364	5,300
	강력범죄(폭력)	238,789	60,042	171,824	6,923
	위조범죄	19,502	286	13,399	5,817
	공무원범죄	3,845	69	1,560	2,216
	풍속범죄	12,161	2,308	4,380	5,473
	과실범죄	8,419	169	7,411	839
	기타형법범죄	97,783	28,434	61,663	7,686
특별법범죄	소계	866,011	20,212	486,057	359,742

14 다음 중 제시된 자료에 대한 설명으로 옳지 않은 것을 <보기>에서 모두 고르면?

─────〈보기〉─────
ㄱ. 풍속범죄의 경우 수사단서 중 미신고 유형이 가장 많다.
ㄴ. 수사단서 중 현행범 유형의 건수가 가장 많은 범죄는 재산범죄이다.
ㄷ. 형법범죄의 수사단서 합계보다 특별법범죄의 수사단서 합계가 더 많다.
ㄹ. 수사단서 중 미신고 유형의 건수가 5만건 이상인 범죄는 없다.

① ㄴ, ㄷ   ② ㄱ, ㄴ, ㄷ
③ ㄱ, ㄴ, ㄹ   ④ ㄴ, ㄷ, ㄹ

15 형법범죄 중 수사단서로 '신고'의 건수가 가장 많은 범죄와 가장 적은 범죄의 신고 건수의 차이는?

① 410,045건   ② 468,052건
③ 468,554건   ④ 473,179건

01 다음 평가 기준을 바탕으로 평가대상기관 A ~ D 중 최종순위의 최상위기관과 최하위기관을 바르게 나열한 것은?

〈공공 시설물 내진보강 대책추진실적 평가기준〉

■ **평가 요소 및 점수 부여**

- (내진성능 평가 지수)$=\dfrac{(내진성능\ 평가\ 실적\ 건수)}{(내진보강\ 대상\ 건수)}\times100$

- (내진보강 공사 지수)$=\dfrac{(내진보강\ 공사\ 실적\ 건수)}{(내진보강\ 대상\ 건수)}\times100$

- 산출된 지수 값에 따른 점수는 아래 표와 같이 부여한다.

구분	지수 값 최상위 1개 기관	지수 값 중위 2개 기관	지수 값 최하위 1개 기관
내진성능 평가 점수	5점	3점	1점
내진보강 공사 점수	5점	3점	1점

■ **최종순위 결정**

- 내진성능 평가 점수와 내진보강 공사 점수의 합이 큰 기관에 높은 순위를 부여한다.
- 합산 점수가 동점인 경우에는 내진보강 대상 건수가 많은 기관을 높은 순위로 정한다.

〈평가대상기관의 실적 건수〉

(단위 : 건)

구분	A기관	B기관	C기관	D기관
내진성능 평가	82	72	72	83
내진보강 공사	91	76	81	96
내진보강 대상	100	80	90	100

	최상위기관	최하위기관
①	B기관	A기관
②	C기관	B기관
③	D기관	B기관
④	D기관	C기관

02 출장 근무를 마치고 서울로 복귀하는 상황에서 다음의 대화 내용을 고려했을 때, 서울에 가장 일찍 도착할 수 있는 예정 시각은 언제인가?

〈상황〉

- 팀원은 총 4명이다.
- 대전에서 출장을 마치고 서울로 돌아가려고 한다.
- 고속버스터미널에는 은행, 편의점, 화장실, 패스트푸드점 등이 있다.
  ※ 시설별 소요시간 : 은행 30분, 편의점 10분, 화장실 20분, 패스트푸드점 25분

〈대화 내용〉

- A과장 : 긴장이 풀려서 그런가? 배가 출출하네. 햄버거라도 사 먹어야겠어.
- B대리 : 저도 출출하긴 한데 그것보다 화장실이 더 급하네요. 금방 다녀오겠습니다.
- C주임 : 그럼 그사이에 버스표를 사야 하니 은행에 들러 현금을 찾아오겠습니다.
- D사원 : 저는 그동안 버스 안에서 먹을 과자를 편의점에서 사 오겠습니다.
- A과장 : 지금이 16시 50분이니까 다들 각자 볼일 보고 빨리 돌아와. 다 같이 타고 가야 하니까.

〈시외버스 배차 정보〉

대전 출발	서울 도착	잔여 좌석 수
17:00	19:00	6석
17:15	19:15	8석
17:30	19:30	3석
17:45	19:45	4석
18:00	20:00	8석
18:15	20:15	5석
18:30	20:30	6석
18:45	20:45	10석
19:00	21:00	16석

---

① 17:45

② 19:15

③ 19:45

④ 20:15

03 P사는 제품의 판매촉진을 위해 TV광고를 기획하고 있다. 다음은 광고모델 후보 4명에 대한 자료이다. 이를 토대로 향후 1년 동안 광고효과가 가장 클 것으로 예상되는 모델을 선택하고자 할 때, 누가 가장 적합한가?

〈광고모델별 1년 계약금 및 광고 1회당 광고효과〉

(단위 : 천 원)

구분	1년 계약금	1회당 광고비	1회당 광고효과(예상)	
			수익 증대 효과	브랜드 가치 증대 효과
A모델	120,000		140,000	130,000
B모델	80,000	2,500	80,000	110,000
C모델	100,000		100,000	120,000
D모델	90,000		80,000	90,000
비고	• (총 광고효과)=(1회당 광고효과)×(1년 광고횟수) • (1회당 광고효과)=(1회당 수익 증대 효과)+(1회당 브랜드 가치 증대 효과) • (1년 광고 횟수)=(1년 광고비)÷(1회당 광고비) • (1년 광고비)=1억 8천만 원−(1년 계약금)			

① A모델   ② B모델

③ C모델   ④ D모델

04 P사는 현재 신입사원을 채용하고 있다. 서류전형과 면접전형을 마치고 다음의 평가지표 결과를 얻었다. 평가지표별 가중치를 이용하여 각 지원자의 최종 점수를 계산하고, 점수가 가장 높은 두 지원자를 채용하려고 한다. 이때, P사가 채용할 두 지원자는?

〈지원자별 평가지표 결과〉

(단위 : 점)

구분	면접 점수	영어 실력	팀내 친화력	직무 적합도	발전 가능성	비고
A지원자	3	3	5	4	4	군필자
B지원자	5	5	2	3	4	군필자
C지원자	5	3	3	3	5	–
D지원자	4	3	3	5	4	군필자
E지원자	4	4	2	5	5	면제자

※ 군필자에게는 5점의 가산점을 부여함

〈평가지표별 가중치〉

구분	면접 점수	영어 실력	팀내 친화력	직무 적합도	발전 가능성
가중치	3	3	5	4	5

※ 가중치는 해당 평가지표 결과 점수에 곱함

① A, D지원자　　　　② B, C지원자
③ B, E지원자　　　　④ C, D지원자

※ P사에서 다음과 같은 기준에 따라 송년회 장소를 정하려고 한다. 이어지는 질문에 답하시오. **[5~6]**

〈송년회 후보지별 평가점수〉

구분	가격	거리	음식 맛	음식 구성	평판
A호텔	★★★☆	★★☆	★★★	★★★☆	★★★
B호텔	★★	★★★☆	★★☆	★★★	★★☆
C호텔	★☆	★★	★★	★★★☆	★★★☆
D호텔	★★★	★★☆	★★★☆	★★☆	★★★☆

※ ★은 하나당 5점이며, ☆은 하나당 3점임

05 음식의 맛과 구성을 기준으로 송년회 장소를 결정하기로 했을 때, 어느 호텔에서 송년회를 진행하겠는가?
(단, 음식 구성의 합산 점수가 1위인 곳과 2위인 곳의 점수 차가 3점 이하일 경우 가격 점수로 결정한다)

① A호텔   ② B호텔
③ C호텔   ④ D호텔

06 A ~ D호텔의 1인당 식대가 다음과 같고, 예산이 200만 원이라면 어느 호텔로 결정하겠는가?(단, P사의 임직원은 총 25명이다)

〈호텔별 1인당 식대〉

A호텔	B호텔	C호텔	D호텔
73,000원	82,000원	85,000원	75,000원

※ 총 식사비용이 가장 저렴한 두 곳의 차이가 10만 원 이하일 경우, 음식 맛 점수가 높은 곳으로 선정함

① A호텔   ② B호텔
③ C호텔   ④ D호텔

※ 다음은 하수처리시설 평가 기준 및 결과에 대한 자료이다. 이어지는 질문에 답하시오. [7~8]

<표>

〈하수처리시설 평가 기준〉

구분	정상	주의	심각
생물화학적 산소요구량	5 미만	5 이상	15 이상
화학적 산소요구량	20 미만	20 이상	30 이상
부유물질	10 미만	10 이상	20 이상
질소 총량	20 미만	20 이상	40 이상
인 총량	0.2 미만	0.2 이상	1.0 이상

〈평가 결과〉

구분	생물화학적 산소요구량	화학적 산소요구량	부유물질	질소 총량	인 총량
A처리시설	4	10	15	10	0.1
B처리시설	9	25	25	22	0.5
C처리시설	18	33	15	41	1.2

※ '정상' 지표 4개 이상 : 우수
※ '주의' 지표 2개 이상 또는 '심각' 지표 2개 이하 : 보통
※ '심각' 지표 3개 이상 : 개선 필요

07 평가 기준으로 보았을 때, 하수처리시설에 대한 평가로 옳은 것은?

① A처리시설 – 우수, B처리시설 – 보통
② A처리시설 – 보통, C처리시설 – 보통
③ B처리시설 – 보통, C처리시설 – 보통
④ B처리시설 – 개선 필요, C처리시설 – 개선 필요

08 다음 글을 읽고 B처리시설의 문제점과 개선 방향을 바르게 지적한 것은?

> B처리시설은 C처리시설에 비해 좋은 평가를 받았지만, '정상' 지표는 없었다. 그렇기 때문에 관련된 시설분야에 대한 조사와 개선이 필요하다. 지적 사항으로 '심각' 지표를 가장 우선으로 개선하고, 최종적으로 '우수' 단계로 개선해야 한다.

① 생물화학적 산소요구량은 4로 '정상' 지표이기 때문에 개선할 필요가 없다.
② 화학적 산소요구량은 25로 '주의' 지표이기 때문에 가장 먼저 개선해야 한다.
③ 질소 총량과 인 총량을 개선한다면, 평가결과 '우수' 지표를 받을 수 있다.
④ 부유물질은 가장 먼저 개선해야 하는 '심각' 지표이다.

※ 다음은 P사 사무실 이전을 위해 A ~ D건물에 대해 조사한 자료이다. 이어지는 질문에 답하시오. [9~10]

〈건물별 시설 현황〉

구분	층수	면적	거리	시설	월임대료
A	3층	각 층 40평	6km	엘리베이터, 장애인시설, 3층 대회의실, 주차장 5평	300만 원
B	2층	각 층 50평	10km	엘리베이터, 장애인시설, 주차장 10평	500만 원
C	1층	90평	4km	장애인시설, 주차장 15평	400만 원
D	2층	각 층 55평	8km	장애인시설, 주차장 20평	400만 원

※ 거리는 각 건물에서 마트까지 거리임

〈항목별 환산 점수〉

- 층수 : 층당 10점
- 면적 : 건물 총 면적 1평당 1점, 주차장 1평당 3점
- 거리 : 5km 이하 20점, 5km 초과 10km 이하 10점, 10km 초과 5점
- 임대료 : 100만 원당 10점 감점
- 시설 : 2층 이상 건물 중 엘리베이터 없을 시 10점 감점, 건물에 장애인시설 없을 시 5점 감점

09 P사는 항목별 환산 점수를 적용하여 점수가 가장 높은 건물로 사무실을 이전할 계획이다. 이때 이전할 건물은?

① A건물　　　　　　　　　　　② B건물
③ C건물　　　　　　　　　　　④ D건물

10 P사가 다음 〈조건〉을 고려하여 환산 점수 합이 가장 높은 건물과 계약을 하려고 할 때, 계약할 건물과 그 건물의 점수로 옳은 것은?

〈조건〉
- 2층 이상의 건물로 엘리베이터와 장애인시설이 있을 것
- 마트와의 거리는 10km 이하일 것

① A건물, 145점　　　　　　　　② B건물, 110점
③ C건물, 125점　　　　　　　　④ D건물, 150점

※ 다음은 그래프 구성 명령어 실행 예시이다. 이어지는 질문에 답하시오. [11~13]

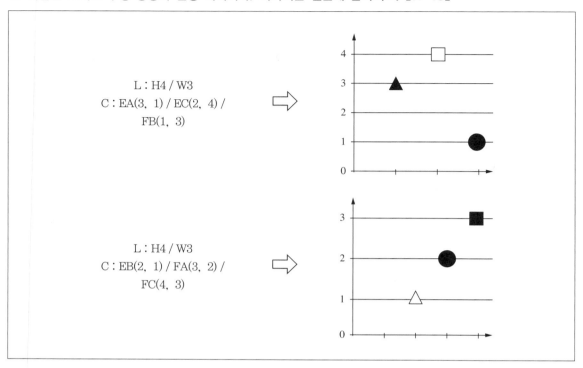

11 다음 그래프를 산출하기 위한 명령어는 무엇인가?

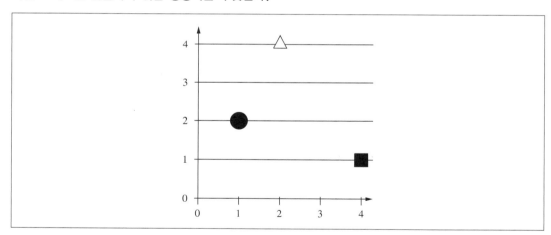

① L : H4 / W4
   C : EB(4, 2) / FA(2, 1) / FC(1, 4)

② L : H4 / W4
   C : EA(1, 2) / FB(2, 4) / FC(4, 1)

③ L : H4 / W4
   C : EB(2, 4) / FA(1, 2) / FC(4, 1)

④ L : H4 / W4
   C : EB(2, 3) / FA(1, 3) / FC(3, 1)

12 다음 그래프를 산출하기 위한 명령어는 무엇인가?

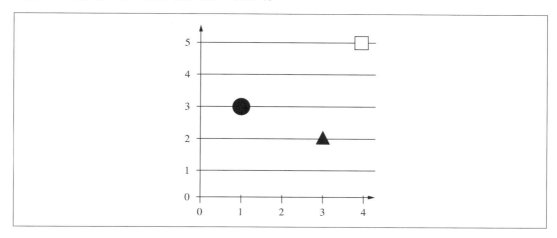

① L : H3 / W3
   C : EC(1, 2) / FA(2, 1) / FB(3, 3)

② L : H4 / W3
   C : EC(1, 2) / FA(2, 1) / FB(3, 4)

③ L : H5 / W4
   C : EC(4, 5) / FA(1, 3) / FB(3, 2)

④ L : H4 / W5
   C : EC(5, 4) / FA(3, 1) / FB(2, 3)

13 L : H4 / W3, C : EB(2, 2), FA(3, 2), FB(3, 3), FC(2, 3)의 그래프를 산출하였을 때, 오류가 발생하여 다음과 같은 그래프가 산출되었다. 다음 중 오류가 발생한 값을 모두 고르면?

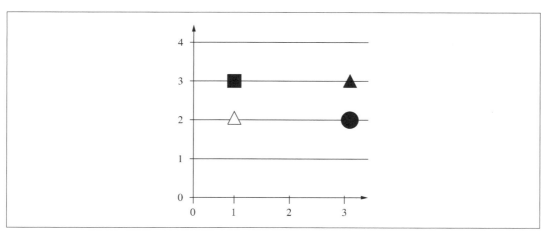

① H4, W3

② EB(2, 2), FC(2, 3)

③ FA(3, 2), FB(3, 3)

④ H4, EB(2, 2)

※ 다음은 A직원의 출근 시 이용하는 지하철 경로이다. 이어지는 질문에 답하시오. **[14~15]**

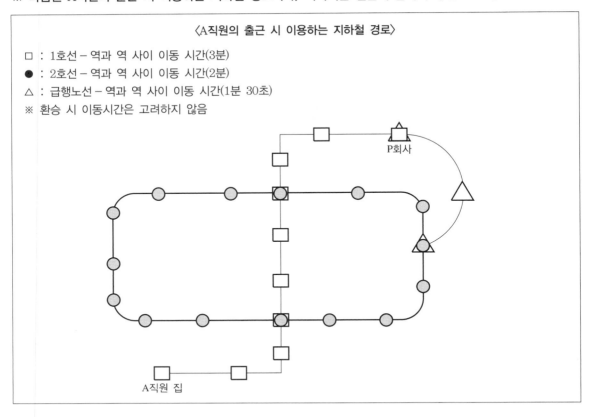

〈A직원의 출근 시 이용하는 지하철 경로〉

□ : 1호선 – 역과 역 사이 이동 시간(3분)
● : 2호선 – 역과 역 사이 이동 시간(2분)
△ : 급행노선 – 역과 역 사이 이동 시간(1분 30초)
※ 환승 시 이동시간은 고려하지 않음

14 A직원이 집에서 P회사까지 출근할 때 이용하는 경로 가운데 가장 시간이 적게 걸리는 경로는?

① 1호선 9개역 이동
② 1호선 3개역 이동→2호선 7개역 이동→1호선 3개역 이동
③ 1호선 3개역 이동→2호선 4개역 이동→급행 2개역 이동
④ 1호선 6개역 이동→2호선 3개역 이동→급행 2개역 이동

15 환승구간 리모델링으로 인해 모든 노선 환승 시 4분의 이동시간이 소요된다면 가장 시간이 적게 걸리는 경로는?

① 1호선 9개역 이동
② 1호선 3개역 이동→2호선 7개역 이동→1호선 3개역 이동
③ 1호선 3개역 이동→2호선 4개역 이동→급행 2개역 이동
④ 1호선 6개역 이동→2호선 3개역 이동→급행 2개역 이동

01 다음 규칙을 바탕으로 A에서 B까지 길을 이으려고 할 때, 눌러야 할 버튼의 순서를 바르게 나열한 것은?

- ⇨는 A에서 B까지 이어지는 길의 입구와 출구이다.
- 서로 떨어져 있지 않은 4×4=16개의 칸을 1개의 타일로 가정하고, 길은 회색으로 표시한다.
- 타일 사이 떨어져 있는 부분은 맞닿아 있는 양쪽 칸이 모두 길인 경우 이어진 것으로 가정한다.
- 각 타일은 다음 작동 버튼에 따라 위치와 모양이 바뀐다.

작동 버튼	기능
◇	짝수 행의 타일을 모두 상하 반전한다.
◆	짝수 열의 타일을 모두 좌우 반전한다.
○	가운데 타일을 중심으로 모든 타일을 시계 방향으로 이동한다(각 타일은 회전하지 않는다).
◀	모든 타일을 1개씩 왼쪽으로 이동한다(가장 왼쪽의 타일은 가장 오른쪽으로 이동).

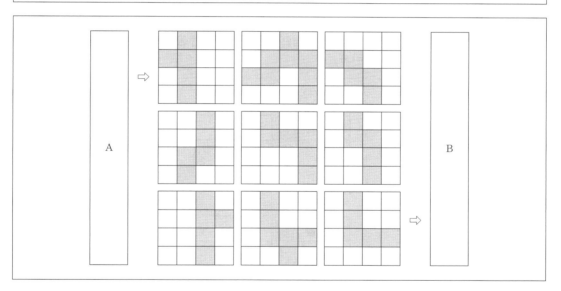

① ◇ ○ ◀

② ◆ ○ ◀

③ ◀ ◆ ◇

④ ◀ ◆ ○

※ 다음은 체스 게임에서 사용하는 기물의 행마법이다. 이어지는 질문에 답하시오. [2~3]

- 다음은 체스의 나이트(♘), 비숍(♗), 룩(♖), 퀸(♕)의 행마법이다.
- 나이트(♘)는 직선으로 2칸 이동 후 양 옆으로 1칸 이동하며, 다른 기물을 뛰어 넘을 수 있다.
- 비숍(♗)은 대각선으로, 룩(♖)은 직선으로, 퀸(♕)은 대각선과 직선 모두 끝까지 이동할 수 있으며, 다른 기물은 뛰어 넘을 수 없다.

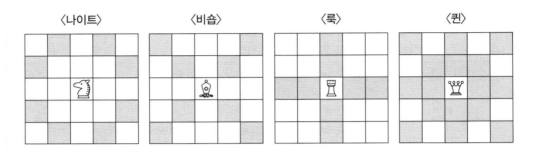

02 다음 중 백색 나이트(♘)가 흑색 킹(♚)을 잡으려면 최소한 몇 번 움직여야 하는가?(단, 움직일 기물을 제외한 다른 기물은 움직이지 않는다)

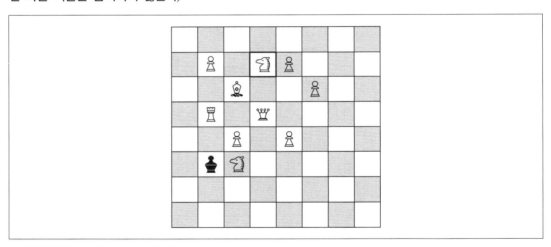

① 1번   ② 2번

③ 3번   ④ 4번

03 다음 중 백색 퀸(♕)이 6번 움직일 수 있을 때, 잡을 수 있는 흑색 기물의 최대 개수는?(단, 흑색 기물은 움직이지 않는다)

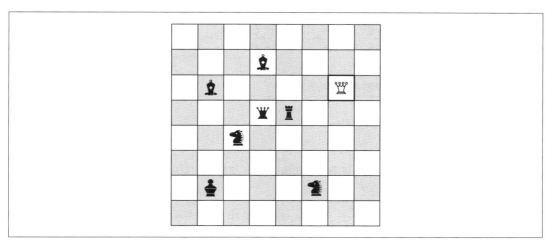

① 2개　　　　　　　　　　② 3개
③ 4개　　　　　　　　　　④ 5개

※ 다음 규칙을 바탕으로 이어지는 질문에 답하시오. [4~5]

작동 버튼	기능
◇	1번과 3번의 전구를 끈다(켜져 있는 전구만 끈다).
◆	2번과 4번의 전구를 켠다(꺼져 있는 전구만 켠다).
□	2번과 3번의 전구를 끈다(켜져 있는 전구만 끈다).
■	3번과 4번의 전구를 켠다(꺼져 있는 전구만 켠다).

※ ■ 소등, □ 점등

04 〈보기〉의 왼쪽 상태에서 작동 버튼을 두 번 눌렀더니, 오른쪽과 같은 결과가 나타났다. 다음 중 작동 버튼의 순서를 바르게 나열한 것은?

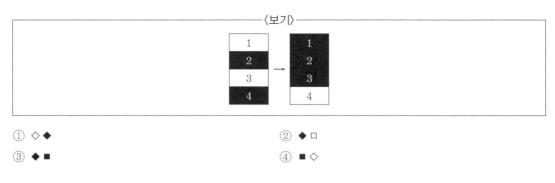

① ◇◆
② ◆□
③ ◆■
④ ■◇

05 〈보기〉의 왼쪽 상태에서 작동 버튼을 두 번 눌렀더니, 오른쪽과 같은 결과가 나타났다. 다음 중 작동 버튼의 순서를 바르게 나열한 것은?

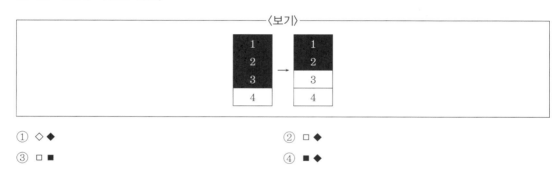

① ◇◆
② □◆
③ □■
④ ■◆

06 다음 규칙을 바탕으로 작동 단추를 눌러 좌표평면 위 $(-3, 6)$ 위치에 놓인 흰색 바둑돌을 $(-6, 4)$ 위치에 있는 검은색 바둑돌과 겹치도록 할 때, 입력해야 하는 작동 단추의 순서는?

작동 단추	기능
♭	좌표평면 위에 있는 흰색 바둑돌을 아래로 한 칸 옮긴다.
♪	좌표평면 위에 있는 흰색 바둑돌을 왼쪽으로 한 칸 옮긴다.
&	좌표평면 위에 있는 흰색 바둑돌을 $y=-x$축을 중심으로 대칭인 곳으로 옮긴다. $(a, b) \rightarrow (-b, -a)$
◈	좌표평면 위에 있는 흰색 바둑돌을 원점을 중심으로 반시계 방향으로 $90°$ 회전한다. $(a, b) \rightarrow (-b, a)$

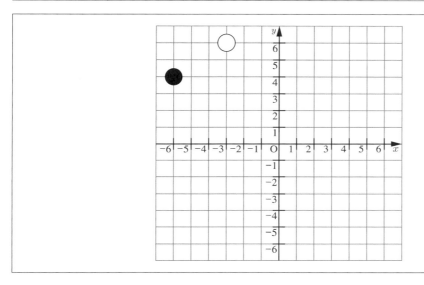

① ♭ & ♪ ◈ ♪ ◈

② ♪ ◈ ♭ & ♪ ◈

③ & ◈ ♭ & ♪ ◈

④ ◈ ♭ ♭ ◈ ♪ &

07 다음 규칙을 바탕으로 작동 단추를 눌러 좌표평면 위 (6, 3) 위치에 놓인 흰색 바둑돌을 (−4, −2) 위치에 있는 검은색 바둑돌과 겹치도록 할 때, 입력해야 하는 작동 단추의 순서가 아닌 것은?

작동 단추	기능
◁ / ▷	좌표평면 위에 있는 흰색 바둑돌을 왼쪽 / 오른쪽으로 1칸 옮긴다.
△ / ▽	좌표평면 위에 있는 흰색 바둑돌을 위쪽 / 아래쪽으로 1칸 옮긴다.
↕ / ⇔	좌표평면 위에 있는 흰색 바둑돌을 x / y축을 중심으로 대칭인 곳으로 옮긴다.
◎	좌표평면 위에 있는 흰색 바둑돌을 원점을 중심으로 180° 회전한다. $(a, b) \rightarrow (-a, -b)$

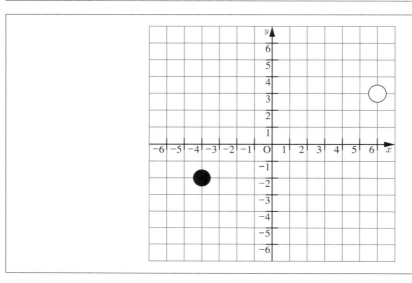

① ⇔ ▷ ⇔ ◁ ◎ △

② ↕ △ ◁ ◁ ◎ ↕

③ ◁ ◁ ◁ ▽ ◎ ◁

④ ◎ ▷ ⇔ △ ⇔ ◁

08 키패드의 버튼을 누르면 숫자의 배열이 규칙에 따라 달라진다. 다음과 같이 버튼을 눌렀을 때 달라지는 숫자의 배열로 옳은 것은?(단, 제시된 숫자의 배열은 한 자릿수 수들의 배열이다)

〈키패드〉

1	2	3
4	5	6
7	8	9
*	0	#

〈키패드 버튼별 규칙〉

버튼	규칙	버튼	규칙	버튼	규칙
1	모든 숫자를 순서대로 배열	2	모든 숫자를 역순으로 배열	3	모든 홀수 오른쪽 정렬
4	왼쪽의 숫자 4개를 오름차순으로 정렬	5	오른쪽의 숫자 4개를 내림차순으로 정렬	6	모든 짝수 왼쪽 정렬
7	모든 숫자를 1씩 빼기 (1의 경우 9로 변환)	8	모든 숫자를 1씩 더하기 (9의 경우 1로 변환)	9	가운데 숫자의 옆의 숫자를 각각 양 끝으로 이동
*	2의 배수인 숫자를 모두 오른쪽으로 이동	0	3의 배수인 숫자를 모두 왼쪽으로 이동	#	양 끝에 있는 숫자를 가운데 숫자 옆으로 이동

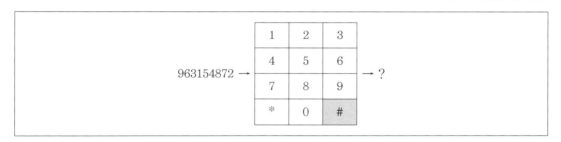

963154872 →

1	2	3
4	5	6
7	8	9
*	0	#

→ ?

① 631952487

② 631785249

③ 698125497

④ 516324789

※ 다음 도형 또는 내부의 기호들은 일정한 패턴을 가지고 변화한다. ?에 들어갈 도형으로 가장 알맞은 것을 고르시오. [9~10]

09

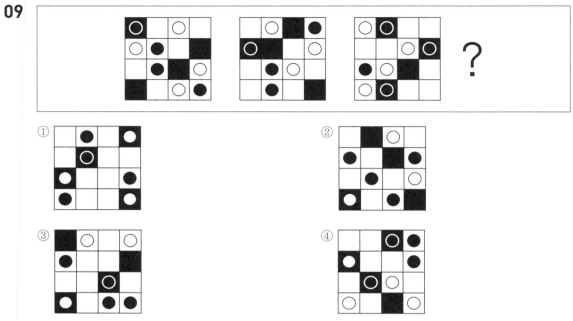

10

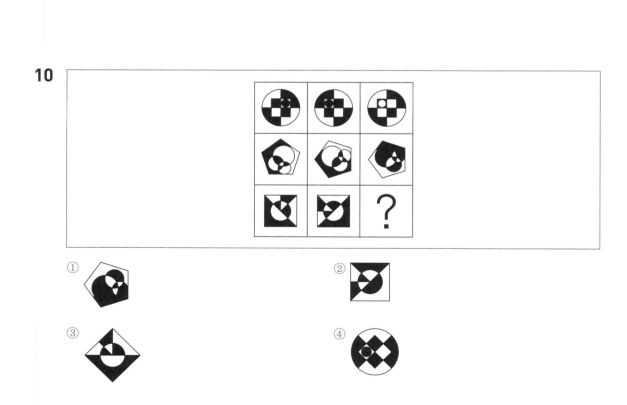

※ 일정한 규칙으로 수를 나열할 때, 빈칸에 들어갈 알맞은 숫자를 고르시오. [11~13]

11

$$-13 \quad 7 \quad 9 \quad -3 \quad 1 \quad 5 \quad -3 \quad -3 \quad 6 \quad -7 \quad 5 \quad (\quad)$$

① -3 ② 5

③ -4 ④ 6

12

$$3 \quad -10 \quad -4 \quad -7 \quad 10 \quad -1 \quad (\quad) \quad 8$$

① 4 ② -12

③ 8 ④ -18

13

$$\frac{4}{3} \quad \frac{4}{3} \quad (\quad) \quad 8 \quad 32 \quad 160$$

① $\dfrac{1}{3}$ ② $\dfrac{8}{3}$

③ 1 ④ 2

14 월요일 ~ 금요일까지 진료를 하는 의사는 다음 〈조건〉에 따라 진료일을 정한다. 의사가 목요일에 진료를 하지 않았다면, 월요일 ~ 금요일 중 진료한 날은 총 며칠인가?

〈조건〉
- 월요일에 진료를 하면 수요일에는 진료를 하지 않는다.
- 월요일에 진료를 하지 않으면 화요일이나 목요일에 진료를 한다.
- 화요일에 진료를 하면 금요일에는 진료를 하지 않는다.
- 수요일에 진료를 하지 않으면 목요일 또는 금요일에 진료를 한다.

① 1일   ② 2일
③ 3일   ④ 4일

15 P사 사내 워크숍 준비를 위해 A ~ E의 참석 여부를 조사하고 있다. C가 워크숍에 참석한다고 할 때, 〈조건〉에 따라 워크숍에 참석하는 직원을 바르게 추론한 것은?

〈조건〉
- B가 워크숍에 참석하면 E는 참석하지 않는다.
- D는 B와 E가 워크숍에 참석하지 않을 때 참석한다.
- A가 워크숍에 참석하면 B 또는 D 중 한 명이 함께 참석한다.
- C가 워크숍에 참석하면 D는 참석하지 않는다.
- C가 워크숍에 참석하면 A도 참석한다.

① A, B, C   ② A, C, D
③ A, C, D, E   ④ A, B, C, D

3권

제3회
포스코그룹
적성검사

www.sdedu.co.kr

〈문항 및 시험시간〉

포스코그룹 온라인 PAT		
영역	문항 수	영역별 제한시간
언어이해	15문항	15분
자료해석	15문항	15분
문제해결	15문항	15분
추리	15문항	15분

제3회 모의고사

01 다음 글을 읽고 추론할 수 있는 내용으로 가장 적절한 것은?

두뇌 연구는 지금까지 뉴런을 중심으로 진행되어 왔다. 뉴런 연구로 노벨상을 받은 카얄은 뉴런이 '생각의 전화선'이라는 이론을 확립하여 사고와 기억 등 두뇌에서 일어나는 모든 현상을 뉴런의 연결망과 뉴런 간의 전기신호로 설명했다. 그러나 두뇌에는 뉴런 외에도 신경교세포가 존재한다. 신경교세포는 뉴런처럼 그 수가 많지만 전기신호를 전달하지 못한다. 이 때문에 과학자들은 신경교세포가 단지 두뇌 유지에 필요한 영양공급과 두뇌 보호를 위한 전기절연의 역할만을 가진다고 여겼다.

최근 과학자들은 신경교세포에서 그 이상의 기능을 발견했다. 신경교세포 중에도 '성상세포'라 불리는 별 모양의 세포는 자신만의 화학적 신호를 가진다는 것이 밝혀졌다. 성상세포는 뉴런처럼 전기를 이용하지는 않지만, '뉴런송신기'라고 불리는 화학물질을 방출하고 감지한다. 과학자들은 이러한 화학적 신호의 연쇄반응을 통해 신경교세포가 전체 뉴런을 조정한다고 추론했다.

A연구팀은 신경교세포가 전체 뉴런을 조정하면서 기억력과 사고력을 향상시킨다고 예상하고서, 이를 확인하기 위해 인간의 신경교세포를 갓 태어난 생쥐의 두뇌에 주입했다. 쥐가 자라면서 주입된 인간의 신경교세포도 성장했다. 이 세포들은 쥐의 뉴런들과 완벽하게 결합되어 쥐의 두뇌 전체에 걸쳐 퍼지게 되었다. 심지어 어느 두뇌 영역에서는 쥐의 뉴런의 숫자를 능가하기도 했다. 뉴런과 달리 쥐와 인간의 신경교세포는 비교적 쉽게 구별된다. 인간의 신경교세포는 매우 길고 무성한 섬유질을 가지기 때문이다. 쥐에 주입된 인간의 신경교세포는 그 기능을 그대로 간직한다. 그렇게 성장한 쥐들은 다른 쥐들과 잘 어울렸고, 다른 쥐들의 관심을 끄는 것에 흥미를 보였다. 이 쥐들은 미로를 통과해 치즈를 찾는 테스트에서 더 뛰어났다. 보통의 쥐들은 네다섯 번의 시도 끝에 올바른 길을 배웠지만, 인간의 신경교세포를 주입받은 쥐들은 두 번 만에 학습했다.

① 인간의 신경교세포를 쥐에게 주입하면, 쥐의 뉴런은 전기신호를 전달하지 못할 것이다.
② 인간의 뉴런 세포를 쥐에게 주입하면, 쥐의 두뇌에는 화학적 신호의 연쇄반응이 더 활발해질 것이다.
③ 인간의 뉴런 세포를 쥐에게 주입하면, 그 뉴런 세포는 쥐의 두뇌 유지에 필요한 영양을 공급할 것이다.
④ 인간의 신경교세포를 쥐에게 주입하면, 그 신경교세포는 쥐의 뉴런을 보다 효과적으로 조정할 것이다.

02 다음 글의 내용으로 적절하지 않은 것은?

인류의 역사를 석기시대, 청동기시대 그리고 철기시대로 구분한다면 현대는 '플라스틱시대'라고 할 수 있을 만큼 플라스틱은 현대사회에서 가장 혁명적인 물질 중 하나이다. "플라스틱은 현대생활의 뼈, 조직, 피부가 되었다."는 미국의 과학 저널리스트 수전 프라인켈(Susan Freinkel)의 말처럼 플라스틱은 인간 생활에 많은 부분을 차지하고 있다. 저렴한 가격과 필요에 따라 내구성, 강도, 유연성 등을 조절할 수 있는 장점 덕분에 일회용 컵부터 옷, 신발, 가구 등 플라스틱이 아닌 것이 거의 없을 정도이다. 그러나 플라스틱에는 치명적인 단점이 있다. 플라스틱이 지닌 특성 중 하나인 영속성(永續性)이다. 즉, 인간이 그동안 생산한 플라스틱은 바로 분해되지 않고 어딘가에 계속 존재하고 있어 플라스틱은 환경오염의 원인이 된 지 오래이다.

치약, 화장품, 피부 각질제거제 등 생활용품, 화장품에 들어 있는 작은 알갱이의 성분은 '마이크로비드(Microbead)'라는 플라스틱이다. 크기가 1mm보다 작은 플라스틱을 '마이크로비드'라고 하는데 이 알갱이는 정수처리 과정에서 걸러지지 않고 생활 하수구에서 강으로, 바다로 흘러간다. 이 조그만 알갱이들은 바다를 떠돌면서 생태계의 먹이사슬을 통해 동식물 체내에 축적되어 면역체계 교란, 중추신경계 손상 등의 원인이 되는 잔류성유기오염물질(Persistent Organic Pollutants)을 흡착한다. 그리고 물고기, 새 등 여러 생물은 마이크로비드를 먹이로 착각해 섭취한다. 마이크로비드를 섭취한 해양생물은 다시 인간의 식탁에 올라온다. 즉, 우리가 버린 플라스틱을 우리가 다시 먹게 되는 셈이다.

플라스틱 포크로 음식을 먹고, 플라스틱 컵으로 물을 마시는 등 플라스틱을 음식을 먹기 위한 수단으로만 생각했지 직접 먹게 되리라고는 상상도 못 했을 것이다. 우리가 먹은 플라스틱이 우리 몸에 남아 분해되지 않고 큰 질병을 키우게 될 것을 말이다.

① 플라스틱은 바로 분해되지 않고 어딘가에 존재한다.

② 마이크로비드는 잔류성유기오염물질을 분해하는 역할을 한다.

③ 플라스틱은 필요에 따라 유연성, 강도 등을 조절할 수 있고, 값이 싼 장점이 있다.

④ 마이크로비드는 크기가 작기 때문에 정수처리 과정에서 걸러지지 않고 바다로 유입된다.

03 다음 글을 읽고 적절하게 추론한 것을 〈보기〉에서 모두 고르면?

우리가 현재 가지고 있는 믿음들은 추가로 획득된 정보에 의해서 수정된다. 뺑소니 사고의 용의자로 갑, 을, 병이 지목되었고 이 중 단 한 명만 범인이라고 하자. 수사관 P는 운전 습관, 범죄 이력 등을 근거로 각 용의자가 범인일 확률을 추측하여, '갑이 범인'이라는 것을 0.3, '을이 범인'이라는 것을 0.45, '병이 범인'이라는 것을 0.25만큼 믿게 되었다고 하자. 얼마 후 병의 알리바이가 확보되어 병은 용의자에서 제외되었다. 그렇다면 P의 믿음의 정도는 어떻게 수정되어야 할까? 믿음의 정도를 수정하는 두 가지 방법이 있다. 방법 A는 0.25를 다른 두 믿음에 동일하게 나누어 주는 것이다. 따라서 병의 알리바이가 확보된 이후 '갑이 범인'이라는 것과 '을이 범인'이라는 것에 대한 P의 믿음의 정도는 각각 0.425와 0.575가 된다. 방법 B는 기존 믿음의 정도에 비례해서 분배하는 것이다. 위 사례에서 '을이 범인'이라는 것에 대한 기존 믿음의 정도 0.45는 '갑이 범인'이라는 것에 대한 기존 믿음의 정도 0.3의 1.5배이다. 따라서 믿음의 정도 0.25도 이 비율에 따라 나누어주어야 한다. 즉 방법 B는 '갑이 범인'이라는 것에는 0.1을, '을이 범인'이라는 것에는 0.15를 추가하는 것이다. 결국 방법 B에 따르면 병의 알리바이가 확보된 이후 '갑이 범인'이라는 것과 '을이 범인'이라는 것에 대한 P의 믿음의 정도는 각각 0.4와 0.6이 된다.

〈보기〉

㉠ 만약 기존 믿음의 정도들이 위 사례와 달랐다면, 병이 용의자에서 제외된 뒤 '갑이 범인'과 '을이 범인'에 대한 믿음의 정도의 합은, 방법 A와 방법 B 중 무엇을 이용하는지에 따라 다를 수 있다.

㉡ 만약 기존 믿음의 정도들이 위 사례와 달랐다면, 병이 용의자에서 제외된 뒤 '갑이 범인'과 '을이 범인'에 대한 믿음의 정도의 차이는 방법 A를 이용한 결과가 방법 B를 이용한 결과보다 클 수 있다.

㉢ 만약 '갑이 범인'에 대한 기존 믿음의 정도와 '을이 범인'에 대한 기존 믿음의 정도가 같았다면, '병이 범인'에 대한 기존 믿음의 정도에 상관없이 병이 용의자에서 제외된 뒤 방법 A를 이용한 결과와 방법 B를 이용한 결과는 서로 같다.

① ㉡
③ ㉠, ㉡

② ㉢
④ ㉠, ㉢

04 다음 글을 토대로 〈보기〉를 바르게 해석한 것은?

반도체 및 디스플레이 제조공정에서 사용되는 방법인 포토리소그래피(Photo-lithography)는 그 이름처럼 사진인쇄 기술과 비슷하게 빛을 이용하여 복잡한 회로 패턴을 제조하는 공정이다. 포토리소그래피는 디스플레이에서는 TFT(Thin Film Transistor; 박막 트랜지스터) 공정에 사용되는데, 먼저 세정 된 기판(Substrate) 위에 TFT 구성에 필요한 증착 물질과 이를 덮을 PR(Photo Resist; 감광액) 코팅을 올리고, 빛과 마스크, 그리고 현상액과 식각 과정으로 PR 코팅과 증착 물질을 원하는 모양대로 깎아내린 다음, 다시 그 위에 층을 쌓는 것을 반복하여 원하는 형태를 패터닝하는 것이다.

한편 포토리소그래피 공정에 사용되는 PR 물질은 빛의 반응에 따라 포지티브와 네거티브 두 가지 방식으로 분류되는데, 포지티브 방식은 마스크에 의해 빛에 노출된 부분이 현상액에 녹기 쉽게 화학구조가 변하는 것으로, 노광(Exposure) 과정에서 빛을 받은 부분을 제거한다. 반대로 네거티브 방식은 빛에 노출된 부분이 더욱 단단해지는 것으로 빛을 받지 못한 부분을 현상액으로 제거한다. 이후 원하는 패턴만 남은 PR층은 식각 (Etching) 과정을 거쳐 PR이 덮여 있지 않은 부분의 증착 물질을 제거하고, 이후 남은 증착 물질이 원하는 모양으로 패터닝 되면 그 위의 도포되어 있던 PR층을 마저 제거하여 증착 물질만 남도록 하는 것이다.

———————〈보기〉———————

창우와 광수는 각각 포토리소그래피 공정을 통해 디스플레이 회로 패턴을 완성시키기로 하였다. 창우는 포지티브 방식을, 광수는 네거티브 방식을 사용하기로 하였는데, 광수는 실수로 포지티브 방식의 PR 코팅을 사용해 공정을 진행했음을 깨달았다.

① 창우의 디스플레이 회로는 증착, PR 코팅, 노광, 현상, 식각까지의 과정을 반복하여 완성되었을 것이다.
② 광수가 포토리소그래피의 매 공정을 검토했을 경우 최소 식각 과정을 확인하면서 자신의 실수를 알아차렸을 것이다.
③ 포토리소그래피 공정 중 현상 과정에서 문제가 발생했다면 창우의 디스플레이 기판에는 PR층과 증착 물질이 남아있지 않을 것이다.
④ 원래 의도대로라면 노광 과정 이후 창우가 사용한 감광액은 용해도가 높아지고, 광수가 사용한 감광액은 용해도가 매우 낮아졌을 것이다.

05 다음 중 글의 내용으로 가장 적절한 것은?

> 뉴턴은 빛이 눈에 보이지 않는 작은 입자라고 주장하였고, 이것은 그의 권위에 의지하여 오랫동안 정설로 여겨졌다. 그러나 19세기 초에 토마스 영의 겹실틈 실험은 빛의 파동성을 증명하였다. 이 실험의 방법은 먼저 한 개의 실틈을 거쳐 생긴 빛이 다음에 설치된 두 개의 겹실틈을 지나가게 하여 스크린에 나타나는 무늬를 관찰하는 것이다. 이때 빛이 파동이냐 입자이냐에 따라 결과가 달라진다. 즉, 빛이 입자라면 일자 형태의 띠가 두 개 나타나야 하는데, 실험 결과 스크린에는 예상과 다른 무늬가 나타났다. 마치 두 개의 파도가 만나면 골과 마루가 상쇄와 간섭을 일으키듯이, 보강간섭이 일어난 곳은 밝아지고 상쇄간섭이 일어난 곳은 어두워지는 간섭무늬가 연속적으로 나타난 것이다. 그러나 19세기 말부터 빛의 파동성으로는 설명할 수 없는 몇 가지 실험적 사실이 나타났다. 1905년에 아인슈타인은 빛은 광량자라고 하는 작은 입자로 이루어졌다는 광량자설을 주장하였다. 빛의 파동성은 명백한 사실이었으므로 이것은 빛이 파동이면서 동시에 입자인 이중적인 본질을 가지고 있다는 것을 의미하는 것이었다.

① 뉴턴의 가설은 그의 권위에 의해 현재까지도 정설로 여겨진다.
② 아인슈타인의 광량자설은 뉴턴과 토마스 영의 가설을 모두 포함한다.
③ 토마스 영의 겹실틈 실험은 빛의 파동성을 증명하였지만, 이는 아인슈타인에 의해서 거짓으로 판명 났다.
④ 겹실틈 실험은 한 개의 실틈을 거쳐 생긴 빛이 다음 설치된 두 개의 겹실틈을 지나가게 해서 그 틈을 관찰하는 것이다.

06 다음 글에서 〈보기〉의 문장이 들어갈 위치로 가장 적절한 곳은?

> 기억이 착오를 일으키는 프로세스는 인상적인 사물을 받아들이는 단계부터 이미 시작된다. (가) 감각적인 지각의 대부분은 무의식 중에 기록되고 오래 유지되지 않는다. (나) 대개는 수 시간 안에 사라져 버리며, 약간의 본질만이 남아 장기기억이 된다. 무엇이 남을지는 선택에 의해서 그 사람의 견해에 따라서도 달라진다. (다) 분주하고 정신이 없는 장면을 보여주고, 나중에 그 모습에 대해서 이야기하게 해보자. (라) 어느 부분에 주목하고, 또 어떻게 그것을 해석했는지에 따라 즐겁기도 하고 무섭기도 하다. 단순히 정신 사나운 장면으로만 보이는 경우도 있다. 기억이란 원래 일어난 일을 단순하게 기록하는 것이 아니다.

――――――――――〈보기〉――――――――――
> 일어난 일에 대한 묘사는 본 사람이 무엇을 중요하게 판단하고, 무엇에 흥미를 가졌느냐에 따라 크게 다르다.

① (가)   ② (나)
③ (다)   ④ (라)

변혁적 리더십은 리더가 조직 구성원의 사기를 고양하기 위해 미래의 비전과 공동체적 사명감을 강조하고, 이를 통해 조직의 장기적 목표를 달성하는 것을 핵심으로 한다. 거래적 리더십이 협상과 교환을 통해 구성원의 동기를 부여한다면, 변혁적 리더십은 구성원의 변화를 통해 동기를 부여하고자 한다. 또한 거래적 리더십은 합리적 사고와 이성에 호소하는 반면, 변혁적 리더십은 감정과 정서에 호소하는 측면이 크다.

이러한 변혁적 리더십은 조직의 합병을 주도하고 신규부서를 만들어내며, 조직문화를 창출해 내는 등 조직변혁을 주도하고 관리한다. 따라서 오늘날 급변하는 환경과 조직의 실정에 적합한 리더십 유형으로 주목받고 있다. 변혁적 리더는 주어진 목적의 중요성과 의미에 대한 구성원의 인식 수준을 제고시키고, 개인적 이익을 넘어서 구성원 자신과 조직 전체의 이익을 위해 일하도록 만든다. 그리고 구성원의 욕구 수준을 상위수준으로 끌어올림으로써 구성원을 근본적으로 변혁시킨다. 즉, 거래적 리더십을 발휘하는 리더는 구성원에게서 기대되었던 성과만을 얻어내지만, 변혁적 리더는 _____

변혁적 리더가 변화를 끌어내는 전문적 방법의 하나는 카리스마와 긍정적인 행동 양식을 보여주는 것이다. 이를 통해 리더는 구성원들의 신뢰와 충성심을 얻을 수 있다. 조직의 비전을 구체화하여 알려주고 어떻게 목표를 달성할 것인지를 설명해 주거나 높은 윤리적 기준으로 모범이 되는 것도 좋은 방법이 된다.

지속적으로 구성원의 동기를 부여하는 것도 매우 중요하다. 팀워크를 장려하고, 조직의 비전을 구체화하여 개인의 일상 업무에도 의미를 부여할 수 있도록 해야 한다. 변혁적 리더는 구성원이 조직의 중요한 부분이 될 수 있도록 노력하게 만드는 데에 초점을 둔다. 따라서 높지만 달성 가능한 목표를 세워 구성원의 생산력을 향상시키고, 구성원에게는 성취 경험을 제공하여 그들이 계속 성장할 수 있도록 만들어야 한다.

현재 상황에 대한 의문은 새로운 변화를 일어나게 한다. 변혁적 리더는 구성원들의 지적 자극을 불러일으켜 조직의 이슈에 대해 적극적으로 관심을 갖도록 만들며, 이를 통해서 참신한 아이디어와 긍정적인 변화가 일어날 수 있도록 한다.

변혁적 리더는 개개인의 관점을 소홀히 생각하지 않는다. 각각의 구성원들을 독특한 재능, 기술 등을 보유한 독립된 개인으로 인지한다. 리더가 구성원들을 개개인으로 인지하게 되면 그들의 능력에 적합한 역할을 부여할 수 있으며, 구성원들 역시 개인적인 목표를 용이하게 달성할 수 있게 된다. 따라서 리더는 각 구성원의 소리에 귀 기울이고, 구성원 개개인에게 관심을 표현해야 한다.

07 다음 중 밑줄 친 빈칸에 들어갈 내용으로 가장 적절한 것은?

① 개개인의 성과를 얻어낼 수 있다.
② 구체적인 성과를 얻어낼 수 있다.
③ 기대 이상의 성과를 얻어낼 수 있다.
④ 참신한 아이디어도 함께 얻어낼 수 있다.

08 다음 중 글의 내용으로 적절하지 않은 것은?

① 변혁적 리더는 구성원의 합리적 사고와 이성에 호소한다.
② 변혁적 리더는 구성원의 변화를 통해 동기를 부여하고자 한다.
③ 변혁적 리더는 구성원에게 카리스마와 긍정적 행동양식을 보여준다.
④ 변혁적 리더는 구성원이 자신과 조직 전체의 이익을 위해 일하도록 한다.

눈 뜨면 새롭게 등장하는 신기술, 철마다 다른 옷을 갈아입어야 하는 패션, 트렌디한 라이프스타일에 대한 강박 등이 조금 오래되고 유행에 뒤처진 물건을, 못 견디게 만들고 있는 것이다. 버리기 열풍은 바로 이 지점을 건드린다. 삶을 홀가분하게 바꾸어준다는 철학으로 포장하여 너도 나도 낡고 오래되고 눈에 익지 않은 것들을 정리하게 한다. 본질은 버린 후에야 발견된다. 실컷 버리고 나면 다시 요요현상이 일어난다. 나도 모르게 슬그머니 숨어있던 구매 욕구가 재등장하게 되는 것이다. 이때는 가장 트렌디하고 나에게 꼭 필요한 것 같고 더 이상 방치해두지는 않을 것 같은 물건을 산다. 그러나 안타깝게도 모든 물건을 시간이 지나면 낡고 변색되고 더 이상 관심을 받지 못하게 된다. 이에 트렌드 코리아에서 이런 현상을 바이바이 센세이션으로 명명했다. 갑작스럽게 이런 트렌드가 시작된 이유는 무엇일까? 태어나 한 번도 결핍을 경험해 보지 못했던 세대의 특성 때문이다.

일단 쌓아두고 쓰지 않았던, 있는지도 모르고 공간만을 차지했던 물건들을 치우기 시작했다. 어차피 유행에도 뒤떨어진 물건들이었으니 버리기도 쉬웠으리라. 그 다음 행보는 사람마다 달랐다. 어떤 이는 빼낸 물건 자리를 아쉬워하며 새로운 구매 목록들을 찾았다. 대신 이번에는 쌓아두고 쓰지 않는 명품 말고 B급이라도 맛있게 쓰고 빨리 처리할 물건으로 구매했다. 이렇게 성장하게 된 것이 바로 인스턴트 소비 산업이다. 자라, H&M, 유니클로 등의 패스트패션, 이케아, 모던하우스, 자주 등의 패스트가구 및 생활용품들이 좋은 예이다. 또 한 무리는 공유 소비를 시작했다. 성공은 곧 소유였던 과거의 사고방식에서 벗어나 모든 것을 빌려 쓰고 나눠 쓰고 공유하는 쪽으로 소비패턴을 바꾸었다. 동시에 시장에서는 공기청정기니 집이니 자동차니 하는 고가의 물건들을 렌탈, 리스, 공유해서 사용하는 서비스들도 늘어났다. 혹자는 이것을 삶의 클라우드화로 말하기도 한다. 마지막으로 등장한 부류는 물건의 소비를 경험의 소비로 바꾼 사람들이다. 물건을 버리고 정신을 사는 사람들. 이들은 물건을 비워낸 공간에 경험과 정신과 추억을 쌓기 위해 노력한다. 추구하는 것은 역시 정신적 만족이다. 새로운 것을 배운다거나 여행을 떠난다든가 하면서 삶의 경험치를 늘려가는 것을 최고의 선으로 생각한다.

무엇이 옳다 말할 수는 없다. 버리고 또 사든, 공유해서 쓰든, 경험으로 대체하든. 공통점은 무엇보다 잘 버리는 것이 선제되어야 한다는 것이다. 일단 버리는 기준을 잘 만들어보자. 곤도 마리에는 버리는 순서를 옷 → 책 → 서류 → 소품 → 추억의 물건으로 소개했다. 버리기를 시작하기 전에는 내가 가지고 있는 물건이 얼마나 있는지 파악해야 한다. 그 후 품목별로 늘어놓고 적절한 선택을 하는 것이 좋다. 물건을 잘 비워냈다면 다음은 잘 채우는 것이다. 비워둔 공간에 채울 물건들은 숙고를 거친 후 다시 사야 한다. 힘들게 버림으로써 얻어진 여유와 여백을 너무 쉽게 포기해서는 안 된다. 이 시점에서는 공유 소비와 경험 소비를 한번쯤 고려해 보기 바란다. BYE와 BUY의 기묘한 샅바싸움이 벌어지는 지금. 삶의 여백을 확보하느냐, 새로운 물건의 바다에 다시 빠지느냐는 결국 나의 선택이다.

09 윗글에서 사용한 글의 전개 방식으로 적절하지 않은 것은?

① 질문을 던져 독자의 궁금증을 유발하였다.

② 행동별로 분류하여 각 집단의 특징을 설명하였다.

③ 한 집단을 기준으로 옳고 그름을 나누었다.

④ 동음이의어를 이용해 글의 핵심을 표현하였다.

10 윗글의 내용으로 적절하지 않은 것은?

① 바이바이 센세이션은 결핍을 경험해 보지 못했던 세대의 특성으로 등장하였다.

② 인스턴트 소비 산업은 적당한 질의 상품을 저렴한 가격으로 빠르게 판매하는 것이다.

③ 버린 후 새로운 물건을 구입하기 전에 공유 소비와 경험 소비를 고려해 보는 것이 좋다.

④ 물건의 소비를 경험의 소비로 바꾼 사람들은 육체적 만족을 통해 삶의 경험치를 늘리고자 한다.

여러 가지 센서 정보를 이용해 사람의 심리상태를 파악할 수 있는 기술을 '감정인식(Emotion Reading)'이라고 한다. 음성인식기술에 이 기술을 더할 경우 인간과 기계, 기계와 기계 간의 자연스러운 대화가 가능해진다. 사람의 감정 상태를 기계가 진단해보고 기초적인 진단자료를 내놓을 수도 있다. 경찰 등 수사기관에서도 활용이 가능하다. 최근 실제로 상상을 넘어서는 수준의 놀라운 감정인식기술이 등장하고 있다. 러시아 모스크바에 본사를 두고 있는 벤처기업 '엔테크랩(NTechLab)'은 뛰어난 안면인식 센서를 활용해 사람의 감정 상태를 상세히 읽어낼 수 있는 기술을 개발했다. 그리고 이 기술을 모스크바시 경찰 당국에 공급할 계획이다.

현재 모스크바시 경찰은 엔테크랩과 이 기술을 수사 현장에 어떻게 도입할지 효과적인 방법을 모색하고 있다. 도입이 완료될 경우 감정인식기술을 수사 현장에 활용하는 세계 최초사례가 된다. 이 기술을 활용하면 수백만 명이 모여 있는 사람들 가운데서 특정 인상착의가 있는 사람을 찾아낼 수 있다. 또한 찾아낸 사람의 성과 나이 등을 모니터한 뒤 그 사람이 화가 났는지, 스트레스를 받는지 혹은 불안해하는지 등을 판별할 수 있다.

엔테크랩의 공동창업자인 알렉산드르 카바코프(Alexander Kabakov)는 "번화가에서 수초 만에 테러리스트나 범죄자, 살인자 등을 찾아낼 수 있는 기술"이라며 "경찰 등 수사 기관에서 이 기술을 도입할 경우 새로운 차원의 수사가 가능하다."라고 말했다. _____ 그는 이 기술이 러시아 경찰 어느 부서에 어떻게 활용될 것인지에 대해 밝히지 않았다. 카바코프는 "현재 CCTV 카메라에 접속하는 방안 등을 협의하고 있지만 아직까지 결정된 내용은 없다."라고 말했다.

이 기술이 처음 세상에 알려진 것은 2015년 미국 워싱턴 대학에서 열린 얼굴인식 경연대회에서다. 이 대회에서 엔테크랩의 안면인식기술은 100만 장의 사진 속에 들어있는 특정인의 사진을 73.3%까지 식별해 냈다. 이는 대회에 함께 참여한 구글의 안면인식 알고리즘을 훨씬 앞서는 기록이었다. 여기서 용기를 얻은 카바코프는 아르템 쿠크하렌코(Artem Kukharenko)와 함께 SNS상에서 연결된 사람이라면 누구든 추적할 수 있는 앱 '파인드페이스(FindFace)'를 만들었다.

11 윗글을 읽고 이해한 내용으로 적절하지 않은 것은?

① 엔테크랩의 감정인식기술은 모스크바시 경찰이 범죄 용의자를 찾는 데 큰 기여를 하고 있다.
② 음성인식기술과 감정인식기술이 결합되면 기계가 사람의 감정을 진단할 수도 있다.
③ 감정인식기술을 이용하면 군중 속에서 특정인을 쉽게 찾을 수 있다.
④ 엔테크랩의 안면인식기술은 구글의 것보다 뛰어나다.

12 밑줄 친 빈칸에 들어갈 접속 부사로 가장 적절한 것은?

① 또한   ② 게다가
③ 그래서   ④ 그러나

물은 너무 넘쳐도 문제고, 부족해도 문제다. 무엇보다 충분한 양을 안전하게 저장하면서 효율적으로 관리하는 것이 중요하다. 하지만 예기치 못한 자연재해가 불러오는 또 다른 물의 재해도 우리를 위협한다. 지진의 여파로 쓰나미(지진해일)가 몰려오고 댐이 붕괴되면서 상상도 못한 피해를 불러올 수 있다. 이는 역사 속에서 실제로 반복돼 온 일이다.

1755년 11월 1일 아침, 15 ~ 16세기 대항해시대를 거치며 해양 강국으로 자리매김한 포르투갈의 수도 리스본에 대지진이 발생했다. 도시 건물 중 85%가 파괴될 정도로 강력한 지진이었다. 하지만 지진은 재해의 전주곡에 불과했다. 지진이 덮치고 약 40분 후 쓰나미가 항구와 도심지로 쇄도했다. 해일은 리스본뿐 아니라 인근 알가르브 지역의 해안 요새 중 일부를 박살냈고, 숱한 가옥을 무너뜨렸다. 6만 ~ 9만 명이 귀한 목숨을 잃었다. 이 대지진과 이후의 쓰나미는 포르투갈 문명의 역사를 바꿔버렸다. 포르투갈은 이후 강대국 대열에서 밀려나 옛 영화를 찾지 못한 채 지금에 이르고 있다.

또한 1985년 7월 19일 지진으로 인해 이탈리아의 스타바댐이 붕괴되면서 그 여파로 발생한 약 20만 톤의 진흙과 모래, 물이 테세로 마을을 덮쳐 268명이 사망하고 63개의 건물과 8개의 다리가 파괴되는 사고가 일어났다.

13 다음 글의 제목으로 가장 적절한 것은?

① 우리나라는 '물 스트레스 국가'

② 도를 지나치는 '물 부족'

③ 지진이 불러오는 '물의 재해'

④ 누구도 피해갈 수 없는 '자연 재해'

14 다음 중 글의 내용으로 적절하지 않은 것은?

① 물의 재해로 댐이 붕괴되거나 건물이 붕괴될 확률이 가장 높다.

② 스타바댐 붕괴 사건 또한 지진으로 일어난 큰 자연재해 사건 중 하나이다.

③ 지진으로 인한 쓰나미의 경우 여러 재해가 복합적으로 발생하여 수많은 인명피해를 입힌다.

④ 1755년, 리스본에서 일어난 지진보다 후에 일어난 쓰나미가 포르투갈에 더 큰 피해를 입혔다.

15 다음 글의 제목으로 가장 적절한 것은?

제4차 산업혁명은 인공지능이 기존의 자동화시스템과 연결되어 효율이 극대화되는 산업 환경의 변화를 의미한다.

이는 세계경제포럼에서 언급되어, 유행처럼 번지는 용어가 되었다. 학자에 따라 바라보는 견해는 다르지만 대체로 기계학습과 인공지능의 발달이 그 수단으로 꼽힌다.

2010년대 중반부터 드러나기 시작한 제4차 산업혁명은 현재진행형이며, 그 여파는 사회 곳곳에서 드러나고 있다. 현재도 사람을 기계와 인공지능이 대체하고 있으며, 현재 일자리의 80 ~ 99%까지 대체될 것이라고 보는 견해도 있다.

만약 우리가 현재의 경제구조를 유지한 채로 이와 같은 극단적인 노동수요 감소를 맞게 된다면, 전후 미국의 대공황 등과는 차원이 다른 끔찍한 대공황이 발생할 것이다. 계속해서 일자리가 줄어들수록 중·하위 계층은 사회에서 밀려날 수밖에 없는데, 반면 자본주의 사회의 특성상 많은 비용을 수반하는 과학기술의 연구는 자본에 종속될 수밖에 없기 때문이다. 물론 지금도 이러한 현상이 없는 것은 아니지만, 아직까지는 단순노동이 필요하기 때문에 노동력을 제공하는 중·하위층들도 불합리한 부분들에 파업과 같은 실력 행사를 할 수 있었다. 그러나 앞으로 자동화가 더욱 진행되어 노동의 필요성이 사라진다면 그들을 배려해야 할 당위성은 법과 제도가 아닌 도덕이나 인권과 같은 윤리적인 영역에만 남게 되는 것이다.

반면에 이를 긍정적으로 생각한다면 이처럼 일자리가 없어졌을 때 극소수에 해당하는 경우를 제외한 나머지 사람들은 노동에서 완전히 해방되어 인공지능이 제공하는 무제한적인 자원을 마음껏 향유할 수도 있을 것이다. 하지만 이러한 미래는 지금의 자본주의보다는 사회주의 경제체제에 가깝다. 이 때문에 많은 경제학자와 미래학자들은 제4차 산업혁명 이후의 미래를 장밋빛으로 바꿔나가기 위해, 기본소득제 도입 등의 시도와 같은 고민들을 이어가고 있다.

① 제4차 산업혁명의 의의

② 제4차 산업혁명의 빛과 그늘

③ 제4차 산업혁명의 위험성

④ 제4차 산업혁명에 대한 준비

01 다음은 주요 온실가스의 연평균 농도변화추이를 나타낸 자료이다. 이에 대한 설명으로 옳지 않은 것은?

〈주요 온실가스의 연평균 농도변화추이〉

구분	2017년	2018년	2019년	2020년	2021년	2022년	2023년
이산화탄소(CO_2, ppm)	387.2	388.7	389.9	391.4	392.5	394.5	395.7
오존 전량(O_3, DU)	331	330	328	325	329	343	335

① 이산화탄소의 농도는 계속해서 증가하고 있다.

② 오존 전량은 계속해서 증가하고 있다.

③ 2023년 오존 전량은 2017년의 오존 전량보다 4DU 증가했다.

④ 2023년 이산화탄소의 농도는 2018년보다 7ppm 증가했다.

02 다음은 병역자원 현황에 대한 자료이다. 총지원자 수에 대한 2015 · 2016년 평균과 2021 · 2022년 평균의 차이는?

〈병역자원 현황〉

(단위 : 만 명)

구분	2015년	2016년	2017년	2018년	2019년	2020년	2021년	2022년
징 · 소집 대상	135.3	128.6	126.2	122.7	127.2	130.2	133.2	127.7
보충역 복무자 등	16.0	14.3	11.6	9.5	8.9	8.6	8.6	8.9
병력동원 대상	675.6	664.0	646.1	687.0	694.7	687.4	654.5	676.4
합계	826.9	806.9	783.9	819.2	830.8	826.2	796.3	813.0

① 11.25만 명

② 11.75만 명

③ 12.25만 명

④ 12.75만 명

03 다음은 공공도서관 현황에 대한 자료이다. 이에 대한 설명으로 옳지 않은 것은?

〈공공도서관의 수〉

구분	2020년	2021년	2022년	2023년
공공도서관 수(개관)	644	703	759	786
1관당 인구수(명)	76,926	70,801	66,556	64,547
1인당 장서(인쇄, 비도서) 수(권)	1.16	1.31	1.10	1.49
장서(인쇄, 비도서) 수(천 권)	58,365	65,366	70,539	75,575
방문자 수(천 명)	204,919	235,140	258,315	270,480

① 2023년 1인당 장서 수는 1.49권이다.
② 공공도서관 수는 점점 증가하고 있는 추세이다.
③ 2022년의 공공도서관에는 258,315,000명이 방문했다.
④ 2023년 1관당 인구수는 2020년 1관당 인구수에 비해 12,379명 증가했다.

04 다음은 어느 연구원에서 자녀가 있는 부모를 대상으로 본인과 자녀의 범죄 피해에 대한 두려움에 대하여 조사한 자료이다. 이에 대한 설명으로 옳지 않은 것은?

〈본인과 자녀의 범죄 피해에 대한 두려움〉

(단위 : %)

응답내용 / 응답자	피해 대상	본인	아들	딸
걱정하지 않는다	아버지	41.2	9.7	5.7
	어머니	16.3	8.0	5.1
그저 그렇다	아버지	31.7	13.2	4.7
	어머니	25.3	8.6	3.8
걱정한다	아버지	27.1	77.1	89.6
	어머니	58.4	83.4	91.1

① 아버지에 비해 어머니는 본인, 아들, 딸에 대해 걱정하는 비율이 높다.
② 아버지, 어머니 모두 아들보다 딸을 걱정하는 비율이 더 높다.
③ 본인에 대해 아버지가 걱정하는 비율은 50% 이상이다.
④ 어머니가 아들과 딸에 대해 걱정하는 비율의 차이는 아버지가 아들과 딸에 대해 걱정하는 비율의 차이보다 적다.

05 다음은 범죄별 발생 및 검거 건수에 대해 성별로 조사한 자료이다. 이를 그래프로 나타낸 것으로 옳지 않은 것은?(단, 모든 그래프의 단위는 '만 건'이다)

〈범죄별 발생 및 검거 건수〉

(단위 : 만 건)

구분		발생 건수	검거 건수
남성 범죄자	살인	11	8
	폭행	118	110
	강간	21	13
	사기	55	32
	합계	205	163
여성 범죄자	살인	4	2
	폭행	38	35
	강간	2	2
	사기	62	28
	합계	106	67

① 남성 범죄자 범죄별 발생 및 검거 건수

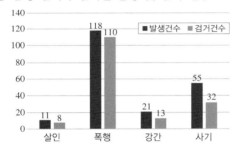

② 여성범죄자 범죄별 발생 및 검거 건수

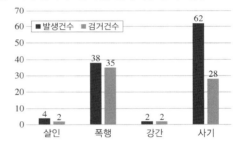

③ 전체 범죄별 발생 및 검거 건수

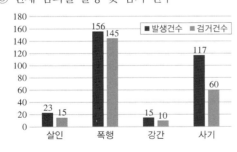

④ 성별 범죄 발생 및 검거 건수

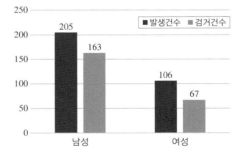

〈위험물안전관리자 선임 현황〉

행정구역별	2022년		2023년	
	제조소등수(개소)	선임자(명)	제조소등수(개소)	선임자(명)
합계	86,475	56,386	85,013	56,561
서울특별시	2,625	3,356	2,565	3,345
부산광역시	3,073	2,498	3,024	2,116
대구광역시	1,718	1,254	1,557	1,440
인천광역시	3,282	2,834	3,153	2,969
광주광역시	1,198	954	1,175	822
대전광역시	1,371	958	1,366	902
울산광역시	7,638	2,901	6,971	3,097
세종특별자치시	658	379	658	333
경기도	17,100	12,166	17,249	13,765
강원도	4,588	2,922	4,399	2,854
충청북도	5,711	4,645	5,854	3,501
충청남도	7,587	4,109	7,606	3,762
전라북도	4,832	2,889	4,344	2,992
전라남도	8,581	4,055	8,497	4,068
경상북도	7,464	5,225	7,583	5,341
경상남도	5,870	3,279	5,865	3,374
창원시	1,835	865	1,842	825
제주특별자치도	1,344	1,097	1,305	1,055

06 2022년에 위험물안전관리자 선임자 수가 가장 많은 행정구역과 가장 적은 행정구역의 선임자 수의 차로 옳은 것은?

① 6,290명 ② 6,982명

③ 7,811명 ④ 11,787명

07 다음 중 자료에 대한 설명으로 옳지 않은 것을 〈보기〉에서 모두 고르면?

─────〈보기〉─────

ㄱ. 제조소등수가 5,000개 이상인 행정구역의 개수는 2022년과 2023년에 같다.

ㄴ. 2022년과 2023년에 제조소등수가 가장 많은 행정구역은 동일하다.

ㄷ. 2023년에 제조소등수가 세 번째로 적은 행정구역은 대전광역시이다.

① ㄱ ② ㄷ

③ ㄱ, ㄴ ④ ㄴ, ㄷ

※ 다음은 2023년 현재 삶에 대한 행복감에 대한 자료이다. 이어지는 질문에 답하시오. **[8~9]**

〈2023년 현재 삶에 대한 행복감〉

(단위 : %)

구분		사례 수 (명)	매우 행복함	행복한 편	보통	행복하지 않은 편	전혀 행복하지 않음
도농별	도시	1,147	2.9	52.7	36.4	6.5	1.4
	농어촌	2,753	2.3	42.6	44.2	9.5	1.4
읍면별	읍	1,212	3.0	41.4	45.8	8.6	1.2
	면	1,541	1.7	43.6	42.9	10.2	1.5
영농여부별	농어가	842	1.6	47.1	43.4	7.1	0.8
	비농어가	1,911	2.6	40.7	44.5	10.6	1.6
응답자 연령별	30대 이하	526	4.0	62.5	32.5	1.1	–
	40대	489	2.3	45.8	43.5	6.9	1.6
	50대	597	2.4	45.6	42.7	7.2	2.1
	60대	489	2.1	37.1	47.5	12.4	0.9
	70대 이상	614	1.0	25.0	52.6	19.2	2.1

08 다음 중 자료에 대한 설명으로 옳은 것을 〈보기〉에서 모두 고르면?

―〈보기〉―

ㄱ. 도시에서 행복한 편이라고 응답한 사람의 수는 600명을 넘는다.

ㄴ. 농어가에서 전혀 행복하지 않다고 응답한 사람의 수는 비농어가에서 전혀 행복하지 않다고 응답한 사람의 수의 절반이다.

ㄷ. 읍과 면 모두 매우 행복하다고 응답한 사람의 비율과 행복한 편이라고 응답한 사람의 비율의 합은 각각 50.0%를 넘는다.

ㄹ. 행복하지 않은 편이라고 응답한 사람의 비율은 60대가 50대보다 높다.

① ㄱ, ㄴ ② ㄱ, ㄹ

③ ㄴ, ㄷ ④ ㄴ, ㄹ

09 다음 중 행복한 편이라고 응답한 비율과 행복하지 않은 편이라고 응답한 비율의 합이 가장 큰 구분으로 옳은 것은?

① 도시 ② 면

③ 농어가 ④ 30대 이하

※ 다음은 P국가의 인구 동향에 대한 자료이다. 이어지는 질문에 답하시오. [10~11]

〈인구 동향〉

(단위 : 만 명, %)

구분	2019년	2020년	2021년	2022년	2023년
전체 인구수	12,381	12,388	12,477	12,633	12,808
남녀성비	101.4	101.8	102.4	101.9	101.7
가임기 여성 비율	58.2	57.4	57.2	58.1	59.4
출산율	26.5	28.2	29.7	31.2	29.2
남성 사망률	8.3	7.4	7.2	7.5	7.7
여성 사망률	6.9	7.2	7.1	7.8	7.3

※ 남녀성비 : 여자 100명당 남자 수

10 다음 중 자료에 대한 설명으로 옳은 것을 〈보기〉에서 모두 고르면?(단, 인구수는 버림하여 만 명까지만 나타낸다)

─〈보기〉─

ㄱ. 전체 인구수는 2019년 대비 2023년에 5% 이상이 증가하였다.
ㄴ. 가임기 여성의 비율과 출산율의 증감 추이는 동일하다.
ㄷ. 출산율은 2020년부터 2022년까지 전년 대비 계속 증가하였다.
ㄹ. 출산율과 남성 사망률의 차이는 2022년에 가장 크다.

① ㄱ, ㄴ
② ㄱ, ㄷ
③ ㄴ, ㄷ
④ ㄷ, ㄹ

11 다음 보고서에 밑줄 친 내용 중 옳지 않은 것은 모두 몇 개인가?

〈보고서〉

제시된 자료에 의하면 ㉠ 남녀성비는 2021년까지 증가하는 추이를 보이다가 2022년부터 감소했고, ㉡ 전체 인구수는 계속하여 감소하였다. ㉢ 2019년에는 남성 사망률이 최고치를 기록했다.
그 밖에도 ㉣ 2019년부터 2023년 중 여성 사망률은 2023년이 가장 높았으며, 이와 반대로 ㉤ 2023년은 출산율이 계속 감소하다가 증가한 해이다.

① 1개
② 2개
③ 3개
④ 4개

※ 다음은 2023년 가계대출 유형별 가중평균 금리를 나타낸 자료이다. 이어지는 질문에 답하시오. [12~13]

〈2023년 가계대출 유형별 가중평균 금리〉

(단위 : 연 %)

구분	5월	6월	7월	8월
가계대출	3.49	3.25	3.12	2.92
소액대출	4.65	4.55	4.37	4.13
주택담보대출	2.93	2.74	2.64	2.47
예·적금담보대출	3.20	3.21	3.12	3.02
보증대출	3.43	3.20	3.11	2.95
일반신용대출	4.40	4.23	3.96	3.63
집단대출	3.28	2.85	2.76	2.76
공공 및 기타부문대출	3.61	3.75	3.49	3.32

12 다음 중 자료에 대한 설명으로 옳지 않은 것은?

① 6~8월 동안 전월 대비 가계대출 가중평균 금리는 매달 전월 대비 감소했다.

② 7월에 가계대출 금리의 이하인 금리를 갖는 대출 유형은 보증대출, 집단대출 2가지이다.

③ 5월 대비 6월에 금리가 하락한 유형 중 가장 적게 하락한 유형은 소액대출이다.

④ 8월 공공 및 기타부문대출과 주택담보대출 금리 차이는 0.85%p이다.

13 다음 중 5월 대비 8월에 가중평균 금리가 가장 많이 감소한 가계대출 유형은?

① 일반신용대출   ② 소액대출

③ 집단대출   ④ 보증대출

※ 다음은 20대 이상 성인에게 종이책 독서에 대해 설문조사를 한 자료이다. 이어지는 질문에 답하시오. **[14~15]**

〈종이책 독서 현황〉

(단위 : %)

구분		사례 수(명)	읽음	읽지 않음
전체		6,000	59.9	40.1
성별	남성	2,988	58.2	41.8
	여성	3,012	61.5	38.5
연령별	20대	1,070	73.5	26.5
	30대	1,071	68.9	31.1
	40대	1,218	61.9	38.1
	50대	1,190	52.2	47.8
	60대 이상	1,451	47.8	52.2

※ '읽음'과 '읽지 않음'의 비율은 소수점 둘째 자리에서 반올림한 값임

14 다음 중 자료에 대한 설명으로 옳지 않은 것은? (단, 인원은 소수점 첫째 자리에서 반올림한다)

① 모든 연령대에서 '읽음'의 비율이 '읽지 않음'의 비율보다 높다.

② 여성이 남성보다 종이책 독서를 하는 비율이 3%p 이상 높다.

③ 사례 수가 가장 적은 연령대의 '읽지 않음'을 선택한 인원은 250명 이상이다.

④ 40대의 '읽음'과 '읽지 않음'을 선택한 인원의 차이는 약 290명이다.

15 여성과 남성의 사례 수가 각각 3,000명이라면 '읽음'을 선택한 여성과 남성의 인원은 총 몇 명인가?

① 3,150명

② 3,377명

③ 3,591명

④ 3,782명

01 P씨는 생일을 맞아 주말에 가족과 외식을 하려고 한다. 레스토랑별 통신사 할인 혜택과 예상 금액이 다음과 같을 때, 가장 저렴하게 먹을 수 있는 방법으로 바르게 짝지어진 것은?(단, 원 단위 이하는 절사)

<table>
<tr><td colspan="4" align="center">〈통신사별 멤버십 혜택〉</td></tr>
<tr><th>구분</th><th>A통신사</th><th>B통신사</th><th>C통신사</th></tr>
<tr><td>A레스토랑</td><td>10만 원 이상 결제 시
5,000원 할인</td><td>15% 할인</td><td>1,000원당 100원 할인</td></tr>
<tr><td>B레스토랑</td><td>재방문 시 8,000원 상당의
음료쿠폰 제공
(당일 사용 불가)</td><td>20% 할인</td><td>10만 원 이상 결제 시
10만 원 초과금의 30% 할인</td></tr>
<tr><td>C레스토랑</td><td>1,000원당 150원 할인</td><td>5만 원 이상 결제 시
5만 원 초과금의 10% 할인</td><td>30% 할인</td></tr>
</table>

<table>
<tr><td colspan="4" align="center">〈레스토랑별 예상 금액〉</td></tr>
<tr><th>구분</th><th>A레스토랑</th><th>B레스토랑</th><th>C레스토랑</th></tr>
<tr><td>예상 금액(원)</td><td>143,300</td><td>165,000</td><td>174,500</td></tr>
</table>

	레스토랑	통신사	가격
①	A레스토랑	A통신사	120,380원
②	A레스토랑	B통신사	121,800원
③	B레스토랑	C통신사	132,000원
④	C레스토랑	C통신사	122,150원

02 해외영업부 A대리는 B부장과 함께 샌프란시스코에 출장을 가게 되었다. 샌프란시스코의 시각은 한국보다 16시간 느리고, 비행시간은 10시간 25분일 때 샌프란시스코 현지 시각으로 11월 17일 오전 10시 35분에 도착하는 비행기를 타려면 한국 시각으로 인천공항에 몇 시까지 도착해야 하는가?

구분	날짜	출발 시각	비행시간	날짜	도착 시각
인천 → 샌프란시스코	11월 17일		10시간 25분	11월 17일	10:35
샌프란시스코 → 인천	11월 21일	17:30	12시간 55분	11월 22일	22:25

※ 단, 비행기 출발 한 시간 전에 공항에 도착해 티케팅을 해야 함

① 12:10 ② 13:10
③ 14:10 ④ 15:10

03 P사는 창고업체를 통해 다음 세 제품군을 보관하고 있다. 각 제품군에 대한 정보를 참고하여, 〈조건〉에 따라 보관료로 지급해야 할 총 금액은?

구분	매출액(억 원)	용량	
		용적(CUBIC)	무게(톤)
A제품군	300	3,000	200
B제품군	200	2,000	300
C제품군	100	5,000	500

───────〈조건〉───────
- A제품군은 매출액의 1%를 보관료로 지급한다.
- B제품군은 1CUBIC당 20,000원의 보관료를 지급한다.
- C제품군은 1톤당 80,000원의 보관료를 지급한다.

① 3억 2천만 원 　　　　　　② 3억 4천만 원
③ 3억 6천만 원 　　　　　　④ 3억 8천만 원

다음은 4분기 성과급 지급 기준이다. 직원 가 ~ 마에 대한 성과 평가가 다음과 같을 때, 성과급을 가장 많이 받을 직원 2명은?

〈성과급 지급 기준〉

• 성과급은 성과 평가에 따라 다음 기준으로 지급한다.

등급	A	B	C	D
성과급	200만 원	170만 원	120만 원	100만 원

• 성과평가등급은 성과점수에 따라 다음과 같이 산정된다.

성과점수	90점 이상 100점 이하	80점 이상 90점 미만	70점 이상 80점 미만	70점 미만
등급	A	B	C	D

• 성과점수는 개인실적점수, 동료평가점수, 책임점수, 가점 및 벌점을 합산하여 산정한다.
 – 개인실적점수, 동료평가점수, 책임점수는 각각 100점 만점으로 산정된다.
 – 세부 점수별 가중치는 개인실적점수 40%, 동료평가점수 30%, 책임점수 30%이다.
 – 가점 및 벌점은 개인실적점수, 동료평가점수, 책임점수에 가중치를 적용하여 합산한 값에 합산한다.
• 가점 및 벌점 부여 기준
 – 분기 내 수상내역 1회, 신규획득 자격증 1개당 가점 2점 부여
 – 분기 내 징계내역 1회당 다음에 따른 벌점 부여

징계	경고	감봉	정직
벌점	1점	3점	5점

〈부서원 성과 평가〉

직원	개인실적 점수	동료평가 점수	책임점수	비고
가	85점	70점	80점	수상 2회(4분기), 경고 2회(3분기)
나	80점	80점	70점	경고 1회(4분기)
다	75점	85점	80점	자격증 1개(4분기)
라	70점	70점	90점	정직 1회(4분기)
마	80점	65점	75점	경고 1회(3분기)

① 가, 다   ② 가, 마
③ 나, 다   ④ 나, 라

※ 다음은 P사의 출장비 지급 규정이다. 이어지는 질문에 답하시오. [5~6]

〈출장비 지급 규정〉

• 일비는 직급별로 지급되는 금액을 기준으로 출장 일수에 맞게 지급한다.
• 교통비는 대중교통(버스, 기차 등) 및 택시를 이용한 금액만 실비로 지급한다.
• 숙박비는 1박당 제공되는 숙박비를 넘지 않는 선에서 실비로 지급한다.
• 식비는 직급별로 지급되는 금액을 기준으로 1일당 3식으로 계산하여 지급한다.

〈출장 시 지급 비용〉

(단위 : 원)

구분	일비(1일)	숙박비(1박)	식비(1식)
사원	20,000	100,000	6,000
대리	30,000	120,000	8,000
과장	50,000	150,000	10,000
부장	60,000	180,000	10,000

---

05 대리 1명과 과장 1명이 2박 3일간 부산으로 출장을 다녀왔다면, 지급받을 수 있는 출장비는 총 얼마인가?

〈부산 출장 지출내역〉

• 서울 시내버스 및 지하철 이동 : 3,200원(1인당)
• 서울 – 부산 KTX 이동(왕복) : 121,800원(1인당)
• 부산 ○○호텔 스탠다드 룸 : 150,000원(1인당, 1박)
• 부산 시내 택시 이동 : 10,300원

① 1,100,300원
② 1,124,300원
③ 1,179,300원
④ 1,202,300원

---

06 사원 2명과 대리 1명이 1박 2일간 강릉으로 출장을 다녀왔다면, 지급받을 수 있는 출장비는 총 얼마인가?

〈강릉 출장 지출내역〉

• 서울 – 강릉 자가용 이동(왕복) : 주유비 100,000원
• 강릉 ○○호텔 트리플룸 : 80,000원(1인당, 1박)
• 식비 : 총 157,000원

① 380,000원
② 480,000원
③ 500,000원
④ 537,000원

※ 귀하는 P업체의 서비스 상담 직원으로 근무하고 있으며, 다음의 A/S 규정에 기반하여 당사의 제품을 구매한 고객들의 문의를 응대하는 업무를 맡고 있다. A/S 규정을 참고하여 이어지는 질문에 답하시오. **[7~9]**

〈A/S 규정〉

■ **제품보증 기간**
- 제품의 보증기간은 제품 구매일을 기준으로 하며, 구매일을 증명할 수 있는 자료(구매영수증, 제품보증서 등)가 없을 경우에는 제품 생산일을 기준으로 산정한다.
- 단, 보증 기간(1년 이내) 중 소비자 취급주의, 부적절한 설치, 자가 수리 또는 개조로 인한 고장 발생 및 천재지변(화재 및 수해 낙뢰 등)으로 인한 손상 또는 파손된 경우에는 보증 기간 기준을 제외한다.

■ **A/S 처리 기준**
- 제품보증기간 1년 이내 무상A/S를 실시한다.
- 초기불량 및 파손의 경우를 제외한 사용 이후의 불량은 각 제품의 제조사 또는 판매자가 처리함을 원칙으로 한다.
- 당사는 제품의 미개봉 판매를 원칙으로 하며, 모든 사후 처리는 당사의 A/S 규정과 원칙에 준한다.

■ **교환 · 환불배송 정책**
- A/S에 관련된 운송비는 제품 초기 불량일 경우에만 당사에서 부담한다.
- 당사의 교환 및 환불 정책은 수령한 날짜로부터 7일 이내 상품이 초기 불량 및 파손일 경우에 한하며, 그 외의 경우에는 복구 비용을 소비자가 부담하여야 한다.
- 당사에서 판매한 제품의 환불은 소비자법 시행령 제12조에 준한 사후 처리를 원칙으로 한다.
- 제품의 온전한 상태를 기준으로 하며, 수령 후 제품을 사용하였을 경우에는 환불이 불가능하다.

■ **서비스 처리비용**

구분	수리 조치 사항		고객부담금(원)	비고
DVR 녹화기 관련	모델별 펌웨어 업그레이드 설치		20,000	회당
	하드 디스크 초기화 및 기능 점검		10,000	회당
	이전 설치로 인한 네트워크 관련 작업		20,000	–
	PC장착 카드형 DVR CD-Key		10,000	개당
	DVR 메인보드 파손		수리 시 50,000 교체 시 100,000	–
CCTV 카메라 관련	각종 카메라 이전 설치		건물 내 30,000 건물 외 50,000	–
	각종 카메라 추가 설치		건물 내 10,000 건물 외 20,000	제품 구매비 별도
	영상관련 불량	1) 기본 27만 화소 모듈	15,000	개당
		2) 27만 화소 IR 모듈	20,000	개당
		3) 41만 화소 IR 모듈	30,000	개당
	각종 카메라 전면 유리 파손 교체		3,000	개당
	카메라 전원 · 영상 배선 교체		8,000	–
	소비자 과실로 인한 내부 파손		수리 시 50,000 교체 시 100,000	–

07 다음은 당사의 제품을 구매한 고객이 문의한 사항이다. 귀하의 답변으로 적절하지 않은 것은?

> 고객 : 안녕하세요? 3일 전에 CCTV 제품을 구매해 설치하였습니다. 항상 켜두는 제품이라 고장이 쉽게 날 수 있을 것 같은데, A/S 규정이 어떻게 되는지 안내해 주실 수 있나요?
>
> 귀하 : 안녕하세요, 고객님. 저희 업체의 제품을 이용해 주셔서 감사합니다. 문의하신 A/S 규정에 대해서 간략하게 안내드리겠습니다.

① 보증기간 1년 이내에 발생하는 고장에 대해서는 무상으로 수리를 해드리고 있으나, 고객님의 취급 부주의나 부적절한 설치, 자가 수리 또는 개조로 인하여 고장이 발생하였을 경우에는 무상 A/S를 받으실 수 없습니다.

② 당사는 제품을 미개봉한 상태에서 판매하는 것을 원칙으로 하고 있습니다. 온전한 제품을 수령한 후 사용하였을 때에는 환불이 불가합니다.

③ 다만, 제품을 수령한 날로부터 7일 이내에 초기 불량 및 파손이 있을 경우에는 당사에서 교환 또는 환불해 드리고 있으니 언제든지 연락해 주시기 바랍니다.

④ 수령한 날짜로부터 7일 이내 상품이 초기 불량 및 파손일 경우 외의 문제가 발생하면, 운송비를 제외한 복구 시 발행되는 모든 비용에 대해 고객님께서 부담하셔야 합니다.

08 다음 문의를 읽고 고객에게 안내하여야 할 수리 비용은 얼마인가?

> 고객 : 안녕하세요? 재작년에 P사 DVR녹화기를 구매했었는데요, 사용 중에 문제가 생겨 연락드렸습니다. 며칠 전에 CCTV와 DVR을 다른 장소로 옮겨 설치했는데 네트워크 설정이 필요하다고 뜨면서 제대로 작동하지 않네요. 혹시 제가 제품을 구매한 후로 펌웨어 업그레이드를 한 번도 안했었는데, 그것 때문일까요? 어찌 되었든 저에게 방문하는 수리기사에게 업그레이드뿐만 아니라 하드디스크도 함께 점검해달라고 요청해 주세요. 그럼 수리 비용은 얼마나 나올까요?

① 60,000원 　　　　　　　　② 50,000원

③ 40,000원 　　　　　　　　④ 30,000원

09 다음은 수리기사가 보내온 A/S 점검 결과 내용이다. 이를 토대로 고객에게 청구하여야 할 비용은 얼마인가?

〈A/S 점검표〉

점검 일자 : 2023년 5월 27일(월)

대상 제품		MD-RO439 model CCTV 카메라 1대
제품 위치		건물 내부
점검 항목		**점검 내용**
외부	전면 헤드	전면 유리파손교체
	후면 고정대	이상 무
	본체	이상 무
내부	메인보드	이상 무, 클리너 사용(비용 ×)
	전원부	전원 배선 교체
	출력부	41만 화소 IR 교체
기타 사항		로비 CCTV 1대 추가설치(제품비 80,000원)

① 101,000원
② 111,000원
③ 121,000원
④ 131,000원

※ 최근 개점한 한식뷔페 P지점의 개점 당일의 고객현황을 분석하여 다음과 같은 결과를 도출하였다. 이어지는 질문에 답하시오. [10~12]

〈한식뷔페 P지점 고객현황〉

■ 일반현황
- 운영시간 : 런치 11:00 ~ 15:00, 디너 16:00 ~ 20:00
- 장소 : 서울 서초구 서초대로 ○○길
- 직원 수 : 30명
- 수용인원 : ___명

■ 주요 시간대별 고객 출입 현황
- 런치

11:00 ~ 11:30	11:30 ~ 12:30	12:30 ~ 13:30	13:30 ~ 14:30
20명	2분당 +3명, 5분당 −1명	1분당 +2명, 6분당 −5명	5분당 +6명, 3분당 −2명

- 디너

16:00 ~ 16:30	16:30 ~ 17:30	17:30 ~ 18:30	18:30 ~ 19:30
20명	2분당 +7명, 3분당 −7명	1분당 +3명, 5분당 −6명	5분당 +4명, 3분당 −3명

※ 주요 시간대별 개장 후 30분 동안은 고객의 추가 출입이 없음
※ 주요 시간대별 마감 전 30분 동안은 고객을 받지 않음

---

10 12:00에 매장에서 식사하고 있는 고객 수는 총 몇 명인가?

① 58명   ② 59명
③ 60명   ④ 61명

11 런치 가격이 10,000원이고, 디너 가격이 15,000원이라면 조사한 날의 총매출액은 얼마인가?

① 6,850,000원   ② 7,700,000원
③ 9,210,000원   ④ 9,890,000원

12 조사 당일에 만석이었던 적이 한 번 있었다고 한다면, 매장의 좌석은 모두 몇 석인가?

① 200석   ② 208석
③ 220석   ④ 236석

※ 다음은 그래프 구성 명령어 실행 예시이다. 이어지는 질문에 답하시오. [13~15]

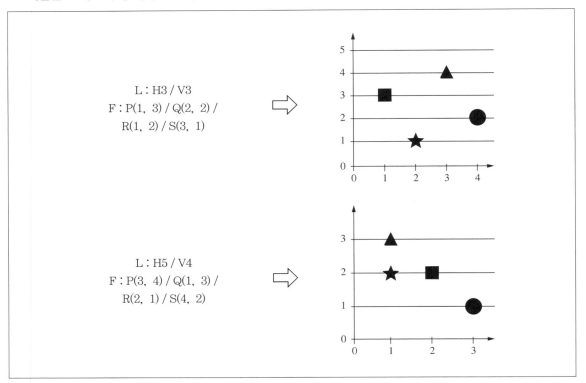

L : H3 / V3
F : P(1, 3) / Q(2, 2) /
R(1, 2) / S(3, 1)

L : H5 / V4
F : P(3, 4) / Q(1, 3) /
R(2, 1) / S(4, 2)

13 다음 그래프를 산출하기 위한 명령어는 무엇인가?

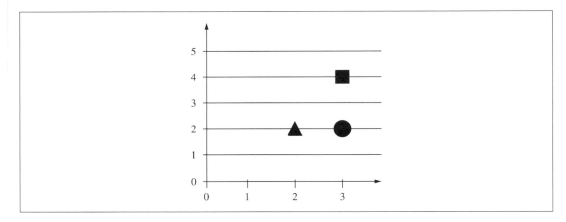

① L : H2 / V2
　F : P(2, 2) / Q(3, 4) / S(3, 1)

② L : H2 / V3
　F : P(2, 2) / Q(3, 4) / S(3, 2)

③ L : H4 / V3
　F : P(2, 2) / Q(3, 4) / S(3, 1)

④ L : H5 / V3
　F : P(2, 2) / Q(3, 4) / S(3, 2)

14 다음 그래프를 산출하기 위한 명령어는 무엇인가?

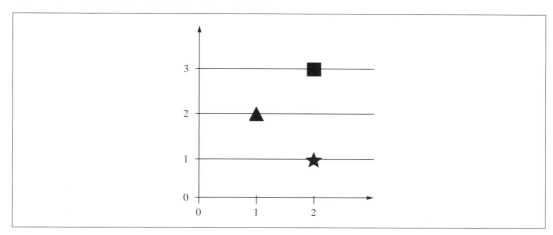

① L : H3 / V2
　F : P(1, 2) / Q(2, 1) / S(2, 3)
③ L : H3 / V2
　F : P(1, 2) / Q(2, 3) / R(2, 1)

② L : H3 / V2
　F : P(1, 2) / R(1, 2) / S(2, 3)
④ L : H3 / V2
　F : Q(1, 2) / R(2, 1) / S(2, 3)

15 L : H4 / V4, F : P(3, 2), Q(2, 1), R(4, 1), S(1, 3)의 그래프를 산출하였을 때 오류가 발생하여 다음과 같은 그래프가 산출되었다. 다음 중 오류가 발생한 값은?

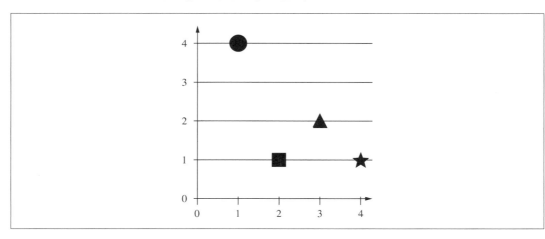

① H4
③ R(4, 1)

② Q(2, 1)
④ S(1, 3)

※ 다음은 체스 게임에서 사용하는 기물의 행마법이다. 이어지는 질문에 답하시오. **[1~2]**

- 다음은 체스의 나이트(♘), 비숍(♗), 룩(♖), 퀸(♕)의 행마법이다.
- 나이트(♘)는 직선으로 2칸 이동 후 양 옆으로 1칸 이동하며, 다른 기물을 뛰어 넘을 수 있다.
- 비숍(♗)은 대각선으로, 룩(♖)은 직선으로, 퀸(♕)은 대각선과 직선 모두 끝까지 이동할 수 있으며, 다른 기물은 뛰어 넘을 수 없다.

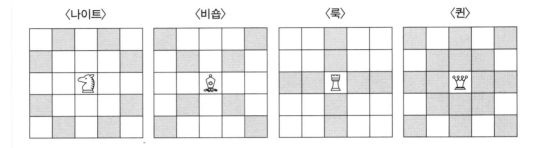

01 다음 중 백색 퀸(♕)이 흑색 킹(♚)을 잡으려면 최소한 몇 번 움직여야 하는가?(단, 움직일 기물을 제외한 다른 기물은 움직이지 않는다)

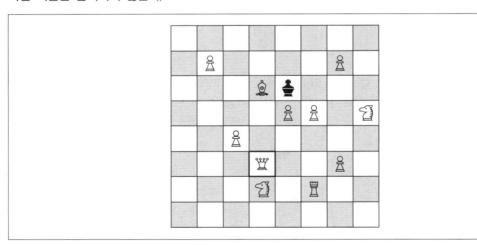

① 2번   ② 3번
③ 4번   ④ 5번

02 다음 중 백색 비숍(♗)이 4번 움직일 수 있을 때, 잡을 수 있는 흑색 기물의 최대 개수는?(단, 흑색 기물은 움직이지 않는다)

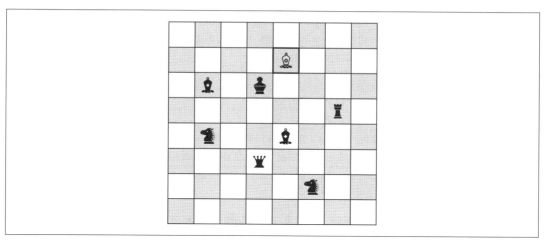

① 1개
② 2개
③ 3개
④ 4개

※ 다음 규칙을 바탕으로 A에서 B까지 길을 이으려고 한다. 이어지는 질문에 답하시오. **[3~4]**

- ⇨는 A에서 B까지 이어지는 길의 입구와 출구이다.
- 서로 떨어져 있지 않은 4×4=16개의 칸을 1개의 타일로 가정하고, 길은 회색으로 표시한다.
- 타일 사이 떨어져 있는 부분은 맞닿아 있는 양쪽 칸이 모두 길인 경우 이어진 것으로 가정한다.
- 각 타일은 다음 작동 버튼에 따라 위치와 모양이 바뀐다.

작동 버튼	기능
☆	홀수 행의 타일을 모두 상하 반전한다.
★	홀수 열의 타일을 모두 좌우 반전한다.
△	모든 타일을 1개씩 위로 이동한다(가장 위쪽의 타일은 가장 아래쪽으로 이동).
▼	짝수 열의 타일을 1개씩 아래로 이동한다(가장 아래쪽의 타일은 가장 위쪽으로 이동).

03 A에서 B까지 이어지는 길을 만들 때, 다음 중 눌러야 할 버튼의 순서를 바르게 나열한 것은?

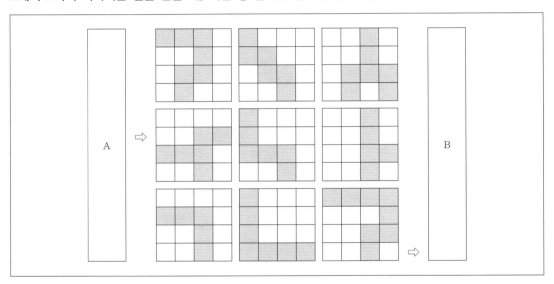

① ★△▼

② ★△☆

③ △★☆

④ ★▼☆

04 다음 〈조건〉과 같이 버튼을 눌러 A에서 B까지 길이 이어졌을 때, 빈칸에 들어갈 타일로 옳은 것은?

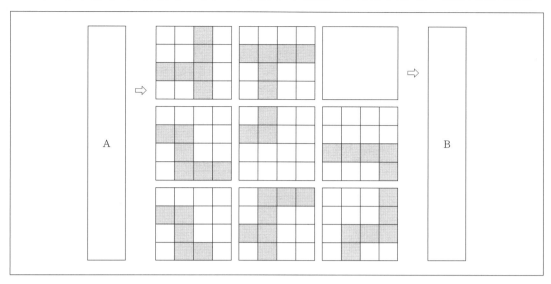

〈조건〉

△★▼

①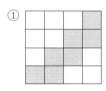

②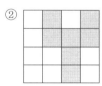

③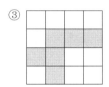

④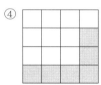

제3회 모의고사

05 다음 규칙을 바탕으로 작동 단추를 눌러 좌표평면 위 (5, 4) 위치에 놓인 흰색 바둑돌을 옮겨 검은색 바둑돌과 겹치도록 할 때, 모든 단추를 누른 후 겹쳐지는 검은색 바둑돌이 나머지와 다른 것은?

작동 단추	기능
↗	좌표평면 위에 있는 흰색 바둑돌을 오른쪽으로 1칸, 위쪽으로 2칸 옮긴다.
↖	좌표평면 위에 있는 흰색 바둑돌을 왼쪽으로 2칸, 위쪽으로 1칸 옮긴다.
↙	좌표평면 위에 있는 흰색 바둑돌을 왼쪽으로 1칸, 아래쪽으로 2칸 옮긴다.
↘	좌표평면 위에 있는 흰색 바둑돌을 오른쪽으로 2칸, 아래쪽으로 1칸 옮긴다.
↻ / ↺	좌표평면 위에 있는 흰색 바둑돌을 원점을 중심으로 시계 / 반시계 방향으로 90° 회전한다. 시계 방향 : $(a,\ b) \rightarrow (b,\ -a)$ / 반시계 방향 : $(a,\ b) \rightarrow (-b,\ a)$

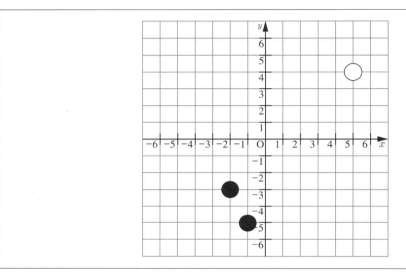

① ↺ ↙ ↖ ↻ ↗ ↺

② ↙ ↘ ↻ ↗ ↖ ↙

③ ↖ ↺ ↗ ↘ ↺ ↘

④ ↘ ↺ ↘ ↻ ↻ ↖

06 다음 규칙을 바탕으로 〈보기〉의 순서대로 작동 단추를 눌러 좌표평면 위 $(-2, -2)$ 위치에 놓인 흰색 바둑돌을 움직일 때, 모든 단추를 누른 후 겹쳐지는 검은색 바둑돌은?

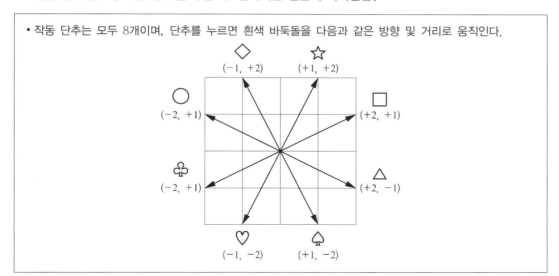

• 작동 단추는 모두 8개이며, 단추를 누르면 흰색 바둑돌을 다음과 같은 방향 및 거리로 움직인다.

◇ $(-1, +2)$ ☆ $(+1, +2)$
○ $(-2, +1)$ □ $(+2, +1)$
♣ $(-2, +1)$ △ $(+2, -1)$
♡ $(-1, -2)$ ♠ $(+1, -2)$

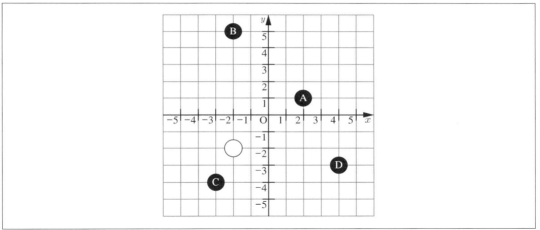

〈보기〉

♣ ◇ △ ◇ ○ □ ☆ ♠ △ ☆ △ ♠ ♡ ○ ☆

① A

② B

③ C

④ D

〈보기〉의 왼쪽 상태에서 작동 버튼을 두 번 눌렀더니, 오른쪽과 같은 결과가 나타났다. 다음 중 작동 버튼의 순서를 바르게 나열한 것은?

작동 버튼	기능
●	△와 ▲의 방향을 시계 방향으로 90° 회전한다.
○	▽와 ▼방향을 시계 방향으로 90° 회전한다.
■	도형을 상하 대칭 또는 좌우 대칭으로 회전한다(예 : ◁ → ▷, △ → ▽).
□	도형의 색을 반대로 바꾼다(흰색 → 검은색, 검은색 → 흰색).

─────〈보기〉─────

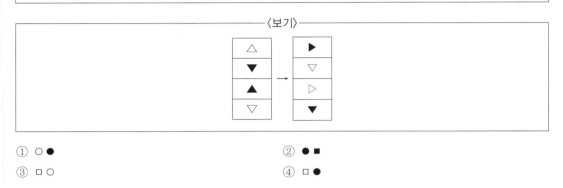

① ○ ●   ② ● ■

③ □ ○   ④ □ ●

키패드의 버튼을 누르면 숫자의 배열이 규칙에 따라 달라진다. 다음과 같이 버튼을 눌렀을 때 달라지는 숫자의 배열로 옳은 것은?(단, 제시된 숫자의 배열은 한 자릿수 수들의 배열이다)

〈키패드〉

〈키패드 버튼별 규칙〉

버튼	규칙	버튼	규칙	버튼	규칙
1	홀수자리에 있는 숫자만 내림차순으로 정렬	2	짝수자리에 있는 숫자만 오름차순으로 정렬	3	양 끝에 있는 숫자를 가운데 숫자 양옆으로 이동
4	홀수인 숫자를 모두 오른쪽으로 이동	5	짝수인 숫자를 모두 왼쪽으로 이동	6	가운데 숫자 양옆에 있는 숫자를 양 끝으로 이동
7	모든 숫자를 1씩 더하기 (9의 경우 1로 변환)	8	가운데 숫자를 기준으로 좌우 대칭 이동	9	모든 숫자를 1씩 빼기 (1의 경우 9로 변환)
*	모든 숫자를 순서대로 배열	0	3의 배수인 숫자를 오름차순으로 정렬	#	모든 숫자를 역순으로 배열

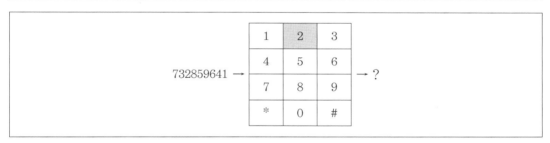

732859641 → ?

① 732456819

② 792465183

③ 729851634

④ 732458691

※ 다음 도형 또는 내부의 기호들은 일정한 패턴을 가지고 변화한다. ?에 들어갈 도형으로 가장 알맞은 것을 고르시오. [9~10]

09

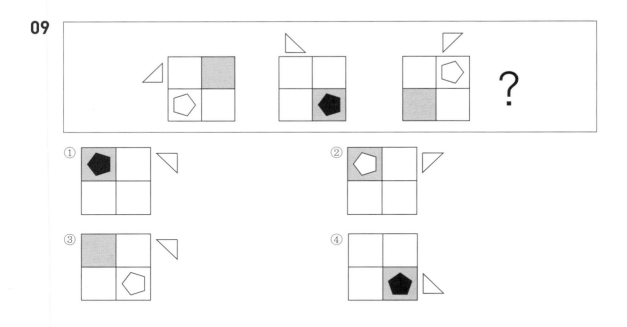

10

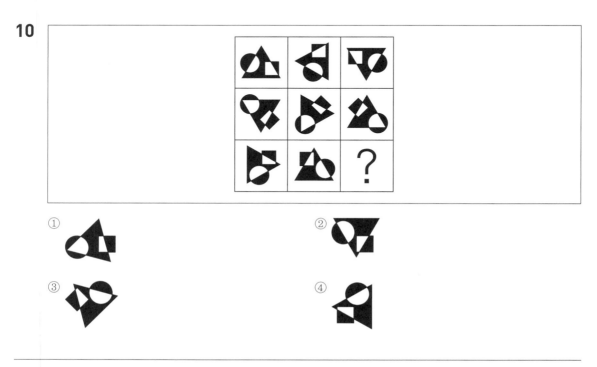

11

13	12	6	26	14	4	( )	7	10	5	25	2	44	7	−4	−77

① 2   ② 4

③ 8   ④ 16

12

$$4 \quad 36 \quad 9 \quad \frac{1}{4} \quad \frac{1}{36} \quad \frac{1}{9} \quad (\ )$$

① 36   ② 9

③ 4   ④ $\frac{1}{9}$

13 6명의 학생 A ~ F가 아침, 점심, 저녁을 김치찌개와 된장찌개만 먹는다. 주어진 〈조건〉이 모두 참일 때, 다음 중 옳지 않은 것은?

―〈조건〉―
- 아침과 저녁은 다른 메뉴를 먹는다.
- 점심과 저녁에 같은 메뉴를 먹은 사람은 4명이다.
- 아침에 된장찌개를 먹은 사람은 3명이다.
- 하루에 된장찌개를 한 번만 먹은 사람은 3명이다.

① 된장찌개는 총 9그릇이 필요하다.
② 김치찌개는 총 10그릇이 필요하다.
③ 아침에 된장찌개를 먹은 사람은 모두 저녁에 김치찌개를 먹었다.
④ 저녁에 된장찌개를 먹은 사람들은 모두 아침에 김치찌개를 먹었다.

14 P사에서는 인건비를 줄이기 위해 다양한 방식을 고민하고 있다. 주어진 〈조건〉을 참고할 때, 인건비를 줄일 수 있는 가장 적절한 방법은?(단, 한 달은 4주이다)

―〈조건〉―
- 정직원은 오전 8시부터 오후 7시까지 평일·주말 상관없이 주 6일 근무하며, 1인당 월 급여는 220만 원이다.
- 계약직원은 오전 8시부터 오후 7시까지 평일·주말 상관없이 주 5일 근무하며, 1인당 월 급여는 180만 원이다.
- 아르바이트생은 평일 3일, 주말 2일로 하루 9시간씩 근무하며, 평일은 시급 9,000원, 주말은 시급 12,000원이다.
- 현재 정직원 5명, 계약직원 3명, 아르바이트생 3명이 근무 중이며 전체 인원을 줄일 수는 없다.

① 계약직원을 정직원으로 전환한다.
② 계약직원을 아르바이트생으로 전환한다.
③ 아르바이트생을 정직원으로 전환한다.
④ 아르바이트생을 계약직원으로 전환한다.

15 A ~ E 5명이 순서대로 퀴즈게임을 해서 벌칙 받을 사람 1명을 선정하고자 한다. 규칙과 결과에 근거할 때, 항상 옳은 것을 〈보기〉에서 모두 고르면?

<table>
<tr><td>

〈규칙〉

- A → B → C → D → E 순서대로 퀴즈를 1개씩 풀고, 모두 한 번씩 퀴즈를 풀고 나면 한 라운드가 끝난다.
- 퀴즈 2개를 맞힌 사람은 벌칙에서 제외되고, 다음 라운드부터는 게임에 참여하지 않는다.
- 라운드를 반복하여 맨 마지막까지 남는 한 사람이 벌칙을 받는다.
- 벌칙을 받을 사람이 결정되면 라운드 중이라도 더 이상 퀴즈를 출제하지 않는다.
- 게임 중 동일한 문제는 출제하지 않는다.

〈결과〉

3라운드에서 A는 참가자 중 처음으로 벌칙에서 제외되었고, 4라운드에서는 오직 B만 벌칙에서 제외되었으며, 벌칙을 받을 사람은 5라운드에서 결정되었다.

</td></tr>
</table>

───────────────〈보기〉───────────────

ㄱ. 5라운드까지 참가자들이 정답을 맞힌 퀴즈는 총 9개이다.
ㄴ. 게임이 종료될 때까지 총 22개의 퀴즈가 출제되었다면, E는 5라운드에서 퀴즈의 정답을 맞혔다.
ㄷ. 게임이 종료될 때까지 총 21개의 퀴즈가 출제되었다면, 퀴즈를 푸는 순서가 벌칙을 받을 사람 선정에 영향을 미친 것으로 볼 수 있다.

① ㄱ
② ㄴ
③ ㄱ, ㄷ
④ ㄴ, ㄷ

제4회 포스코그룹 적성검사

〈문항 및 시험시간〉

포스코그룹 온라인 PAT		
영역	문항 수	영역별 제한시간
언어이해	15문항	15분
자료해석	15문항	15분
문제해결	15문항	15분
추리	15문항	15분

제4회 모의고사

문항 수 : 60문항	
응시시간 : 60분	

제 **1**영역 **언어이해**

01 다음 글의 내용으로 옳은 것은?

> 통증은 조직 손상이 일어나거나 일어나려고 할 때 의식적인 자각을 주는 방어적 작용으로 감각의 일종이다. 통증을 유발하는 자극에는 강한 물리적 충격에 의한 기계적 자극, 높은 온도에 의한 자극, 상처가 나거나 미생물에 감염되었을 때 세포에서 방출하는 화학물질에 의한 화학적 자극 등이 있다. 이러한 자극은 온몸에 퍼져 있는 감각 신경의 말단에서 받아들이는데, 이 신경 말단을 통각 수용기라 한다. 통각 수용기는 피부에 가장 많아 피부에서 발생한 통증은 위치를 확인하기 쉽지만, 통각 수용기가 많지 않은 내장 부위에서 발생한 통증은 위치를 정확히 확인하기 어렵다. 후각이나 촉각 수용기 등에는 지속적인 자극에 대해 수용기의 반응이 감소되는 감각적응 현상이 일어난다. 하지만 통각 수용기에는 지속적인 자극에 대해 감각적응 현상이 거의 일어나지 않는다. 그래서 우리 몸은 위험한 상황에 대응할 수 있게 된다.
> 대표적인 통각 수용 신경 섬유에는 Aδ섬유와 C섬유가 있다. Aδ섬유에는 기계적 자극이나 높은 온도 자극에 반응하는 통각 수용기가 분포되어 있으며, C섬유에는 기계적 자극이나 높은 온도 자극뿐만 아니라 화학적 자극에도 반응하는 통각 수용기가 분포되어 있다. Aδ섬유를 따라 전도된 통증 신호가 대뇌 피질로 전달되면, 대뇌 피질에서는 날카롭고 쑤시는 듯한 짧은 초기 통증을 느끼고 통증이 일어난 위치를 파악한다. C섬유를 따라 전도된 통증 신호가 대뇌 피질로 전달되면, 대뇌피질에서는 욱신거리고 둔한 지연 통증을 느낀다. 이는 두 신경 섬유의 특징과 관련이 있다. Aδ섬유는 직경이 크고 전도 속도가 빠르며, C섬유는 직경이 작고 전도 속도가 느리다.

① Aδ섬유는 C섬유보다 직경이 작고 전도 속도가 빠르다.
② 통각 수용기가 적은 부위일수록 통증 위치를 확인하기 쉽다.
③ 통각 수용기는 수용기의 반응이 감소되는 감각적응 현상이 거의 일어나지 않는다.
④ Aδ섬유를 따라 전도된 통증 신호가 대뇌 피질로 전달되면, 대뇌 피질에서는 욱신거리고 둔한 지연 통증을 느낀다.

---

02 다음 글의 전개방식으로 적절하지 않은 것은?

나는 집이 가난해서 말이 없기 때문에 간혹 남의 말을 빌려서 탔다. 그런데 노둔하고 야윈 말을 얻었을 경우에는 일이 아무리 급해도 감히 채찍을 대지 못한 채 금방이라도 쓰러지고 넘어질 것처럼 전전긍긍하기 일쑤요, 개천이나 도랑이라도 만나면 또 말에서 내리곤 한다. 그래서 후회하는 일이 거의 없다. 반면에 발굽이 높고 귀가 쫑긋하며 잘 달리는 준마를 얻었을 경우에는 의기양양하여 방자하게 채찍을 갈기기도 하고 고삐를 놓기도 하면서 언덕과 골짜기를 모두 평지로 간주한 채 매우 유쾌하게 질주하곤 한다. 그러나 간혹 위험하게 말에서 떨어지는 환란을 면하지 못한다.

아, 사람의 감정이라는 것이 어쩌면 이렇게까지 달라지고 뒤바뀔 수가 있단 말인가. 남의 물건을 빌려서 잠깐 동안 쓸 때에도 오히려 이와 같은데, 하물며 진짜로 자기가 가지고 있는 경우야 더 말해 무엇 하겠는가. 그렇긴 하지만 사람이 가지고 있는 것 가운데 남에게 빌리지 않은 것이 또 뭐가 있다고 하겠는가. 임금은 백성으로부터 힘을 빌려서 존귀하고 부유하게 되는 것이요, 신하는 임금으로부터 권세를 빌려서 총애를 받고 귀한 신분이 되는 것이다. 그리고 자식은 어버이에게서, 지어미는 지아비에게서, 비복(婢僕)은 주인에게서 각각 빌리는 것이 또한 심하고도 많은데, 대부분 자기가 본래 가지고 있는 것처럼 여기기만 할 뿐 끝내 돌이켜 보려고 하지 않는다. 이 어찌 미혹된 일이 아니겠는가.

그러다가 혹 잠깐 사이에 그동안 빌렸던 것을 돌려주는 일이 생기게 되면, 만방(萬邦)의 임금도 독부(獨夫)가 되고 백승(百乘)의 대부(大夫)도 고신(孤臣)이 되는 법인데, 더군다나 미천한 자의 경우야 더 말해 무엇 하겠는가.

맹자(孟子)가 말하기를 "오래도록 차용하고서 반환하지 않았으니, 그들이 자기의 소유가 아니라는 것을 어떻게 알았겠는가."라고 하였다. 내가 이 말을 접하고서 느껴지는 바가 있기에, 차마설을 지어서 그 뜻을 부연해 보노라.

ㅡ 이곡, 『차마설』

① 예화와 교훈의 2단으로 구성하였다.
② 주관적인 사실에 대한 보편적인 의견을 제시한다.
③ 자신의 견해를 먼저 제시하고, 그에 맞는 사례를 제시한다.
④ 유추의 방법을 통해 개인의 경험을 보편적 깨달음으로 일반화한다.

03 다음 글의 빈칸에 들어갈 내용으로 가장 적절한 것은?

> 미학은 자연, 인생, 예술에 담긴 아름다움의 현상이나 가치 그리고 체험 따위를 연구하는 학문으로, 미적 현상이 지닌 본질이나 법칙성을 명백히 밝히는 학문이다. 본래 미학은 플라톤에서 비롯되었지만, 오늘날처럼 미학이 독립된 학문으로 불린 것은 18세기 중엽 독일의 알렉산더 고틀리프 바움가르텐(Alexander Gottlieb Baumgarten)의 저서 『미학』에서 시작된다. 바움가르텐은 '미(美)'란 감성적 인식의 완전한 것으로, 감성적 인식의 학문은 미의 학문이라고 생각했다. 여기서 근대 미학의 방향이 개척되었다.
>
> 미학에 대한 연구는 심리학·사회학·철학 등 다양한 각도에서 시도할 수 있다. 또한 미적 사실을 어떻게 보느냐에 따라서 미학의 성향도 달라지며, _____ 예컨대 고전 미학은 영원히 변하지 않는 초감각적 존재로서의 미의 이념을 추구하고, 근대 미학은 감성적 인식 때문에 포착된 현상으로서 미적인 것을 대상으로 한다. 여기서 미적인 것은 우리들의 인식에 비치는 아름다움을 말한다.
>
> 미학을 연구하는 사람들은 이러한 미적 의식 및 예술의 관계를 해명하는 것을 주된 과제로 삼는다. 그들에게 가장 중요한 것은 '아름다움'을 성립시키는 주관적 원리로 미학은 우리에게 즐거움과 기쁨을 안겨주며, 인생을 충실하고 행복하게 해준다. 더 나아가 오늘날에는 이러한 미적 현상의 해명에 사회학적 방법을 적용하려는 '사회학적 미학'이나, 분석 철학의 언어 분석 방법을 미학에 적용하려고 하는 '분석미학' 등 다채로운 연구 분야가 개척되고 있다.

① 최근에는 미학의 새로운 분야를 개척하고 있다.

② 추구하는 이념과 대상도 시대에 따라 다르다.

③ 따라서 미학은 이분법적인 원리로 적용할 수 없다.

④ 다른 학문과 달리 미학의 경계는 모호하다.

04 다음 글의 주장에 대한 반박으로 가장 적절한 것은?

> 한국 사회의 행복 수준은 단순히 풍요의 역설로 설명할 수 없다. 행복에 대한 심리학적 연구에 따르면 타인과 비교하는 성향이 강한 사람일수록 행복감이 낮아지게 된다. 비교 성향이 강한 사람은 사회적 관계에서 자신보다 우월한 사람들을 준거집단으로 삼아 비교하기 쉽고 이로 인해 상대적 박탈감이 커질 수 있기 때문이다. 한국과 같은 경쟁 사회에서는 진학이나 구직 등에서 과열 경쟁이 벌어지고 등수에 의해 승자와 패자가 구분된다. 이 과정에서 비교 우위를 차지하지 못한 사람들은 좌절을 경험하기 쉬운데, 비교 성향이 강할수록 좌절감은 더 크다. 따라서 한국 사회의 행복감이 낮은 이유는 한국 사람들이 다른 사람들과 비교하는 성향이 매우 높은 데에서 찾을 수 있다.

① 한국보다 소득 수준이 높고 대학 입학을 위한 입시 경쟁이 매우 치열한 나라도 있다.
② 한국 사회는 인당 소득 수준이 비슷한 다른 나라와 비교했을 때 행복감의 수준이 상당히 낮다.
③ 준거집단을 자기보다 우월한 사람들로 삼지 않는 나라라 하더라도 행복감이 높지 않은 나라가 있다.
④ 자신보다 우월한 사람들을 준거집단으로 삼는 경향이 한국보다 강해도 행복감은 더 높은 나라가 있다.

05 다음 글의 내용과 일치하지 않는 것은?

> 생물 농약이란 농작물에 피해를 주는 병이나 해충, 잡초를 제거하기 위해 자연에 있는 생물로 만든 천연 농약을 뜻한다. 생물 농약을 개발한 것은 흙 속에 사는 병원균으로부터 식물을 보호할 목적에서였다. 뿌리를 공격하는 병원균은 땅속에 살고 있으므로 병원균을 제거하기에 어려움이 있었다. 게다가 화학 농약의 경우 그 성분이 토양에 달라붙어 제 기능을 발휘하지 못했기 때문에 식물 성장을 돕고 항균 작용을 할 수 있는 미생물에 주목하기 시작한 것이다.
>
> 식물 성장을 돕고 항균 작용을 하는 미생물 집단을 '근권미생물'이라 하는데, 여러 종류의 근권미생물 중 농약으로 쓰기에 가장 좋은 것은 뿌리에 잘 달라붙는 것들이다. 근권미생물의 입장에서 뿌리 주변은 사막의 오아시스와 비슷한 조건이다. 뿌리 주변은 뿌리에서 공급되는 양분과 안락한 서식 환경을 제공받지만, 뿌리 주변에서 멀리 떨어진 곳은 황량한 지역이어서 먹을 것을 찾기가 어렵기 때문이다. 따라서 뿌리 주변에서는 좋은 위치를 선점하기 위해 미생물 간에 치열한 싸움이 벌어진다. 얼마나 뿌리에 잘 정착하느냐가 생물 농약으로 사용되는 미생물을 결정하는 데 중요한 기준이 되는 셈이다.
>
> 생물 농약으로 쓰이는 미생물은 식물 성장을 돕는 성질을 포함한다. 미생물이 만든 항균 물질은 농작물의 뿌리에 침입하려는 곰팡이나 병원균의 성장을 억제하거나 죽게 한다. 그리고 병원균이나 곤충, 선충에 기생하는 종들을 사용한 생물 농약은 유해 병원균이나 해충을 직접 공격하기도 한다. 예를 들자면, 흰가루병은 채소 대부분에 생겨나는 곰팡이 때문에 발생하는데, 흰가루병을 일으키는 곰팡이의 영양분을 흡수해 죽이는 천적 곰팡이(Ampelomyces Quisqualis)를 이용한 생물 농약이 만들어졌다.

① '근권미생물'이란 식물의 성장에 도움을 주는 미생물이다.
② 화학 농약은 화학 성분이 토양에 달라붙어 제 기능을 발휘하지 못한다.
③ 뿌리에 얼마만큼 정착하는지의 여부가 미생물의 생물 농약 사용 기준이 된다.
④ 생물 농약으로 쓰이는 미생물들은 유해 병원균이나 해충을 직접 공격하지는 못한다.

06 다음 글의 빈칸에 들어갈 내용으로 가장 적절한 것은?

우리의 생각과 판단은 언어에 의해 결정되는가 아니면 경험에 의해 결정되는가? 언어결정론자들은 우리의 생각과 판단이 언어를 반영하고 있고 실제로 언어에 의해 결정된다고 주장한다. 언어결정론자들의 주장에 따르면 에스키모인들은 눈에 관한 다양한 언어 표현을 갖고 있어서 눈이 올 때 우리가 미처 파악하지 못한 미묘한 차이점들을 찾아낼 수 있다. 또 언어결정론자들은 '노랗다', '샛노랗다', '누르스름하다' 등 노랑에 대한 다양한 우리말 표현들이 있어서 노란색들의 미묘한 차이가 구분되고 그 덕분에 색에 관한 우리의 인지 능력이 다른 언어 사용자들보다 뛰어나다고 본다. 이렇듯 언어결정론자들은 사용하는 언어에 의해서 우리의 사고 능력이 결정된다고 본다.

정말 그럴까? 모든 색은 명도와 채도에 따라 구성된 스펙트럼 속에 놓이고, 각각의 색은 여러 언어로 표현될 수 있다. 이러한 사실에 비추어보면 우리말이 다른 언어에 비해 보다 풍부한 표현을 갖고 있다고 볼 수 없다. 나아가 _____ 따라서 우리의 생각과 판단은 언어가 아닌 경험에 의해 결정된다고 보는 쪽이 더 설득력이 있다.

① 어떤 것을 가리키는 단어가 있을 때에만 우리는 그 단어에 대하여 사고할 수 있다.

② 더 풍부한 표현을 가진 언어를 사용함에도 불구하고 인지능력이 뛰어나지 못한 경우들도 있다.

③ 경험이 언어에 미치는 영향과 경험이 언어에 미치는 영향을 계량화하여 비교하기는 곤란한 일이다.

④ 개개인의 언어습득능력과 속도는 모두 다르기 때문에 인지능력에 대한 언어의 영향도 제각기 다르다.

비만에 적신호가 켜졌다면 주변 소음에 주목하자. 스웨덴 카롤린스카 의과대학 연구진이 발표한 자료에 따르면 소음 공해와 비만은 밀접한 연관이 있다. 시끄러운 곳에 살수록 복부비만 위험도 높아진다는 것이다. 실제로 도시와 농촌 지역주민 5천여 명의 건강진단 자료와 교통소음 노출 자료를 비교 분석한 결과, 도로·철도·항공교통 등 소음에 노출된 경우 그렇지 않은 경우보다 허리둘레가 굵은 것으로 나타났다. 일반적인 도로 소음의 정상 수준을 45dB로 가정했을 때 5dB이 높아질수록 허리둘레는 약 2mm씩 증가했으며, 허리 – 엉덩이 비율(WHR; Waist– to – Hip Ratio)도 0.14 높아졌다. 또한 세 가지 교통소음 중 한 가지에 노출될 때 허리둘레가 늘어날 가능성은 평균 25%, 세 가지 모두에 노출되면 약 두 배까지 치솟았다. 특히 허리둘레는 여성과 연관성이 높고, WHR은 남성과 연관성이 두드러졌다. 이는 소음공해로 스트레스가 증가함으로써 코르티솔 분비가 촉진되기 때문으로 분석되는데 코르티솔은 근육에서 아미노산, 간에서 포도당, 지방조직에서 지방산을 추가로 혈액 안으로 분비시켜 스트레스로 소모된 에너지를 회복시키는 기능을 하지만 양이 지나치면 복부비만, 인슐린 작용 문제, 고지혈증, 고혈압 등을 유발한다.

체중계 숫자에 가슴이 철렁했다면 외형뿐만 아니라 속까지 찬찬히 들여다볼 필요가 있다. 지방이 늘어남에 따라 구강질환도 생겨나기 때문인데, 미국 케이스 웨스턴 리저브 대학교 연구팀은 비만과 치주질환의 연관관계를 발표했다. 비만의 원인이 되는 폭식은 음식 조절 호르몬인 렙틴에 문제를 야기시킨다. 렙틴의 분비가 줄면 식욕이 올라 과식하게 되고, 포만감을 잘 느끼지 못해 다시금 폭식을 유발하는 악순환이 이어진다. 빠른 시간에 많은 음식을 섭취하는 과정에서 강한 힘으로 음식을 씹게 되면 치아가 ㉮ 되고 치아 사이사이에 음식물이 끼기 쉬우며 잇몸 조직을 상하게 만든다. 또한 몸이 비대해져 무게중심이 무너질 경우 턱을 괴는 습관이 턱을 틀어지게 만들어 치열을 불규칙하게 ㉯ 시킬 수 있다. 비만으로 기도가 좁아지는 것도 문제다. 입을 통한 호흡이 늘어나면 세균으로 인한 충치, 치주질환, ㉰ 의 위험도 높아진다.

일본 도호쿠대학교 연구팀이 40 ~ 64세 남녀 3만 명의 키, 몸무게, 성격 검사를 분석한 결과 내성적이고 걱정이 많으며 예민한 사람일수록 체질량지수 18.5 이하 저체중일 가능성이 높은 것으로 나타났다. 반면 느긋하고 사람들과 어울리기 좋아하는 외향적인 성격의 사람은 체질량지수 25 이상의 과체중 확률이 1.73배 더 높았다. 이는 에너지 대사율과 관련성이 있다. 불안감을 느낄 경우 맥박이 빨라지고 체온이 상승함에 따라 대사작용도 빨라지는데, 이로써 몸에 축적되는 에너지양이 달라질 수 있기 때문이다.

07 다음 중 윗글에 대한 설명으로 옳지 않은 것은?

① 코르티솔의 과다 분비는 비만을 초래할 수 있다.

② 내성적인 성격이 비만의 원인 중 하나일 수 있다.

③ 렙틴의 분비량이 줄면 포만감이 줄어 비만을 유발한다.

④ 일반적으로 도로 소음이 정상 수준에서 40dB만큼 높아진다면, 허리둘레는 약 16mm 정도 늘어날 수 있다.

08 윗글의 ㉮ ~ ㉰에 들어갈 단어가 바르게 짝지어진 것은?

	㉮	㉯	㉰		㉮	㉯	㉰
①	변형	마모	구치	②	마모	손상	구치
③	마모	변형	구취	④	부패	변형	구취

임산부에게는 대중교통을 이용하는 것보다 승용차를 이용하는 것이 편리하고 안전한데요. 과연 임산부가 운전을 직접 하는 것은 안전할까요? 각별한 주의를 한다면 임산부의 운전은 출산 예정일 한두 달 전까지는 큰 문제가 없다고 합니다. 신체적으로 불편하고, 심적으로도 부담감이 큰 임산부를 위한 운전 시 주의사항을 알려드립니다.

'뱃속에 아기가 안전벨트의 압박 때문에 불편해하지는 않을까?'라는 생각을 하고 안전벨트를 착용하지 않는 것은 굉장히 위험한 생각이랍니다. 임신 중에도 의외로 편안하고 안정적으로 안전벨트를 착용할 수 있습니다. 어깨로 내려오는 벨트가 어깨를 지나 불룩해진 배를 피해 왼쪽으로 위치하게 매고, 아랫배를 가로지르는 벨트는 나온 배의 가장 아래쪽 부분인 허벅지 위쪽으로 착용하면 된답니다. 임산부의 몸속에 있는 뼈와 근육, 조직, 양수 등이 태아에게 쿠션 역할을 하기 때문에 차량 승차 시 태아를 보호하는 가장 좋은 방법은 산모를 보호하는 것입니다. 즉, 임산부가 안전벨트를 매 자신을 보호해야 한다는 것입니다.

임신 32주가 넘으면 부른 배로 인해 핸들의 조작이 어려워지며, 무거워진 몸으로 인해 운전석에 앉는 것조차 힘들 수 있습니다. 따라서 가급적 임신 8개월 이상이 된 산모는 운전을 삼가는 것이 안전합니다.

익숙하지 않은 길을 갈 때는 긴장감이 높아져 스트레스를 많이 느끼게 되는데요. 이러한 임산부의 불안감은 태아에게 그대로 전해져 좋지 않은 영향을 주게 됩니다. 따라서 초행길 운전을 해야 한다면 동행자에게 운전을 맡기는 것이 스트레스와 긴장감을 덜 수 있습니다. 또한 지역별 보건소에서 발급하는 임산부 차량 스티커를 발급받아 차에 부착한다면 뒤에서 경적을 울리며 재촉하는 차량에게도 배려를 기대할 수 있습니다.

임신 중에는 임신호르몬의 영향으로 인해 쉽게 피로감을 느끼고, 반사 신경도 둔해져 갑작스러운 상황에 대한 대처 능력도 크게 떨어집니다. 따라서 입덧이 심하거나, 수면이 부족한 상태와 같이 컨디션이 좋지 않다고 판단되는 날에 운전을 하는 것은 위험합니다. 운전을 할 경우에는 최대 2시간을 넘기지 않는 것이 좋습니다. 차량 내부는 환기가 잘 되지 않아 어지럼증이 생길 수도 있으며, 오랜 시간 같은 자세를 유지하다보면 배가 당기거나 허리 통증이 발생할 수도 있습니다. 따라서 최대 운전시간은 2시간을 넘기지 말고, 운전 후에는 반드시 충분한 휴식을 취해주는 것이 좋습니다.

임산부의 운전 시 주의해야 할 사항들을 알아보았는데요. 임산부와 동행하는 운전자라면 조수석보다는 뒷좌석에게 넓게 앉기, 넓은 공간에 주차하기와 같은 행동으로 산모를 배려해주시면 좋을 것 같습니다.

09 P씨는 글을 마무리하기 전, 유의사항을 간단하게 요약하여 글의 서두에 부각시키고자 한다. 이때 요약한 내용으로 적절하지 않은 것은?

① 안전벨트는 반드시 착용　　　　② 최대 40주까지 운전 가능
③ 긴장감과 스트레스 최소화　　　④ 최대 2시간 운전, 충분한 휴식

10 다음 중 임산부 C씨가 윗글을 보고 이해한 내용으로 적절하지 않은 것은?

① 임신 중에 안전벨트를 매면 불편할 줄 알았는데, 배를 피해서 매면 괜찮을 것 같아.
② 초행길을 운전하게 될 때는 남편에게 운전을 부탁하는 것이 좋겠어.
③ 임산부 차량 스티커를 받아 차 뒤에 붙여놓으면 배려를 받을 수 있겠다.
④ 외부 공기가 나쁠 경우 어지럼증이 생길 수도 있으니, 창문을 닫고 운전해야겠다.

채권은 사업에 필요한 자금을 조달하기 위해 발행하는 유가 증권으로 국채나 회사채 등 발행 주체에 따라 그 종류가 다양하다. 채권의 액면금액, 액면이자율, 만기일 등의 지급 조건은 채권 발행 시 정해지며 채권 소유자는 매입 후에 정기적으로 이자액을 받고, 만기일에는 마지막 이자액과 액면금액을 지급 받는다. 이때 이자액은 액면이자율을 액면 가액에 곱한 것으로 대개 연 단위로 지급된다. 채권은 만기일 전에 거래되기도 하는데, 이때 채권 가격은 현재가치, 만기, 지급 불능 위험 등 여러 요인에 따라 결정된다.

채권 투자자는 정기적으로 받게 될 이자액과 액면금액을 각각 현재 시점에서 평가한 값들의 합계인 채권의 현재가치 에서 채권의 매입가격을 뺀 순수익의 크기를 따진다. 채권 보유로 미래에 받을 수 있는 금액을 현재가치로 환산하여 평가할 때는 금리를 반영한다. 가령 금리가 연 10%이고, 내년에 지급받게 될 금액이 110원이라면 110원의 현재가 치는 100원이다. 즉 금리는 현재가치에 반대 방향으로 영향을 준다. _____ 금리가 상승하면 채권의 현재가치가 하락하게 되고 이에 따라 채권의 가격도 하락하게 되는 결과로 이어진다. 이처럼 수시로 변동되는 시중 금리는 현재 가치의 평가 구조상 채권 가격의 변동에 영향을 주는 요인이 된다.

채권의 매입 시점부터 만기일까지의 기간인 만기도 채권의 가격에 영향을 준다. 일반적으로 다른 지급 조건이 동일 하다면 만기가 긴 채권일수록 가격은 금리 변화에 더 민감하므로 가격 변동의 위험이 크다. 채권은 발행된 이후에는 만기가 짧아지므로 만기일이 다가올수록 채권 가격은 금리 변화에 덜 민감해진다. 따라서 투자자들은 만기가 긴 채 권일수록 높은 순수익을 기대하므로 액면이자율이 더 높은 채권을 선호한다.

또 액면금액과 이자액을 약정된 일자에 지급할 수 없는 지급 불능 위험도 채권 가격에 영향을 준다. 예를 들어 채권 을 발행한 기업의 경영 환경이 악화될 경우, 그 기업은 지급 능력이 떨어질 수 있다. 이런 채권에 투자하는 사람들은 위험을 감수해야 하므로 이에 대한 보상을 요구하게 되고, 이에 따라 채권 가격은 상대적으로 낮게 형성된다.

한편 채권은 서로 대체가 가능한 금융 자산의 하나이기 때문에 다른 자산 시장의 상황에 따라 가격에 영향을 받기도 한다. 가령 주식 시장이 호황이어서 주식 투자를 통한 수익이 커지면 상대적으로 채권에 대한 수요가 줄어 채권 가격 이 하락할 수도 있다.

11 다음 중 채권 가격이 높아지는 조건으로 적절하지 않은 것은?

① 시중금리가 낮아진다.

② 주식 시장이 불황을 겪는다.

③ 주식 투자를 통한 수익이 작아진다.

④ 채권을 발행한 기업의 경영 환경이 악화된다.

12 다음 중 밑줄 친 빈칸에 들어갈 접속 부사로 가장 적절한 것은?

① 따라서   ② 하지만

③ 또한   ④ 게다가

파리협정의 발효에 따라 새롭게 출범하게 될 신기후체제는 다음 표에 비교된 바와 같이 이전의 기후변화협약과는 규모와 온실가스 감축목표의 설정 및 실행방식 모두에서 판이한 특징을 보이며 그에 따른 영향 역시 확대될 수밖에 없을 것으로 예상하고 있다. 우선 1997년 COP3에서 채택되어 2005년부터 공식적으로 발효된 교토의정서는 선진국 (37개국)에만 온실가스 감축의무를 부과하였다. 그러나 미국은 처음부터 협약참여를 거부한 데 이어 러시아, 일본 및 캐나다 등이 잇따라 탈퇴하였고 온실가스 최대배출국인 중국과 인도 등 개도국에는 애초에 감축의무가 부과되지 않으면서 사실상 실효성에 대한 의문이 계속 제기되어왔다. 그러나 이번에 발효된 파리협정은 장기목표로 산업화 이전(1850년 ~ 1900년) 대비 지구 평균기온상승을 2℃보다 상당히 낮은 수준으로 유지키로 하고, 1.5℃ 이하로 제한하기 위한 노력을 추구하기로 합의하였고 197개 당사국 모두에 감축목표 준수의무가 부과됨에 따라 전 세계 온실가스 배출량의 90% 이상을 커버하고 있다. 물론 감축목표 유형은 국가별로 다른 방식을 채택하고 있는데, 이는 차별적인 책임원칙에 따라 선진국은 절대량 방식을 유지하여야 하지만 개도국은 자국여건을 감안해 배출전망치 대비 방식을 선택할 수 있도록 했기 때문이다. 이에 온실가스 감축목표의 효과적인 달성을 위해 UN 기후변화협약 중심의 시장 이외에 당사국 간의 자발적인 협력도 인정하는 등 다양한 형태의 국제 탄소시장 메커니즘 설립에 합의했다.

〈기후변화협약과 온실가스 감축체제 비교(교토의정서 vs 신기후체제)〉

구분	교토의정서(1997, COP3)	신기후체제(2015, COP21)
당사국	선진국 등 Annex I 국가 (37개국 감축의무, 개도국은 의무면제)	개도국 포함 대부분 국가 (197개국 참여, 배출비중 90% 이상)
감축목표	1990년 대비 배출량 총량감축 (1기 5.2%, 2기 18%)	산업화 이전 대비 지구 평균온도 상승제한 (2℃ 이내, 1.5℃까지 제한노력 합의)
실행방식	하향식 의무할당 및 페널티(교토 메커니즘)	상향식 자발적 감축목표(시장 메커니즘 도입)
시행시기	1기 2008 ~ 2012년 / 2기 2013 ~ 2020년 (2005년 발효, 요건충족까지 8년 소요)	2021년 이후, 5년마다 목표상향 / 보고 의무화 (2016.11.4 발효)
잠정평가	미국 불참, 러시아·일본·캐나다 등 탈퇴 (2기 전 세계 배출량의 14%에 불과)	INDC에 대한 국제법상 구속력은 제외 (185개국 제출 INDC 기준 3.5℃ 상승)

13 다음 중 밑줄 친 단어의 설명으로 적절하지 않은 것은?

① 출범하다 : 단체가 새로 조직되어 일을 시작하다.
② 판이하다 : 비교 대상의 성질이나 모양, 상태 따위가 아주 다르다.
③ 부과하다 : 세금이나 부담금 따위를 매기어 부담하게 하다.
④ 제기되다 : 의견이나 문제가 내어놓아지다.

14 다음 중 글과 자료를 보고 이해한 내용으로 옳지 않은 것은?

① 신기후체제는 자발적 감축을 목표로 한다.

② 신기후체제는 국가별로 다른 방식의 감축목표 유형을 채택하고 있다.

③ 미국과 일본이 교토의정서 불참을 선언하면서 중국과 인도도 탈퇴하였다.

④ 1기 교토의정서에서 감축의무가 있던 나라들은 평균 5.2%의 온실가스를 감축해야 했다.

15 다음 글을 통해 알 수 있는 내용으로 적절하지 않은 것은?

인간의 사유는 특정한 기준을 바탕으로 다른 것과의 차이를 인식하는 것이라 할 수 있다. 이때의 기준을 이루는 근간(根幹)은 당연히 현실 세계의 경험과 인식이다. 하지만 인간은 현실적 경험으로 인식되지 않는 대상을 사유하기도 하는데, 그중 하나가 신화적 사유이며, 이는 상상력의 산물이다.

상상력은 통념(通念)상 현실과 대립되는 위치에 속한다. 또한, 현대 문명에서 상상력은 과학적 · 합리적 사고와 반대되는 사유 체계로 간주되기도 한다. 그러나 신화적 사유를 떠받치고 있는 상상력은 '현실적 – 비현실적', '논리적 – 비논리적', '합리적 – 비합리적' 등과 같은 단순한 양항 체계 속으로 환원될 수 없다.

초기 인류학에서는 근대 문명과 대비시켜 신화적 사유를 미개한 존재들의 미숙한 단계의 사고로 간주(看做)했었다. 이러한 입장을 대표하는 레비브륄에 따르면 미개인은 논리 이전의 사고방식과 비현실적 감각을 가진 존재이다. 그러나 신화 연구에 적지 않은 영향을 끼쳤고 오늘날에도 여전히 유효한 레비스트로스의 논의에 따르면 미개인과 문명인의 사고방식은 사물을 분류하는 방식과 주된 관심 영역 등이 다를 뿐, 어느 것이 더 합리적이거나 논리적이라고 할 수는 없다. 또한, 그것은 세계를 이해하는 두 가지의 서로 다른 방식 혹은 태도일 뿐이다. 신화적 사유를 비롯한 이른바 미개인의 사고방식을 가리키는 레비스트로스가 말하는 '야생의 사고'는, 이러한 사고방식이 근대인 혹은 문명인 못지않게 질서와 체계에 민감하고 그 나름의 현실적, 논리적, 합리적 기반을 갖추고 있음을 함축하고 있는 개념이다.

레비스트로스의 '야생의 사고'는 신화시대와 신화적 사유를 근대적 문명에 입각한 발전론적 시각이 아닌 상대주의적 시각으로 바라보았다는 점에서 의미가 크다. 그러나 그가 신화 자체의 사유 방식이나 특성을 특정 시대의 것으로 한정(限定)하는 오류를 범하고 있다는 점에 유의해야 한다. 과거 신화시대에 생겨난 신화적 사유는, 신화가 재현되고 재생되는 한 여전히 시간과 공간을 뛰어넘어 현재화되고 있기 때문이다.

이상에서 보듯이 신화적 사유는 현실적 · 경험적 차원의 '진실'이나 '비진실'로 구분될 수 없다. 신화는 허구적이거나 진실한 것 모두를 '재료'로 사용할 수 있으며, 이러한 재료들은 신화적 사유 고유의 규칙과 체계에 따라 배열된다. 그러므로 신화 텍스트에서 이러한 재료들의 구성 원리를 밝히는 것은 그 신화에 반영된 신화적 사유 체계를 밝히는 것이라 할 수 있다. 또한, 이는 신화를 공유하고 전승(傳承)해 왔던 집단의 원형적 사유 체계에 접근하는 작업이라고도 할 수 있다.

① 신화는 그 고유의 규칙과 체계를 갖고 있다.

② 신화적 사유는 상상력의 산물이라 할 수 있다.

③ 신화적 사유는 특정 시대의 사유 특성에 한정된다.

④ 신화적 상상력은 상상력에 대한 통념적 인식과 차이가 있다.

01 화물 출발지와 도착지 간 거리가 A기업은 100km, B기업은 200km이며, 운송량은 A기업 5톤, B기업 1톤이다. 국내 운송 시 수단별 요금체계가 다음과 같을 때, A기업과 B기업의 운송비용에 대한 설명으로 옳은 것은?(단, 다른 조건은 같다)

구분		화물자동차	철도	연안해송
운임	기본운임	200,000원	150,000원	100,000원
	추가운임	1,000원	900원	800원
부대비용		100원	300원	500원

※ 추가운임 및 부대비용은 거리(km)와 무게(톤)를 곱하여 산정함

① A, B기업 모두 철도운송이 저렴하다.
② A, B기업 모두 화물자동차 운송이 저렴하다.
③ A기업은 모든 수단의 비용이 같고, B기업은 연안해송이 저렴하다.
④ A기업은 화물자동차가 저렴하고, B기업은 모든 수단 비용이 같다.

02 다음은 2023년 연령대별 골다공증 진료 현황에 대한 자료이다. 이에 대한 설명으로 옳지 않은 것은?

〈연령대별 골다공증 진료 현황〉

(단위 : 천 명)

구분	전체	20대 이하	30대	40대	50대	60대	70대	80대 이상
남성	388	2	2	8	90	100	122	64
여성	492	1	5	26	103	164	133	60
합계	880	3	7	34	193	264	255	124

① 전체 골다공증 진료 인원 중 골다공증 진료 인원이 가장 많은 연령대는 60대로, 그 비율은 30%이다.
② 골다공증 발병이 진료로 이어진다면 여성의 발병률이 남성보다 높다.
③ 전체 골다공증 진료 인원 중 40대 이하가 차지하는 비율은 5%이다.
④ 골다공증 진료율이 가장 높은 연령대는 남성과 여성이 같다.

03 다음은 세계 주요 터널 화재 사고 A ~ F에 대한 자료이다. 이에 대한 설명으로 옳은 것은?

〈세계 주요 터널 화재 사고 통계〉

사고	터널 길이(km)	화재 규모(MW)	복구 비용(억 원)	복구 기간(개월)	사망자(명)
A	50.5	350	4,200	6	1
B	11.6	40	3,276	36	39
C	6.4	120	72	3	12
D	16.9	150	312	2	11
E	0.2	100	570	10	192
F	1.0	20	18	8	0

① 터널 길이가 길수록 사망자가 많다.
② 화재 규모가 클수록 복구 기간이 길다.
③ 사고 A를 제외하면 복구 기간이 길수록 복구 비용이 크다.
④ 사망자가 30명 이상인 사고를 제외하면 화재 규모가 클수록 복구 비용이 크다.

04 다음은 청소년의 경제의식에 대한 설문조사 결과를 정리한 자료이다. 이에 대한 설명으로 옳은 것은?

〈경제의식에 대한 설문조사 결과〉

(단위 : %)

설문 내용	구분	전체	성별		학교별	
			남	여	중학교	고등학교
용돈을 받는지 여부	예	84.2	82.9	85.4	87.6	80.8
	아니요	15.8	17.1	14.6	12.4	19.2
월간 용돈 금액	5만 원 미만	75.2	73.9	76.5	89.4	60
	5만 원 이상	24.8	26.1	23.5	10.6	40
금전출납부 기록 여부	기록한다.	30	22.8	35.8	31	27.5
	기록 안 한다.	70	77.2	64.2	69.0	72.5

① 금전출납부는 기록하는 비율이 기록 안 하는 비율보다 높다.
② 용돈을 받는 남학생의 비율이 용돈을 받는 여학생의 비율보다 높다.
③ 월간 용돈을 5만 원 미만으로 받는 비율은 중학생이 고등학생보다 높다.
④ 고등학생 전체 인원을 100명이라 한다면, 월간 용돈을 5만 원 이상 받는 학생은 40명이다.

05 다음 자료는 4대강 BOD 농도를 나타낸 그래프이다. 이에 대한 설명으로 옳지 않은 것은?

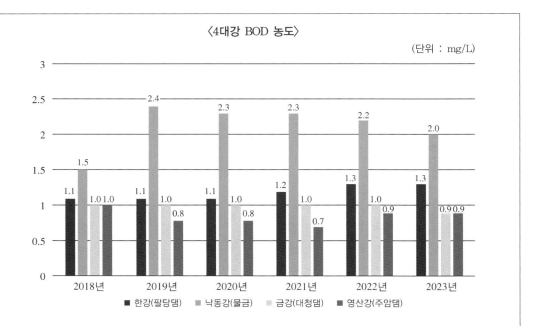

〈4대강 BOD 농도〉

(단위 : mg/L)

※ 생물학적 산소요구량(BOD)은 물속의 미생물이 유기물을 분해·안정화하는 데 필요한 산소의 양으로, 유기물질에 의한 오염 정도를 나타냄(수치가 클수록 오염이 심함)
※ BOD 1mg/L 이하인 경우 수질등급 : '매우 좋음'으로 용존산소가 풍부하고, 오염물질이 없는 청정상태의 생태계로 간단한 정수처리 후 생활용수로 사용할 수 있음
※ BOD 2mg/L 이하인 경우 수질등급 : '좋음'으로 용존산소가 많은 편이며, 오염물질이 거의 없는 청정상태에 근접한 생태계로 볼 수 있음
※ BOD 3mg/L 이하인 경우 수질등급 : '약간 좋음'으로 약간의 오염물질은 있으나, 용존산소가 많은 상태의 다소 좋은 생태계로 일반적 정수처리 후 생활용수 또는 수영용수로 사용할 수 있는 경우를 말함

① 대청댐은 '매우 좋음'의 수질등급을 유지하고 있다.
② 2019년 이후 팔당댐을 제외한 3대강은 전년도에 비해 BOD가 줄거나 같았다.
③ 물속의 미생물이 유기물을 분해·안정화하는 데 필요한 산소의 양이 가장 많이 필요했던 곳은 2019년 낙동강이었다.
④ 가장 적게 오염이 된 곳은 영산강이다.

※ 다음은 특수취급우편물 연도별 이용량에 대한 자료이다. 이어지는 질문에 답하시오. **[6~7]**

〈특수취급우편물 연도별 이용량〉

(단위 : 건)

구분		2020년	2021년	2022년	2023년
보험취급	통화	23	14	15	11
	물품	22	20	26	24
	유가증권	536	512	448	413
내용증명	소계	7,138	6,912	6,920	7,234
배달증명	통상	2,383	1,926	1,607	1,799
	소포	12	17	16	13
선거우편	소계	–	–	4,256	3,186
대금교환	소포	5	4	8	4
국내특급	통상	94,950	93,153	91,214	86,309
	소포	415	383	410	410
특별송달	소계	16,973	13,144	10,678	7,772
민원우편	소계	282	300	275	257
모사전송우편	소계	2,995	2,694	2,382	2,100

06 다음 중 2022년 대비 2023년에 이용건수의 증감량이 세 번째로 큰 우편물 종은?

① 통상 배달증명
② 선거우편
③ 통상 국내특급
④ 특별송달

07 다음 중 자료에 대한 〈보기〉의 설명 중 옳지 않은 것을 모두 고르면?

─〈보기〉─

ㄱ. 내용증명과 대금교환의 2021년부터 2023년까지 전년 대비 증감 추이는 동일하다.
ㄴ. 2020년 통상 국내특급과 특별송달 이용건수의 합은 12만 건을 넘는다.
ㄷ. 2020년 대비 2023년에 이용건수가 감소한 우편물 종은 6가지이다.
ㄹ. 2023년 전체 특수취급우편물 이용건수는 10만 건을 초과한다.

① ㄱ, ㄴ, ㄷ
② ㄱ, ㄴ, ㄹ
③ ㄱ, ㄷ, ㄹ
④ ㄴ, ㄷ, ㄹ

※ 다음은 대국민 SNS 이용여부에 대한 조사결과이다. 이어지는 질문에 답하시오. **[8~9]**

〈대국민 SNS 이용여부 조사결과〉

(단위 : %)

구분		2022년		2023년	
		예	아니요	예	아니요
전체	소계	82.7	17.3	78.8	21.2
성별	남성	82.0	18.0	79.5	20.5
	여성	83.5	16.5	78.0	22.0
연령	12 ~ 19세	87.0	13.0	93.6	6.4
	20대	91.2	8.8	96.4	3.6
	30대	86.9	13.1	90.4	9.6
	40대	80.8	19.2	78.0	22.0
	50대	70.9	29.1	65.5	34.5
	60대	–	–	43.9	56.1
학력	초 / 중학생	79.4	20.6	82.2	17.8
	고등학생	88.9	11.1	96.1	3.9
	대학(원)생	91.6	8.4	96.0	4.0
	고졸 이하	75.9	24.1	62.5	37.5
	대졸 이상	85.0	15.0	87.2	12.8
직업	전문 / 관리직	80.6	19.4	78.9	21.1
	사무직	87.5	12.5	91.2	8.8
	서비스 / 판매직	78.0	22.0	76.3	23.7
	생산관련직	74.0	26.0	60.7	39.3
	무직 / 기타	86.0	14.0	80.0	20.0
가구 소득	200만원 미만	70.9	29.1	49.3	50.7
	200 ~ 300만 원 미만	80.5	19.5	68.5	31.5
	300 ~ 400만 원 미만	83.6	16.4	78.5	21.5
	400 ~ 500만 원 미만	84.4	15.6	84.3	15.7
	500만 원 이상	86.0	14.0	84.4	15.6

08 다음 중 자료에 대한 〈보기〉의 설명 중 옳지 않은 것을 모두 고르면?

─────〈보기〉─────

ㄱ. 2022년에 SNS를 이용한다고 응답한 남성의 비율과 2023년에 SNS를 이용하지 않는다고 응답한 여성의 비율의 차이는 50%p 이상이다.

ㄴ. SNS를 이용한다고 응답한 50대의 비율은 2023년에 전년 대비 증가하였다.

ㄷ. SNS를 이용한다고 응답한 고등학생의 비율은 2022년과 2023년 모두 90%를 넘는다.

ㄹ. 2022년과 2023년 모두 가구소득이 높을수록 SNS를 이용한다고 응답한 비율이 높다.

① ㄱ, ㄴ   ② ㄱ, ㄷ

③ ㄴ, ㄷ   ④ ㄴ, ㄹ

09 다음 중 SNS를 이용한다고 응답한 비율의 2022년과 2023년의 차가 가장 큰 직업은?

① 전문 / 관리직   ② 사무직

③ 서비스 / 판매직   ④ 생산관련직

〈업종별 광고 관련 사업체 수, 종사자수 및 평균 광고비〉

구분	사업체 수(개)	구성비(%)	평균 종사자 수(명)	평균 광고비(만 원)
전체	413	100	5	4,207
A	3	0.7	7	1,250
식품	36	8.7	6	4,695
음료 및 기호식품	11	2.7	4	15,868
제약 및 의료	20	4.8	4	5,122
화장품 및 보건용품	18	4.4	6	8,418
출판	22	5.3	5	894
B	18	4.4	4	2,820
산업기기	3	0.7	4	7,000
정밀기기 및 사무기기	3	0.7	3	201
가정용전기전자	11	2.7	3	4,871
컴퓨터 및 정보통신	3	0.7	7	2,633
C	6	1.5	6	59,470
D	11	2.7	3	784
화학공업	10	2.4	6	2,064
건설 및 부동산	31	7.5	3	1,795
유통	33	8	3	774
금융, 보험 및 증권	34	8.2	4	6,985
E	70	17	4	753
관공서 및 단체	39	9.4	6	402
교육 및 복지후생	31	7.5	3	424

〈조건〉

- 광고 관련 사업체 수가 가장 많은 두 업종은 서비스업과 관공서 및 단체이다.
- 패션업과 서비스업은 평균 종사자 수가 같다.
- 업종별 평균 광고비는 기초재가 패션의 40% 이상이다.
- 가정용품업의 광고 관련 평균 종사자수는 패션업의 광고 관련 평균 종사자 수보다 적다.
- 수송기기업의 광고 관련 사업체 수는 기초재업의 광고 관련 사업체 수의 2배이다.
- A ~ E는 서비스, 수송기기, 기초재, 패션, 가정용품 사업 중 하나이다.

10 다음 중 〈조건〉에 따라 A와 C에 해당하는 업종을 바르게 나열한 것은?

	A	C
①	기초재	패션
②	기초재	수송기기
③	패션	서비스
④	가정용품	수송기기

11 다음 중 유통업계의 광고 관련 총 종사자 수 대비 패션업계의 광고 관련 총 종사자 수의 비율로 옳은 것은?
(단, 비율은 소수점 둘째 자리에서 반올림한다)

① 61.2% ② 65.8%

③ 72.7% ④ 79.1%

※ 다음은 어느 산부인과의 연도별 출산한 산모 수 및 그 해 출산한 산모의 태아유형 비율을 나타낸 자료이다. 이어지는 질문에 답하시오. **[12~13]**

〈연도별 출산한 산모 수 및 태아유형 비율〉

구분		2019년	2020년	2021년	2022년	2023년
출산 산모 수		882명	898명	1,020명	1,108명	1,174명
단태아 산모 비율		62%	68%	71%	64%	65%
다태아 산모 비율	쌍둥이	27%	26%	17%	22%	19%
	삼둥이	11%	6%	12%	14%	16%

※ 모두 정상적인 분만을 했으며, 자료에 제시된 것 외의 다태아 유형은 없음

12 단태아 산모 수가 가장 많은 연도는 몇 년도인가?(단, 소수점은 버린다)

① 2020년 ② 2021년
③ 2022년 ④ 2023년

13 2021년에 출생한 태아 수는 총 몇 명인가?(단, 소수점은 버린다)

① 972명 ② 1,019명
③ 1,248명 ④ 1,436명

※ 다음은 P시 가구의 형광등을 LED 전구로 교체할 경우 기대효과를 분석한 자료이다. 이어지는 질문에 답하시오.
[14~15]

<LED 전구로 교체 시 기대효과>

P시의 가구 수 (세대)	적용 비율 (%)	가구당 교체 개수(개)	필요한 LED 전구 수(천 개)	교체 비용 (백만 원)	연간 절감 전력량(만 kWh)	연간 절감 전기 요금(백만 원)
600,000	30	3	540	16,200	3,942	3,942
		4	720	21,600	5,256	5,256
		5	900	27,000	6,570	6,570
	50	3	900	27,000	6,570	6,570
		4	1,200	36,000	8,760	8,760
		5	1,500	45,000	10,950	10,950
	80	3	1,440	43,200	10,512	10,512
		4	1,920	56,600	14,016	14,016
		5	2,400	72,000	17,520	17,520

※ (1kWh당 전기요금)=(연간 절감 전기요금)÷(연간 절감 전력량)

14 다음 자료에 대한 〈보기〉의 설명 중 옳은 것을 모두 고르면?

─〈보기〉─
ㄱ. P시 가구의 50%가 형광등 3개를 LED 전구로 교체한다면 교체 비용은 270억 원이 소요된다.
ㄴ. P시 가구의 30%가 형광등 5개를 LED 전구로 교체한다면 연간 절감 전기요금은 50% 가구의 형광등 3개를 LED 전구로 교체한 것과 동일하다.
ㄷ. P시에 적용된 전기요금은 1kWh당 100원이다.
ㄹ. P시의 모든 가구가 형광등 5개를 LED 전구로 교체하려면 LED 전구 240만 개가 필요하다.

① ㄱ, ㄴ
② ㄴ, ㄷ
③ ㄷ, ㄹ
④ ㄱ, ㄴ, ㄷ

15 P시 가구의 80%가 형광등 5개를 LED 전구로 교체할 때와 50%가 형광등 5개를 LED 전구로 교체할 때의 3년 후 절감액의 차는?

① 18,910백만 원
② 19,420백만 원
③ 19,710백만 원
④ 19,850백만 원

01 김사원은 할인 행사 중인 문구사에서 20,000원의 구입예산을 집행하려고 한다. 다음 중 효용의 합이 가장 높은 사무용품의 조합으로 옳은 것은?

<사무용품 품목별 가격 및 효용>

구분	결재판	스테이플러	볼펜 세트	멀티탭	A4용지(박스)
가격	5,000	1,200	2,500	8,200	5,500
효용	40	20	35	70	50

<사무용품 할인 행사 내용>

할인 조건	할인 내용
결재판 3개 이상 구매	결재판 1개 추가 증정
스테이플러 4개 이상 구매	멀티탭 1개 추가 증정
볼펜 세트 3개 이상 구매	볼펜 세트 1개 추가 증정
총 상품가격 18,000원 초과	총 결제금액에서 10% 할인

※ 각 할인은 서로 다른 할인 조건에 대하여 중복 적용이 가능함

① 결재판 2개, 볼펜 세트 1개, 멀티탭 1개
② 스테이플러 6개, 볼펜 세트 2개, A4용지 2박스
③ 결재판 3개, 스테이플러 1개, 볼펜 세트 1개, A4용지 1박스
④ 결재판 1개, 스테이플러 2개, 볼펜 세트 4개

02 다음은 지점 간 경로와 거리를 나타낸 행렬이다. S지점에서 F지점까지의 최단 거리는 몇 km인가?

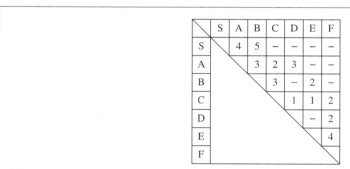

	S	A	B	C	D	E	F
S		4	5	–	–	–	–
A			3	2	3	–	–
B				3	–	2	–
C					1	1	2
D						–	2
E							4
F							

[예] A지점에서 C지점 사이에 2km의 경로가 존재하고, 숫자가 없는 성분은 경로가 존재하지 않음

① 5km   ② 6km
③ 7km   ④ 8km

03 한국은 뉴욕보다 16시간 빠르고, 런던은 한국보다 8시간 느릴 때, 다음 중 비행기가 현지에 도착할 때의 시간으로 각각 옳은 것은?

구분	한국 출발 일자	한국 출발시간	비행시간	현지 도착시간
뉴욕행 비행기	6월 6일	22:20	13시간 40분	㉠
런던행 비행기	6월 13일	18:15	12시간 15분	㉡

	㉠	㉡
①	6월 6일 09시	6월 13일 09시 30분
②	6월 6일 20시	6월 13일 22시 30분
③	6월 7일 09시	6월 14일 09시 30분
④	6월 7일 13시	6월 14일 15시 30분

04 P건설은 〈조건〉에 따라 자재를 구매하고자 한다. (가)안과 (나)안의 비용 차이는 얼마인가?

〈P건설 자재구매 계획안〉

구분	(가)안		(나)안	
	3분기	4분기	3분기	4분기
분기별 소요량	30개	50개	30개	50개
분기별 구매량	40개	40개	60개	20개
자재구매단가	7,000원/개	10,000원/개	7,000원/개	10,000원/개

〈조건〉

• 3 ~ 4분기 동안 80개의 자재를 구매한다.
• 자재의 분기당 재고관리비는 개당 1,000원이다.
• 자재는 묶음 단위로만 구매할 수 있고, 한 묶음은 20개이다.

① 1만 원
② 2만 원
③ 3만 원
④ 4만 원

※ P사는 직원들의 복지를 개선하고자 체육관 개선 공사를 계획하고 있다. 다음은 체육관 개선 공사 입찰에 참여한 A～E업체를 입찰 기준에 따라 분야별로 10점 척도로 점수화한 자료이다. 이어지는 질문에 답하시오.
[5~6]

〈입찰업체의 분야별 점수〉

(단위 : 점)

입찰업체 \ 입찰기준	운영건전성 점수	환경친화자재 점수	시공실적 점수	디자인 점수	공간효율성 점수
A	6	7	3	4	7
B	7	3	9	8	5
C	5	9	6	1	3
D	8	2	8	2	9
E	9	6	5	8	5

〈입찰업체별 입찰가격〉

입찰업체	입찰가격(억 원)
A	5
B	11
C	7
D	6
E	9

05 P사는 다음 선정 방식에 따라 체육관 개선 공사 업체를 선정하고자 할 때, 최종 선정될 업체는?

- 입찰가격이 9억 원 이하인 업체를 선정 대상으로 한다.
- 운영건전성 점수와 시공실적 점수, 공간효율성 점수에 1 : 2 : 2의 가중치를 적용하여 합산한 값이 가장 높은 3개 업체를 중간 선정한다.
- 중간 선정된 업체들 중 디자인 점수가 가장 높은 곳을 최종 선정한다.

① A
② C
③ D
④ E

06 P사가 내부 판단에 따라 환경친화자재 점수도 포함하여 공정하게 업체를 선정하고자 한다. 다음 변경된 선정 방식에 따라 최종 선정될 업체는?

- 입찰가격이 11억 원 미만인 업체를 선정대상으로 한다.
- 운영건전성 점수, 환경친화자재 점수, 시공실적 점수, 디자인 점수의 가중치를 2 : 1 : 3 : 1로 하여 점수를 합산한다.
- 가중치를 적용한 시공실적 점수가 16점 미만인 업체는 선정에서 제외한다.
- 합산한 점수가 가장 높은 2개 업체를 중간 선정한다.
- 중간 선정된 업체들 중 운영건정성 점수가 더 높은 곳을 최종 선정한다.

① A
② B
③ C
④ D

육아휴직급여를 담당하는 인사부 P사원은 최근 신청 인원 명단을 받아 휴직 기간 동안 지급될 급여를 계산해 보고해야 한다. 육아휴직급여 지원이 다음과 같을 때 세 사람이 받을 수 있는 급여액을 모두 합한 것은?

〈육아휴직급여〉

근로자가 만 8세 이하 또는 초등학교 2학년 이하의 자녀를 양육하기 위하여 남녀고용평등과 일 · 가정 양립 지원에 관한 법률 제19조에 의한 육아휴직을 30일 이상 부여받은 경우 지급되는 급여입니다.

■ 해당조건 및 혜택
  • 육아휴직 기간 : 1년 이내
  • 육아휴직 첫 3개월 동안은 월 통상임금의 100분의 80(상한액 : 월 150만 원, 하한액 : 월 70만 원), 나머지 기간에 대해서는 월 통상임금의 100분의 40(상한액 : 월 100만 원, 하한액 : 월 50만 원)을 지급한다.
  • 아빠의 달 : 동일한 자녀에 대하여 부모가 순차적으로 휴직할 경우 두 번째 사용자의 첫 3개월 급여는 통상임금의 100%(최대 150만 원, 둘째 아이에 대해서는 200만 원)을 지원한다.

〈신청 인원〉

구분	성별	자녀	통상임금	육아휴직기간	비고
A씨	여	6살(첫째)	220만 원	8개월	–
B씨	남	3살(둘째)	300만 원	1년	아빠의 달, 두 번째 사용자
C씨	남	8살(첫째)	90만 원	6개월	–

① 2,580만 원
② 2,739만 원
③ 2,756만 원
④ 2,912만 원

※ 다음은 P사에서 F/W시즌에 론칭할 예정인 겨울 방한 의류별 특성을 정리한 제품 특성표이다. 이어지는 질문에 답하시오. **[8~9]**

<제품 특성표>

구분	가격	브랜드가치	무게	디자인	실용성
A	★★★☆☆	★★★★★	★★★★☆	★★☆☆☆	★★★☆☆
B	★★★★★	★★★★☆	★★★★☆	★★★☆☆	★★☆☆☆
C	★★★☆☆	★★★☆☆	★★★☆☆	★★★★☆	★★★☆☆
D	★★★★☆	★★★★★	★★☆☆☆	★★★☆☆	★★★☆☆

★★★★★ : 매우좋음 / ★★★★☆ : 좋음 / ★★★☆☆ : 보통 / ★★☆☆☆ : 나쁨 / ★☆☆☆☆ : 매우나쁨

08 시장조사 결과 50대 고객은 브랜드가치가 높고, 무게가 가벼우며, 실용성이 높은 방한 의류를 선호한다고 한다. 제품 특성표를 참고하여 50대 고객을 대상으로 방한 의류를 판매한다면, 어떤 제품이 가장 합리적인가?

① A제품　　　　　　　　　　② B제품
③ C제품　　　　　　　　　　④ D제품

09 다음은 연령별 소비자선호 특성을 나타낸 자료이다. 20대와 30대 고객에게 그들의 선호 특성에 맞게 방한 의류를 판매하려면, 어떤 제품이 가장 합리적인가?

<연령별 소비자 선호도>

구분	선호 특성
20대	가격, 디자인
30대	무게, 실용성
40대	브랜드가치, 실용성

① A제품　　　　　　　　　　② B제품
③ C제품　　　　　　　　　　④ D제품

※ 다음은 사회통합프로그램을 소개하는 글이다. 이어지는 질문에 답하시오. **[10~11]**

〈사회통합프로그램 소개〉

Ⅰ. 과정 및 이수시간(2024년 4월 현재)

구분	0단계	1단계	2단계	3단계	4단계	5단계
과정	한국어와 한국문화					한국사회의 이해
	기초	초급1	초급2	중급1	중급2	
이수시간	15시간	100시간	100시간	100시간	100시간	50시간
사전평가	구술 3점 미만 (필기점수 무관)	총점 3 ~ 20점	총점 21 ~ 40점	총점 41 ~ 60점	총점 61 ~ 80점	총점 81 ~ 100점

Ⅱ. 사전평가

1. 평가 대상 : 사회통합프로그램 참여 신청자는 모두 응시해야 함
2. 평가 내용 : 한국어능력 등 기본소양 정도
3. 평가 장소 : 관할 출입국에서 지정하는 별도 장소
4. 평가 방법 : 필기시험 및 구술시험(총 50문항, 100점)
    가. 필기시험(45문항, 90점)
        − 문항 수는 총 45문항(객관식 43문항, 단답형 주관식 2문항)
        − 시험시간은 총 50분
        − 답안지는 OMR카드를 사용함
    나. 구술시험(5문항, 10점)
        − 문항 수는 총 5문항으로 읽기, 이해하기, 대화하기, 듣고 말하기 등으로 구성
        − 시험시간은 총 10분

※ 사전평가일로부터 6개월 이내에 교육에 참여하지 않은 경우 해당 평가는 무효가 되며, 다시 사전 평가에 응시하여 단계배정을 다시 받아야만 교육 참여가능 → 이 경우에는 재시험 기회가 추가로 부여되지 않음(평가 결과에 불만이 있더라도 재시험을 신청할 수 없음)

※ 사회통합프로그램의 '0단계(한국어와 한국문화 기초)'부터 참여하기를 희망하는 경우에 한해 사전평가를 면제받을 수 있습니다. 사전평가를 면제받고자 할 경우에는 사회통합프로그램 참여신청 화면의 '사전평가 응시여부'에 '아니요'를 체크하셔야 합니다.

Ⅲ. 참여 시 참고사항

1. 참여 도중 출산, 치료, 가사 등 불가피한 사유로 30일 이상 계속 참여가 불가능할 경우 참여자는 사유발생일로부터 15일 이내에 사회통합정보망(마이페이지)을 통해 이수정지 신청을 해야 함 → 이 경우 사유 종료 후 과거 이수사항 및 이수시간이 계속 승계되어 해당 과정에 참여할 수 있으며, 이수정지 후 2년 이상 재등록하지 않을 경우 직권제적 대상이 되므로, 계속 참여 의사가 있는 경우에는 2년 이내에 재등록해야 함
2. 참여 도중 30일 이상 무단으로 결석할 경우 제적 조치하고, 이 경우에는 해당단계에서 이미 이수한 사항은 모두 무효 처리함

10 다음 중 2024년 4월에 같은 강의를 듣는 사람을 〈보기〉에서 골라 바르게 짝지은 것은?

〈보기〉

㉠ 사전평가에서 구술 10점, 필기 30점을 받은 A씨

㉡ 사전평가에서 구술 2점, 필기 40점을 받은 B씨

㉢ 1년 전 초급1 과정을 30시간 들은 후 이수정지 신청했다가 재등록한 C씨

㉣ 사전평가에 응시하지 않겠다고 의사를 표시한 후 참여를 신청한 D씨

① ㉠, ㉡   ② ㉠, ㉢

③ ㉡, ㉢   ④ ㉡, ㉣

11 P사원은 온라인 상담 게시판에 올라와 있는 한 고객의 상담 문의를 읽었다. 문의 내용에 따라 고객이 다음 단계에 이수해야 할 과정과 이수 시간을 바르게 나열한 것은?

고객 상담 게시판	
[1:1 상담요청] 제목 : 이수과목 관련 문의드립니다.	2024-04-01
안녕하세요. 2022년 10월에 한국어와 한국문화 초급2 과정을 수료한 후, 중급1 과정 30시간을 듣다가 출산 때문에 이수정지 신청을 했었습니다. 다음 달부터 다시 프로그램에 참여하고자 하는데, 어떤 과정을 몇 시간 더 들어야 하나요? 답변 부탁드립니다.	

　　　과정　　　이수시간

① 　기초　　　　15시간

② 　초급2　　　　70시간

③ 　초급2　　　 100시간

④ 　중급1　　　　70시간

※ 다음은 P전자의 품목별 부품보유기간·내용연수 및 보상 규정과 보증기간, 분쟁해결기준과 관련된 내규사항을 정리한 자료이다. 이어지는 질문에 답하시오. **[12~13]**

〈품목별 부품보유기간·내용연수 및 보상 규정〉

품목	부품보유기간	내용연수	보유기간 내 부품 없을 시 보상 규정
에어컨·보일러·전자레인지·정수기	7년	7년	(잔존가치액)+(구입가의 5% 가산)
전기압력밥솥·가스레인지		7년	
TV·냉장고	6년	6년	
세탁기		5년	
오븐	6년	6년	
로봇청소기	7년	7년	
휴대전화	3년	3년	
전기면도기·헤어드라이어	4년	4년	
자동차	8년	8년	(잔존가치액)+(잔존가치액의 10% 가산)

〈분쟁해결기준〉

가. 부품보유기간 이내에 수리용 부품을 보유하고 있지 않아 발생한 피해
　　㉠ 품질보증기간 이내
　　　　– 정상 사용 중 성능·기능상의 하자로 인해 발생한 경우 : 제품 교환 또는 구입가 환급
　　　　– 소비자의 고의·과실로 인한 고장인 경우 : 유상수리에 해당하는 금액 징수 후 제품 교환
　　㉡ 품질보증기간 경과 후 잔존가치액에 구입가의 5%를 가산하여 환급
　　　　(감가상각한 잔여 금액<0이면, 0으로 계산)
나. 품질보증기간 이내에 동일하자에 대해 2회까지 수리하였으나 하자가 재발하는 경우 또는 여러 부위 하자에 대해 4회까지 수리하였으나 하자가 재발하는 경우는 수리 불가능한 것으로 본다.
다. 구입 후 1개월 이내에 정상적인 사용상태에서 발생한 성능·기능상의 하자로 중요한 수리를 요할 때에는 제품 교환 또는 무상수리를 한다.

〈제품별 보증기간〉

구분	보증기간	종류
일반제품	1년	휴대전화, TV, 냉장고, 세탁기, 청소기, 주방기기, 가습기, PC, 모니터, 프린터 등
계절성 제품	2년	에어컨, 선풍기, 난방기, 히터 등

※ (잔존가치액)=(구매가)-(감가상각비)
※ (감가상각비)=(사용연수)÷(내용연수)×(구입가)

12 P전자서비스 고객센터에 근무하는 귀하는 한 고객으로부터 문의 전화를 받았다. 귀하가 응대할 대답으로 옳지 않은 것은?

> 고객 : 안녕하세요. 부품 교환, 수리 관련해서 문의하려고 연락드렸습니다. 아이가 놀다가 오븐에 있는 타이머 레버를 부숴서 오븐 작동이 안 됩니다. 그리고 로봇청소기도 고장이 나서 작동이 안 되는데 교환이나 수리가 가능한지 궁금해요. 또 에어컨은 구입한 지 1개월도 안 되었는데, 작동해보니 차가운 바람이 나오지 않습니다. 로봇청소기는 1년 2개월 사용하였고, 오븐은 4년 2개월 사용하였습니다.

<P전자 창고 상황>
- 오븐 : 부품 생산 중단 (재고 – 0개)
- 로봇청소기 : 부품보유 (재고 – 99개)
- 에어컨 : 부품보유 (재고 – 78개)

① 오븐은 50개월을 사용하셨기 때문에 당사의 부품보유기간에 해당합니다.
② 에어컨은 구입한 지 1개월 이내에 발생한 성능·기능상의 하자이기 때문에 제품 교환 또는 무상수리를 받으실 수 있습니다.
③ 오븐 타이머 레버는 소비자의 과실로 인한 고장이므로, 유상수리에 해당하는 금액 징수 후 제품 교환을 해드리겠습니다.
④ 오븐의 부품보유기간은 6년이지만 부품 생산이 중단되었으므로 수리가 어렵습니다.

13 위 고객과의 통화를 마친 귀하는 전산오류로 인해 로봇청소기 부품 재고가 없다는 것을 확인한 후 고객에게 다시 서비스 안내를 하려고 한다. 로봇청소기의 정가가 240만 원일 때, 고객에게 안내해야 할 보상 금액은 얼마인가?

① 200만 원
② 212만 원
③ 224만 원
④ 236만 원

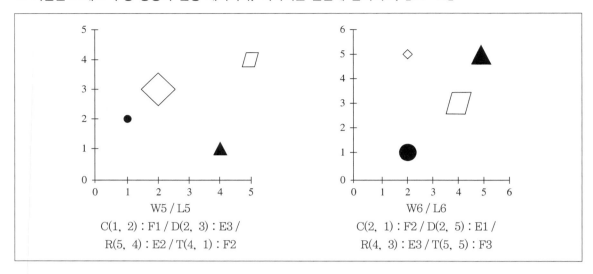

14 다음 그래프를 산출하기 위한 명령어는 무엇인가?

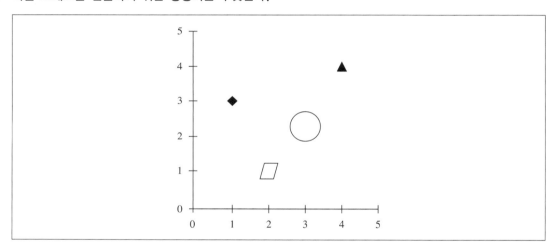

① W5 / L5

   C(3, 2) : E3 / D(1, 3) : F1 / R(2, 1) : E2 / T(4, 4) : F1

② W5 / L5

   C(3, 2) : E3 / D(1, 3) : E1 / R(1, 2) : E2 / T(4, 4) : F1

③ W5 / L5

   C(3, 2) : E3 / D(1, 3) : F1 / R(2, 1) : E2 / T(4, 4) : E1

④ W5 / L5

   C(3, 2) : E3 / D(1, 3) : E1 / R(1, 2) : E2 / T(4, 4) : E1

15 W6 / L4 C(3, 1) : F2 / D(3, 4) : F1 / R(5, 4) : E2 / T(2, 2) : E3의 그래프를 산출할 때, 오류가 발생하여
다음과 같은 그래프가 산출되었다. 다음 중 오류가 발생한 값은?

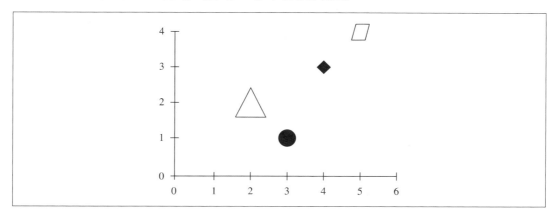

① W6 / L4

② C(3, 1) : F2

③ D(4, 3) : F1

④ R(5, 4) : E2

※ 다음은 체스 게임에서 사용하는 기물의 행마법이다. 이어지는 질문에 답하시오. [1~2]

- 다음은 체스의 나이트(♘), 비숍(♗), 룩(♖), 퀸(♕)의 행마법이다.
- 나이트(♘)는 직선으로 2칸 이동 후 양 옆으로 1칸 이동하며, 다른 기물을 뛰어 넘을 수 있다.
- 비숍(♗)은 대각선으로, 룩(♖)은 직선으로, 퀸(♕)은 대각선과 직선 모두 끝까지 이동할 수 있으며, 다른 기물은 뛰어 넘을 수 없다.

| 〈나이트〉 | 〈비숍〉 | 〈룩〉 | 〈퀸〉 |

01 다음 중 백색 나이트(♘)가 흑색 킹(♚)을 잡으려면 최소한 몇 번 움직여야 하는가?(단, 움직일 기물을 제외한 다른 기물은 움직이지 않는다)

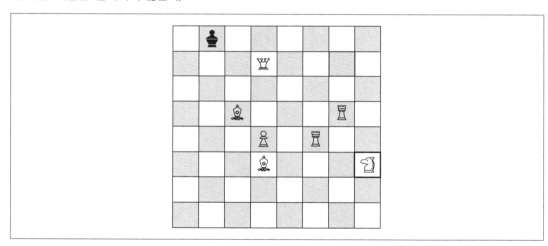

① 3번   ② 4번
③ 5번   ④ 6번

02 다음 중 백색 룩(♖)이 8번 움직일 수 있을 때, 잡을 수 있는 흑색 기물의 최대 개수는?(단, 흑색 기물은 움직이지 않는다)

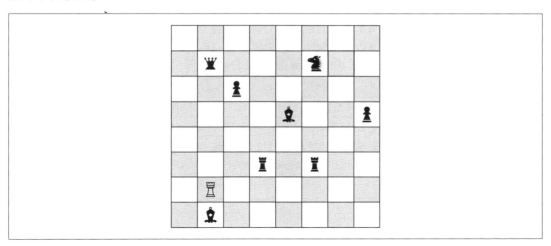

① 5개　　　　　　　　　　　　② 6개

③ 7개　　　　　　　　　　　　④ 8개

03 다음 규칙을 바탕으로 A에서 B까지 길을 이으려고 할 때, 눌러야 할 버튼의 순서를 바르게 나열한 것은?

- ⇨는 A에서 B까지 이어지는 길의 입구와 출구이다.
- 서로 떨어져 있지 않은 $4 \times 4 = 16$개의 칸을 1개의 타일로 가정하고, 길은 회색으로 표시한다.
- 타일 사이 떨어져 있는 부분은 맞닿아 있는 양쪽 칸이 모두 길인 경우 이어진 것으로 가정한다.
- 각 타일은 다음 작동 버튼에 따라 위치와 모양이 바뀐다.

작동 버튼	기능
○	홀수 번째 타일을 시계 방향으로 90° 회전한다(타일의 순서는 왼쪽 위부터 가로로 센다).
●	짝수 번째 타일을 시계 반대 방향으로 90° 회전한다(타일의 순서는 왼쪽 위부터 가로로 센다).
▼	모든 타일을 1개씩 아래로 이동한다(가장 아래쪽의 타일은 가장 위쪽으로 이동).
□	가운데 타일(5번째 타일)을 시계 방향으로 90° 회전한다.

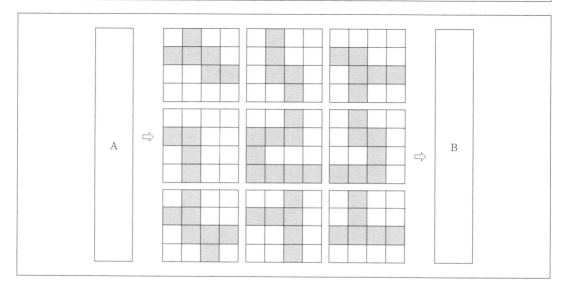

① ●○▼

② □○▼

③ ●○□

④ ○▼●

※ 다음 규칙을 바탕으로 이어지는 질문에 답하시오. [4~5]

작동 버튼	기능
△	☆모양은 ○모양으로, ◇모양은 □모양으로 바뀐다(색은 변화가 없다).
▲	□모양은 ○모양으로, ○모양은 ◇모양으로 바뀐다(색은 변화가 없다).
▽	◎모양은 ☆으로 바뀐다(색은 변화가 없다).
▼	도형의 색이 모두 반대로 바뀐다(흰색 → 검은색, 검은색 → 흰색).

04 〈보기〉의 왼쪽 상태에서 작동 버튼을 두 번 눌렀더니, 오른쪽과 같은 결과가 나타났다. 다음 중 작동 버튼의 순서를 바르게 나열한 것은?

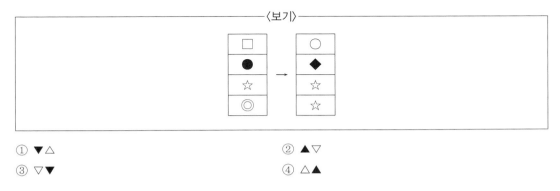

① ▼△   ② ▲▽

③ ▽▼   ④ △▲

05 〈보기〉의 왼쪽 상태에서 작동 버튼을 두 번 눌렀더니, 오른쪽과 같은 결과가 나타났다. 다음 중 작동 버튼의 순서를 바르게 나열한 것은?

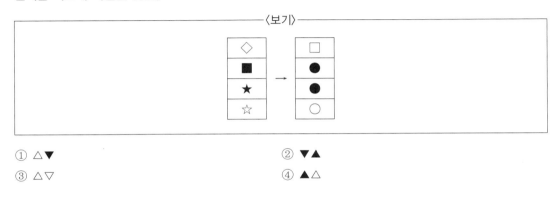

① △▼   ② ▼▲

③ △▽   ④ ▲△

06 다음 규칙을 바탕으로 좌표 $(-4, -1)$ 위치에 놓인 흰색 바둑돌을 작동 단추를 눌러 움직인 결과, 겹쳐지는 검은색 바둑돌이 나머지와 다른 것은?(단, 중심이 다르면 겹쳐지지 않은 것이다)

작동 단추	기능
← / → / ↑ / ↓	좌표평면 위에 있는 흰색 바둑돌을 왼쪽 /오른쪽 / 위 / 아래로 한 칸 이동한다.
⊙	좌표평면 위에 있는 흰색 바둑돌의 x, y좌표를 바꾼다. $(a, b) \rightarrow (b, a)$
↶	좌표평면 위에 있는 흰색 바둑돌을 원점을 중심으로 반시계 방향으로 90° 회전한다. $(a, b) \rightarrow (-b, a)$
↷	좌표평면 위에 있는 흰색 바둑돌을 원점을 중심으로 시계 방향으로 90° 회전한다. $(a, b) \rightarrow (b, -a)$

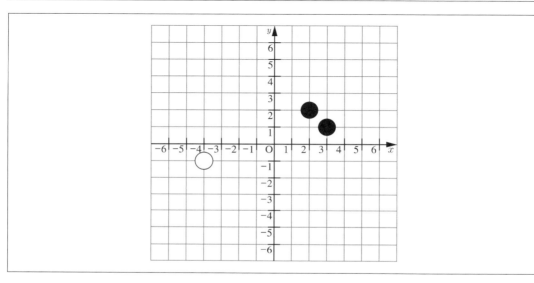

① → ⊙ ↶ ⊙ → ⊙ ↑

② ↑ ⊙ ↶ ← ↑ ↑

③ ↶ ⊙ ↷ ↓ ↓ ⊙ ↑

④ ⊙ → → ↶ ↑ ← ←

07 다음 규칙을 바탕으로 좌표 위에 흰색 바둑돌과 검은색 바둑돌이 놓여 있을 때, 〈조건〉과 같은 순서대로 작동 단추를 누른 후 남아 있는 모든 바둑돌의 개수는?

작동 단추	기능
◑	좌표평면 위에 있는 검은색 원을 왼쪽으로 한 칸, 흰색 원을 오른쪽으로 한 칸 움직인다.
◐	좌표평면 위에 있는 흰색 원을 왼쪽으로 한 칸, 검은 원을 오른쪽으로 한 칸 움직인다.
⊖	좌표평면 위에 있는 흰색 원을 위쪽으로 한 칸, 검은색 원을 아래쪽으로 한 칸 움직인다.
⊕	좌표평면 위에 있는 검은색 원을 위쪽으로 한 칸, 흰색 원을 아래쪽으로 한 칸 움직인다.
◇(◆)	좌표평면 위에 있는 흰색(검은색) 원을 원점을 중심으로 반시계 방향으로 90° 회전한다. $(a,\ b) \rightarrow (-b,\ a)$
① / ② / ③ / ④	중심이 제 1 / 2 / 3 / 4사분면에 있는 모든 원을 제거한다.

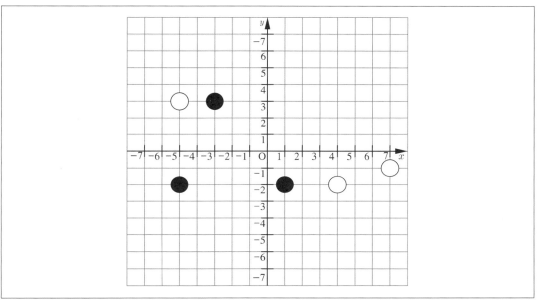

〈조건〉

① 2개   ② 3개

③ 4개   ④ 5개

08 키패드의 버튼을 누르면 숫자의 배열이 규칙에 따라 달라진다. 다음과 같이 버튼을 눌렀을 때 달라지는 숫자의 배열로 옳은 것은?(단, 제시된 숫자의 배열은 한 자릿수 수들의 배열이다)

〈키패드〉

〈키패드 버튼별 규칙〉

버튼	규칙	버튼	규칙	버튼	규칙
1	가장 왼쪽의 숫자 2개를 그대로 가장 오른쪽으로 이동	2	모든 숫자를 1씩 더하기 (9의 경우 1로 변환)	3	가장 오른쪽의 숫자 2개를 그대로 가장 왼쪽으로 이동
4	3의 배수 자리에 있는 숫자를 왼쪽 끝으로 이동	5	모든 숫자를 순서대로 정렬	6	2의 배수 자리에 있는 숫자를 오른쪽 끝으로 이동
7	홀수 자리에 위치한 숫자를 오름차순 정렬	8	모든 숫자를 1씩 빼기 (1의 경우 9로 변환)	9	짝수 자리에 위치한 숫자를 내림차순 정렬
*	가운데 숫자의 옆의 숫자를 각각 양 끝으로 이동	0	모든 숫자를 역순으로 정렬	#	양 끝에 있는 숫자를 가운데 숫자 옆으로 이동

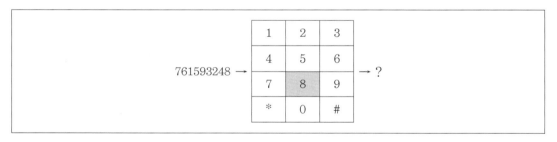

761593248 → ?

① 651234987   ② 659482137
③ 689574123   ④ 652314789

※ 다음 도형 또는 내부의 기호들은 일정한 패턴을 가지고 변화한다. ?에 들어갈 도형으로 알맞은 것을 고르시오.
[9~10]

09

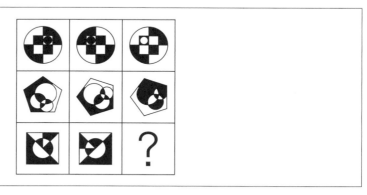

10

11

1 2 ( ) 11 20 34 57 94 154 251 408 662

① 4 ② 5
③ 6 ④ 8

12

5 1 2 3 9 4 8 ( ) 6

① 2 ② 7
③ 10 ④ 11

13

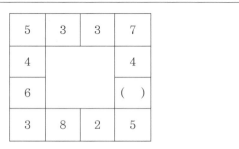

① 2 ② 4
③ 8 ④ 16

14 A ~ E 5명은 P시에서 개최하는 마라톤에 참가하였다. 제시된 내용이 모두 참일 때, 다음 중 항상 참이 아닌 것은?

- A는 B와 C보다 앞서 달리고 있다.
- D는 A보다 뒤에 달리고 있지만, B보다는 앞서 달리고 있다.
- C는 D보다 뒤에 달리고 있지만, B보다는 앞서 달리고 있다.
- E는 C보다 뒤에 달리고 있지만, 5명 중 꼴찌는 아니다.

① 현재 1등은 A이다.
② 현재 꼴찌는 B이다.
③ E는 C와 B 사이에서 달리고 있다.
④ 현재 순위에 변동 없이 결승점까지 달린다면 C가 4등을 할 것이다.

15 다음 A ~ C 3명은 물건을 훔친 용의자들이다. 용의자들 중 2명이 진실을 말하고 있다면, 거짓말을 한 사람과 범인을 각각 바르게 연결한 것은?

A : 난 거짓말하지 않는다. 난 범인이 아니다.
B : 난 진실을 말한다. 범인은 A이다.
C : B는 거짓말을 하고 있다. 범인은 B다.

	거짓말을 한 사람	범인
①	A	A
②	B	A
③	B	B
④	C	B

5권

포스코그룹
적성검사
정답 및 해설

도서 동형 모의고사 무료쿠폰

ASSW-00000-0AD1D (4회분 수록)

[쿠폰 사용 안내]

1. 합격시대 홈페이지(https://www.sdedu.co.kr/pass_sidae_new/)에 접속합니다.
2. 홈페이지 상단 '쿠폰 입력하고 모의고사 받자'를 클릭합니다.
3. 회원가입 후 홈페이지 우측의 [이벤트]를 클릭합니다.
4. 쿠폰번호를 등록합니다.
5. 내강의실 > 모의고사 > 합격시대 모의고사 클릭 후 응시합니다.

※ 본 쿠폰은 등록 후 30일간 이용 가능합니다.
※ iOS / macOS 운영체제에서는 서비스되지 않습니다.

온라인 모의고사 무료쿠폰

ASSV-00000-A0842 (2회분 수록)

[쿠폰 사용 안내]

1. 합격시대 홈페이지(https://www.sdedu.co.kr/pass_sidae_new/)에 접속합니다.
2. 홈페이지 상단 '1회 무료 이용권' 배너를 클릭합니다.
3. 쿠폰번호를 등록합니다.
4. 내강의실 > 모의고사 > 합격시대 모의고사 클릭 후 응시합니다.

※ 본 쿠폰은 등록 후 30일간 이용 가능합니다.
※ iOS / macOS 운영체제에서는 서비스되지 않습니다.

시대
에듀

끝까지 책임진다! 시대에듀!

QR코드를 통해 도서 출간 이후 발견된 오류나 개정법령, 변경된 시험 정보, 최신기출문제, 도서 업데이트 자료 등이 있는지 확인해 보세요! **시대에듀 합격 스마트 앱**을 통해서도 알려 드리고 있으니 구글 플레이나 앱 스토어에서 다운받아 사용하세요. 또한, 파본 도서인 경우에는 구입하신 곳에서 교환해 드립니다.

제 1 영역 언어이해

01	02	03	04	05	06	07	08	09	10
③	②	②	②	②	③	④	③	④	①
11	12	13	14	15					
②	④	②	①	④					

01
정답 ③

제시문 내용의 중심 제재는 정혜사 약수를 덮고 있는 보호각에 쓰인 '불유각'이라는 현판의 글이다. 따라서 글의 제목으로 ③이 가장 적절하다.

오답분석

② 약수를 덮고 있는 보호각 자체보다는 거기에 쓰인 글귀에 더 관심을 두고 글을 쓰고 있다.

02
정답 ②

제시문에서 '당분 과다로 뇌의 화학적 균형이 무너져 정신에 장애가 왔다고 주장'한 것과, '정제한 당의 섭취를 원천적으로 차단'한 실험 결과를 토대로 추론하면 빈칸에 들어갈 내용은 ② '과다한 정제당 섭취가 반사회적 행동을 유발할 수 있다.'로 귀결된다.

03
정답 ②

르네상스 이후 서구인의 야만인 담론은 이전과는 달리 현실적 구체성을 띠고 있지만 전통적인 야만인관에 의해 각색되는 것은 여전하다. 따라서 ②는 적절하지 않다.

04
정답 ②

제시문은 P회사가 국내 최대 규모의 은퇴연구소를 개소했고, 은퇴 이후 안정된 노후 준비를 돕고 다양한 정보를 제공하는 소통의 채널로 이용하며 은퇴 이후의 생활이 취약한 우리의 인식 변화를 위해 노력할 것이라는 내용의 글이다. 따라서 (다) P회사가 국내 최대 규모의 은퇴연구소를 개소 – (가) 은퇴연구소는 체계화된 팀을 구성 – (나) 일반인들의 안정된 노후 준비를 돕고, 다양한 정보를 제공할 것 – (라) 선진국에 비해 취약한 우리의 인식을 변화하기 위한 노력 순으로 나열하는 것이 가장 적절하다.

05
정답 ②

제시된 문단은 신탁 원리의 탄생 배경인 12세기 영국의 상황에 대해 이야기하고 있다. 따라서 이어지는 단락은 (가) 신탁 제도의 형성과 위탁자, 수익자, 수탁자의 관계 등장 – (다) 불안정한 지위의 수익자 – (나) 적극적인 권리 행사가 허용되지 않는 연금 제도에 기반한 신탁 원리 – (라) 연금 운용 권리를 현저히 약화시키는 신탁 원리와 그 대신 부여된 수탁자 책임의 문제점 순으로 나열하는 것이 가장 적절하다.

06
정답 ③

제시문은 황사의 정의와 위험성, 그리고 대응책에 대하여 설명하고 있는 글이다. 따라서 황사를 단순한 모래바람으로 치부할 수는 없다.'는 문단 뒤에는 (다) 중국의 전역을 거쳐 대기 물질을 모두 흡수하고 한국으로 넘어오는 황사 – (나) 매연과 화학물질 등 유해 물질이 포함된 황사 – (가) 황사의 장점과 방지의 강조 – (라) 황사의 개인적·국가적 대응책의 순으로 나열하는 것이 가장 적절하다.

07
정답 ④

마지막 문단에 따르면 '라이헨바흐는 자연이 일양적일 수도 있고 그렇지 않을 수도 있음을 전제'하며, '자연이 일양적인지 그렇지 않은지 알 수 없는 상황에서는 귀납을 사용하는 것이 옳은 선택'이라고 한다. 그러나 ④와 같이 귀납이 현실적으로 옳은 추론 방법임을 밝히기 위해 자연의 일양성이 선험적 지식임을 증명하고 있는 것은 아니다. 따라서 ④는 적절하지 않다.

오답분석

① 라이헨바흐는 '어떤 방법도 체계적으로 미래 예측에 계속해서 성공할 수 없다는 논리적 판단을 통해 귀납은 최소한 다른 방법보다 나쁘지 않은 추론'이라고 확언한다. 하지만 이것은 귀납의 논리적 허점을 현실적 차원에서 해소하려는 것이며, 논리적 허점을 완전히 극복한 것은 아니라는 점에서 비판의 여지가 있다.

② 라이헨바흐는 '귀납의 정당화 문제로부터 과학의 방법인 귀납을 옹호하기 위해 현실적 구제책을 제시'한다. 이것은 귀납이 과학의 방법으로 사용될 수 있음을 지지하려는 것이다.

③ 라이헨바흐는 '자연이 일양적일 경우 우리의 경험에 따라 귀납이 점성술이나 예언 등의 다른 방법보다 성공적인 방법'이라고 판단하며, '자연이 일양적이지 않다면 어떤 방법도 체계적으로 미래 예측에 계속해서 성공할 수 없다는 논리적 판단을 통해 귀납은 최소한 다른 방법보다 나쁘지 않은 추론이라고 확언'한다. 따라서 라이헨바흐가 귀납과 다른 방법을 비교하기 위해 경험적 판단과 논리적 판단을 활용했음을 알 수 있다.

08   정답 ③

제시문은 윤리적 상대주의가 참이라는 결론을 내리기 위한 논증이다. 어떤 행위에 대한 문화 간의 지속적인 시비 논란(윤리적 판단)은 사람들의 윤리적 기준 차이에 의하여 한 문화 안에서 시대마다 다르기도 하고, 동일한 문화와 시대 안에서도 다를 수 있다. 그러므로 올바른 윤리적 기준은 그것을 적용하는 사람에 따라 상대적이고 그러므로 윤리적 상대주의가 참이라는 논증이다. 따라서 이 논증의 반박은 '절대적 기준에 의한 보편적 윤리 판단은 존재한다.'가 되어야 한다. 그러나 ③은 '윤리적 판단이 항상 서로 다른 것은 아니다.'라는 내용으로, 이 글에서도 윤리적 판단이 '~ 다르기도 하다.', '다른 윤리적 판단을 하는 경우를 볼 수 있다.'고 했지 '항상 다르다.'고는 하지 않으므로 적절하지 않다.

09   정답 ④

미세먼지 마스크는 정전기를 띠고 있는 특수섬유로 이루어져 있어 대부분의 미세먼지를 잡을 수 있지만, 이러한 구조 때문에 재활용을 할 수 없다는 단점이 있다. 따라서 P사원이 동료 직원들에게 조언할 말로 ④는 적절하지 않다.

10   정답 ①

㉠ 앞에서 '미세먼지 전용 마스크는 특수섬유로 구성되어 대부분의 미세먼지를 잡을 수 있다.'는 말을 하고 있고, ㉠ 뒤에서는 '미세먼지 마스크는 이런 구조 탓에 재활용이 불가능하다.'는 말을 하고 있으므로 서로 상반되는 내용을 이어주는 접속 부사 '하지만'이 가장 적절하다.

11   정답 ②

㉠ 앞의 '예술 작품이 계속 전해지기만 한다면, 그것은 끊임없이 새로운 참조체계를 통해 변화하며 새로운 의미를 부여받게 된다. 근본적으로 예술 작품의 의미는 무궁하다.'라는 문장을 통해 ㉠은 셰익스피어 작품의 의미가 준거 틀, 즉 참조 체계가 달라짐에 따라 변화한다는 의미임을 짐작해 볼 수 있다. 따라서 문맥적 의미를 가장 적절하게 이해한 것은 ②이다.

12   정답 ④

'감상자가 예술 작품과 만나는 역사적 순간의 참조체계는 과거와는 다른 새로운 관계를 만들어 내며, 이러한 새로운 관계에 의거해 감상자는 예술 작품으로부터 새로운 의미를 생산해 낸다.'는 내용을 통해 텍스트는 끊임없이 새로운 감상자를 찾으며, 새로운 감상자로부터 새로운 참조체계를 획득하고, 끊임없이 새로운 관계를 형성하며 새로운 의미를 생산함을 알 수 있다. 따라서 ⓐ ~ ⓓ에 들어갈 내용으로 ④가 가장 적절하다.

13   정답 ②

제시문은 매실이 가진 다양한 효능을 설명하고 있으므로 이것을 아우를 수 있는 제목으로 ②가 가장 적절하다.

오답분석
① 매실청을 집에서 담그는 법은 나와있지 않다.
③ 장수 비법과 제철 과일의 효과는 나와있지 않다.
④ 매실이 초록색이기는 하지만 본문에서 매실의 색과 관련된 효능은 언급하지 않았으므로 적절하지 않다.

14   정답 ①

구연산은 섭취한 음식을 에너지로 바꾸는 대사 작용을 돕고, 근육에 쌓인 젖산을 분해하여 피로를 풀어주며 칼슘의 흡수를 촉진하는 역할을 한다. 숙취 해소에 도움이 되는 성분은 피루브산이므로 ①은 적절하지 않다.

15   정답 ④

매실이 시력 강화에 도움이 된다는 내용은 본문에 나와 있지 않으므로 ④는 적절하지 않다.

오답분석
① 매실을 조청으로 만들어 먹으면 갱년기 장애 극복에 도움을 주며 중년의 불쾌한 증세에 빠른 효과가 있음을 들어 판매할 수 있다.
② 매실이 피부를 촉촉하고 탄력 있게 만들어 주며, 다이어트에도 효과가 있음을 들어 판매할 수 있다.
③ 매실이 피로 회복에 효과가 있다는 사실과 연관 지어 판매할 수 있다.

제2영역 자료해석

01	02	03	04	05	06	07	08	09	10
①	③	④	③	③	④	①	②	①	①

11	12	13	14	15
②	①	④	②	②

01
정답 ①

제시된 자료는 비율을 나타내기 때문에 실업자의 수는 알 수 없으므로 ①은 옳은 설명이다.

오답분석

② 실업자 비율은 2%p 증가하였다.
③ 경제활동인구 비율은 80%에서 70%로 감소하였다.
④ 취업자 비율은 12%p 감소했지만, 실업자 비율은 2%p 증가하였기 때문에 취업자 비율의 증감폭이 더 크다.

02
정답 ③

월평균 매출액이 35억 원이므로 연 매출액은 $35 \times 12 = 420$억 원이며, 연 매출액은 상반기와 하반기 매출액을 합한 금액이다. 상반기의 월평균 매출액은 26억 원이므로 상반기 총매출액은 $26 \times 6 = 156$억 원이고, 하반기 총매출액은 $420 - 156 = 264$억 원이다. 따라서 하반기 평균 매출액은 $264 \div 6 = 44$억 원이며, 상반기 때보다 $44 - 26 = 18$억 원 증가하였다.

03
정답 ④

ㄱ. 자료를 통해 대도시 간 예상 최대 소요 시간은 모든 구간에서 주중이 주말보다 적게 걸림을 알 수 있다.
ㄴ. 주중 전국 예상 교통량 중 수도권에서 지방으로 가는 예상 교통량의 비율은 $\frac{4}{40} \times 100 = 10\%$이다.
ㄹ. 서울 – 광주 구간 주중 예상 소요 시간과 서울 – 강릉 구간 주말 예상 소요 시간은 3시간으로 같다.

오답분석

ㄷ. 지방에서 수도권으로 가는 주말 예상 교통량은 주중 예상 교통량의 $\frac{3}{2} = 1.5$배이다.

04
정답 ③

2019년과 2021년의 전체 풍수해 규모에서 대설로 인한 풍수해 규모가 차지하는 비중을 구하면 다음과 같다.

- 2019년 : $\frac{480}{7,942} \times 100 = 6.04\%$
- 2021년 : $\frac{113}{1,720} \times 100 = 6.57\%$

따라서 전체 풍수해 규모에서 대설로 인한 풍수해 규모가 차지하는 비중은 2021년이 2019년보다 크므로 옳은 설명이다.

오답분석

① 제시된 자료를 통해 확인할 수 있다.
② 2023년 호우로 인한 풍수해 규모의 전년 대비 감소율
  : $\frac{1,422 - 12}{1,422} \times 100 = 99.16\%$
④ 2015년과 2023년의 태풍으로 인한 풍수해 규모는 전년보다 증가했지만, 전체 풍수해 규모는 전년보다 감소했다. 그리고 2017년 태풍으로 인한 풍수해 규모는 전년보다 감소했지만, 전체 풍수해 규모는 전년보다 증가했다.

05
정답 ③

ㄴ. 기계 장비 부문의 상대수준은 미국이 아닌 일본이다.
ㄷ. 한국의 전자 부문 투자액은 301.6억 달러, 전자 외 부문 투자액의 총합은 $3.4 + 4.9 + 32.4 + 16.4 = 57.1$억 달러로, $57.1 \times 6 = 342.6 > 301.6$이므로 옳지 않다.

오답분석

ㄱ. 제시된 자료를 통해 한국의 IT서비스 부문 투자액은 최대 투자국인 미국 대비 상대수준이 1.7%임을 알 수 있다.
ㄹ. 일본은 '전자 – 바이오·의료 – 기계장비 – 통신 서비스 – IT 서비스' 순이고, 프랑스는 '전자 – IT서비스 – 바이오·의료 – 기계장비 – 통신 서비스' 순이다.

06
정답 ④

최고기온이 17℃ 이상인 지점은 춘천, 강릉, 충주, 서산이다. 이 중 최저기온이 7℃ 이상인 지점은 강릉과 서산으로 두 관측지점의 강수량을 합하면 $1,464 + 1,285 = 2,749$mm이다.

07
정답 ①

동해의 최고기온과 최저기온의 평균은 $\frac{16.8 + 8.6}{2} = 8.4 + 4.3 = 12.7$℃이다. 따라서 ①은 옳은 설명이다.

오답분석

② 최고기온과 최저기온의 차이가 가장 큰 지점은 $17.7 - 5.9 = 11.8$℃인 충주이다.
③ 속초는 관측지점 중 평균 기온이 세 번째로 높고, 강수량은 두 번째로 많다.
④ 강릉은 평균기온과 최저기온이 가장 높고, 강수량도 가장 많다. 그러나 최고기온은 충주가 가장 높다.

08
정답 ②

5만 미만에서 10만 ~ 50만 미만의 투자건수 비율을 합하면 된다. 따라서 $28 + 20.9 + 26 = 74.9\%$이다.

09 정답 ①

100만 ~ 500만 미만에서 500만 미만의 투자건수 비율을 합하면 된다. 따라서 11.9+4.5=16.4%이다.

10 정답 ①

2020년도의 전년 대비 가격 상승률은 $\frac{230-200}{200} \times 100 = 15\%$이고, 2023년도의 전년 대비 가격상승률은 $\frac{270-250}{250} \times 100 = 8\%$이므로 옳지 않으므로 ①은 옳지 않은 설명이다.

오답분석
② 인건비는 55 → 64 → 72 → 85 → 90으로 꾸준히 증가했다.
③ 재료비와 인건비 모두 '증가 - 증가'이므로 증감 추이는 같다.
④ 재료비의 상승폭은 2022년도에 11(99 → 110)로 가장 큰데, 2022년에는 가격의 상승폭도 35(215 → 250)로 가장 크므로 옳은 설명이다.

11 정답 ②

2023년 6월 대비 동년 12월의 농작물별 가격 증가율은 다음과 같다.

• 고추 : $\frac{11,400-11,000}{11,000} \times 100 ≒ 3.64\%$

• 토마토 : $\frac{8,100-8,400}{8,400} \times 100 ≒ -3.57\%$

• 감자 : $\frac{27,300-26,000}{26,000} \times 100 = 5\%$

• 고구마 : $\frac{19,300-20,000}{20,000} \times 100 = -3.5\%$

따라서 증가율이 가장 낮은 작물인 토마토는 내년에 수매하지 않을 것이다.

12 정답 ①

전년 동월 대비 2023년 12월의 농작물별 가격 증가율은 다음과 같다.

• 고추 : $\frac{11,400-9,800}{9,800} \times 100 ≒ 16.33\%$

• 토마토 : $\frac{8,100-8,200}{8,200} \times 100 ≒ -1.22\%$

• 감자 : $\frac{27,300-25,000}{25,000} \times 100 = 9.2\%$

• 고구마 : $\frac{19,300-21,000}{21,000} \times 100 ≒ -8.1\%$

따라서 증가율이 가장 높은 작물인 고추의 수매를 촉진할 것이다.

13 정답 ④

12번 문제에서 고구마의 전년 동월 대비 2022년 12월 가격 증가율이 -8.1%로 가장 낮다는 것을 알 수 있다. 따라서 2023년 12월 대비 10% 오른 다음 분기 고구마 가격을 계산하면 된다. 따라서 다음 분기 목표 가격은 19,300×1.1=21,230원이 된다.

14 정답 ②

화학제품의 수입물가지수는 2019년이 100이며, 이를 기준으로 2023년 지수가 100.73이므로 0.73% 증가한 것을 알 수 있으므로 ②는 옳은 설명이다.

오답분석
① 2023년 대비 2021년의 물가지수 감소율
: $\frac{101.52-104.53}{104.53} \times 100 ≒ -2.9\%$
③ 석탄 및 석유제품의 2021년 수입 및 수출물가지수는 2019년을 기준으로 나타냈으므로 2020년의 물가지수가 제시되어 있지 않아 알 수 없다.
④ 2019년 대비 2023년 수출물가지수의 감소율은 운송장비가 0.16%이며, 기계 및 장비는 0.80%이므로 기계 및 장비가 더 크다.

15 정답 ②

ㄴ. 2021년 대비 2022년에 P회사의 화학제품 수입물가지수는 상승하였음을 알 수 있다. 이로 인해 물가지수와 수입량은 반비례 관계이므로 수입량이 감소했을 것으로 추측할 수 있다.

오답분석
ㄱ. 2022년에 P회사의 화학제품 수출물가지수는 113.49이므로 2019년보다 수출물가 13.49% 증가하였다. 공산품의 물가지수가 상승하면 수요가 감소하는 것이 일반적이므로, 수출량은 오히려 감소하였을 것으로 추측할 수 있다.
ㄷ. 2019년 대비 2023년에 P회사가 수입하는 제1차금속제품의 수입물가지수는 10.42% 상승하였다. 하지만 물가의 변화율로 수입량의 변화율을 구할 수 없으며, 수입물가지수가 상승했기에 수입량은 감소했을 것이다.

01	02	03	04	05	06	07	08	09	10	11	12	13	14	15					
④	④	③	②	①	④	③	④	④	③	③	①	②	①	④					

01
정답 ④

체육대회는 주말에 한다고 하였으므로 평일과 비가 오는 장마기간은 제외한다. 12일과 13일에는 사장이 출장으로 자리를 비우고, 마케팅팀이 출근해야 하므로 적절하지 않다. 19일은 서비스팀이 출근해야 하며, 26일은 마케팅팀이 출근해야 한다. 또한, Y운동장은 둘째, 넷째 주말엔 개방하지 않으므로 27일을 제외한다. 따라서 P사가 체육대회를 열기에 가장 적절한 날은 남은 7월 20일이다.

02
정답 ④

P씨 가족의 KTX 왕복 비용을 구하면 다음과 같다.
- P씨 부부의 왕복 비용 : (59,800×2)×2=239,200원
- 만 6세 아들의 왕복 비용 : (59,800×0.5)×2=59,800원
- 만 3세 딸의 왕복 비용 : 59,800×0.25=14,950원

따라서 P씨 가족이 이번 부산 여행에서 지불한 교통비는 239,200+59,800+14,950=313,950원이다.

03
정답 ③

면접에 참여하는 직원들의 휴가 일정은 다음과 같다.
- 마케팅팀 차장 : 6월 29일 ~ 7월 3일
- 인사팀 차장 : 7월 6일 ~ 10일
- 인사팀 부장 : 7월 6일 ~ 10일
- 인사팀 과장 : 7월 6일 ~ 9일
- 총무팀 주임 : 7월 1일 ~ 3일

선택지에 제시된 날짜 중에서 직원들의 휴가 일정이 잡히지 않은 유일한 날짜가 면접 가능 날짜이다. 따라서 P회사 직원들의 면접 가능 날짜는 7월 5일이다.

04
정답 ②

먼저 참가 가능 종목이 2개인 사람부터 종목을 확정한다. D는 훌라후프와 줄다리기, E는 계주와 줄다리기, F는 줄넘기와 줄다리기, G는 줄다리기와 2인 3각, J는 계주와 줄넘기이다. 여기에서 E와 J는 계주 참가가 확정되고, 참가인원이 1명인 훌라후프 참가자가 D로 확정되었으므로 나머지는 훌라후프에 참가할 수 없다. 그러므로 C는 계주와 줄넘기에 참가한다. 다음으로 종목별 참가 가능 인원이 지점별 참가인원과 동일한 경우 참가를 확정시키면, 줄다리기와 2인 3각 참여인원이 확정된다. A는 줄다리기와 2인 3각에 참가하고, B·H·I 중 한 명이 계주에 참가하게 되며 나머지 2명이 줄다리기에 참가한다. 따라서 계주에 꼭 출전해야 하는 직원은 C, E, J이다.

05
정답 ①

두 번째 조건에서 경유지는 서울보다 +1시간, 출장지는 경유지보다 -2시간이므로 서울과 -1시간 차이다.
김대리가 서울에서 경유지를 거쳐 출장지까지 가는 과정을 서울시간 기준으로 정리하면 다음과 같다.
서울 5일 오후 1시 35분 출발 → 오후 1시 35분+3시간 45분=오후 5시 20분 경유지 도착 → 오후 5시 20분+3시간 50분(대기시간) =오후 9시 10분 경유지에서 출발 → 오후 9시 10분+9시간 25분=6일 오전 6시 35분 출장지 도착
따라서 김대리가 출장지에 도착했을 때 현지 시각은 서울보다 1시간 느리므로 오전 5시 35분이다.

06

정답 ④

순이익이 많은 매장이 가장 실적이 좋을 것이고, 순이익＝(판매실적)－(시설투자비)＋[12×(월 유지비)]＋[12×(인력 수)×150만 원]이다. 각 매장의 순이익을 정리하면 다음과 같다.

구 분	순이익
A매장	11,000−[2,000+(12×200)+(12×3×150)]=1,200만 원
B매장	15,000−[7,000+(12×500)+(12×5×150)]=−7,000만 원
C매장	10,000−[5,000+(12×300)+(12×4×150)]=−5,800만 원
D매장	17,000−[3,000+(12×200)+(12×2×150)]=8,000만 원

따라서 D매장이 8,000만 원으로 순이익이 가장 높은 실적이 좋은 매장임을 알 수 있다.

07

정답 ③

P대리가 각 교통편 종류를 택할 시 왕복 교통비용은 다음과 같다.
- 일반버스 : 24,000원×2=48,000원
- 우등버스 : 32,000원×2×0.99=63,360원
- 무궁화호 : 28,000원×2×0.85=47,600원
- 새마을호 : 36,000원×2×0.8=57,600원
- KTX : 58,000원

따라서 무궁화호가 47,600원으로 가장 저렴한 교통편이다.

08

정답 ④

먼저 모든 면접 위원의 입사 후 경력은 3년 이상이어야 한다는 조건에 따라 A, E, F, H, I, L직원은 면접 위원으로 선정될 수 없다. 이사 이상의 직급으로 6명 중 50% 이상 구성되어야 하므로 자격이 있는 C, G, N은 반드시 면접 위원으로 포함한다. 다음으로 인사팀을 제외한 부서는 2명 이상 구성할 수 없으므로 이미 N이사가 선출된 개발팀은 더 선출할 수 없고, 인사팀은 반드시 2명을 포함해야 하므로 D과장은 반드시 선출된다. 이를 정리하면 다음과 같다.

구분	1	2	3	4	5	6
경우 1	C이사	D과장	G이사	N이사	B과장	J과장
경우 2	C이사	D과장	G이사	N이사	B과장	K대리
경우 3	C이사	D과장	G이사	N이사	J과장	K대리

따라서 B과장이 면접 위원으로 선출됐더라도 K대리가 선출되지 않는 경우도 있으므로 ④는 옳지 않은 설명이다.

09

정답 ④

신입사원 채용시험 영역별 점수에 가중치를 적용하여 총점을 구하면 다음과 같다.

(단위 : 점)

구분	언어이해	자료해석	문제해결	추리	인성	총점
A	90×0.3=27	80×0.3=24	90×0.1=9	80×0.1=8	90×0.2=18	86
B	80×0.3=24	90×0.3=27	80×0.1=8	90×0.1=9	90×0.2=18	86
C	90×0.3=27	70×0.3=21	100×0.1=10	90×0.1=9	80×0.2=16	83
D	80×0.3=24	90×0.3=27	100×0.1=10	100×0.1=10	80×0.2=16	87
E	100×0.3=30	80×0.3=24	70×0.1=7	80×0.1=8	90×0.2=18	87

따라서 87점으로 가장 높은 점수를 받은 D와 E가 합격자임을 알 수 있다.

10

변화된 선발기준 가중치에 맞춰 총점을 계산하면 다음과 같다.

(단위 : 점)

구분	언어이해	자료해석	문제해결	추리	인성	총점
A	90×0.3=27	80×0.2=16	90×0.1=9	80×0.1=8	90×0.3=27	87
B	80×0.3=24	90×0.2=18	80×0.1=8	90×0.1=9	90×0.3=27	86
C	90×0.3=27	70×0.2=14	100×0.1=10	90×0.1=9	80×0.3=24	84
D	80×0.3=24	90×0.2=18	100×0.1=10	100×0.1=10	80×0.3=24	86
E	100×0.3=30	80×0.2=16	70×0.1=7	80×0.1=8	90×0.3=27	88

따라서 가장 높은 점수를 받은 A와 E가 합격자임을 알 수 있다.

11

각 지사별 최단 거리에 위치한 곳은 '대전 – 김천(90km)', '김천 – 부산(120km)', '부산 – 진주(100km)'이므로, '김천 – 부산 – 진주'이다. 따라서 영업사원 P가 방문할 도시를 바르게 나열한 것은 ③이다.

12

1회 순회배송(서울 → 대전 → 광주 → 대전 → 부산 → 대전 → 서울) 시 전체운송비는 (100+500+400)×2=2,000원이며, 1만 개의 제품을 운송하므로 전체 운송비는 2,000×10,000=2천만 원이다.

[13~15]

L은 가로축(H)의 수와 세로축(V)의 개수를 나타낸다. F는 도형이 원일 때 C, 삼각형일 때 T, 사각형일 때 S이며, 안이 채워져 있으면 B, 비어 있으면 W이다. 괄호 안의 숫자는 도형의 위치를 나타내며, 가로축과 세로축이 만나는 위치이다.

13

• 가로축이 4개, 세로축이 4개 있다. → L : H4 / V4
• 안이 비어 있는 원의 위치는 세로축(V) 2와 가로축(H) 4이 만나는 위치이다. → CW(2, 4)
• 안이 채워져 있는 사각형의 위치는 세로축(V) 2와 가로축(H) 2가 만나는 위치이다. → SB(2, 2)
• 안이 비어 있는 삼각형의 위치는 세로축(V) 4와 가로축(H) 1이 만나는 위치이다. → TW(4, 1)
따라서 그래프의 명령어는 L : H4 / V4, F : CW(2, 4) / SB(2, 2) / TW(4, 1)이다.

14

• 가로축이 5개, 세로축이 4개 있다. → L : H5 / V4
• 안이 채워져 있는 사각형의 위치는 세로축(V) 1와 가로축(H) 5가 만나는 위치이다. → SB(1, 5)
• 안이 비어 있는 사각형의 위치는 세로축(V) 2와 가로축(H) 2가 만나는 위치, 세로축(V) 4와 가로축(H) 3이 만나는 위치이다.
  → SW(2, 2), SW(4, 3)
따라서 그래프의 명령어는 L : H5 / V4, F : SB(1, 5) / SW(2, 2) / SW(4, 3)이다.

15

CW(2, 3)은 세로축(V) 2와 가로축(H) 3이 만나는 위치에 안이 비어있는 원을 생성하는 명령어이다. 하지만 산출된 그래프에서 CW(2, 3)에 대한 도형이 누락되어 있다.

01	02	03	04	05	06	07	08	09	10	11	12	13	14	15				
②	④	③	④	②	④	③	④	②	②	④	④	③	③	①				

01

정답 ②

백색 퀸은 최소한 2번 움직여야 흑색 킹을 잡을 수 있다.

02

정답 ④

백색 나이트가 6번 움직일 수 있을 때, 최대 6개의 흑색 기물을 잡을 수 있다.

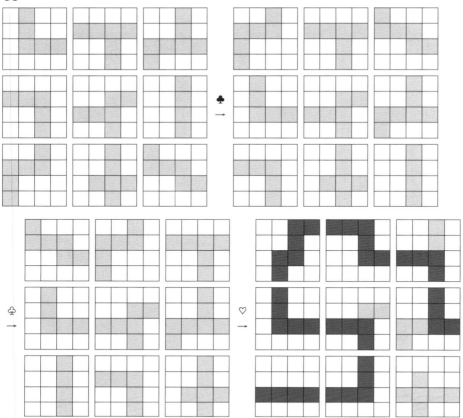

04

조건에 따라 ♣를 누르면 빈칸의 타일은 오른쪽으로 이동하여 9번째 타일에 위치하므로 홀수 행과 홀수 열 회전 명령인 ♡와 ♥의 영향을 모두 받는다. 따라서 9번째의 타일에 들어갈 모양에서 시계 반대 방향으로 180° 회전한 모양의 타일을 찾으면 된다.

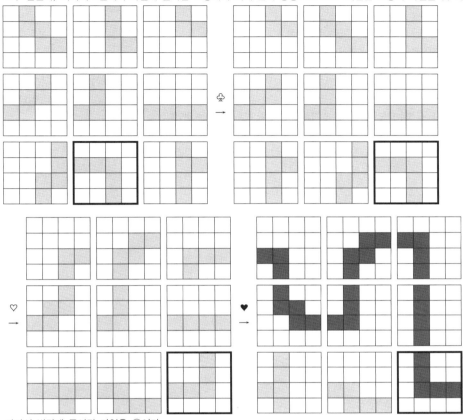

따라서 빈칸에 들어갈 타일은 ④이다.

05

$$(-5,\ 2) \xrightarrow{\text{※}} (2,\ -5) \xrightarrow{\leftarrow} (1,\ -5) \xrightarrow{\text{§}} (-1,\ 5) \xrightarrow{\downarrow} (-1,\ 4) \xrightarrow{\downarrow} (-1,\ 3) \xrightarrow{\text{§}} (1,\ -3)$$

오답분석

① $(-5,\ 2) \xrightarrow{\uparrow} (-5,\ 3) \xrightarrow{\text{§}} (5,\ -3) \xrightarrow{\text{※}} (-3,\ 5) \xrightarrow{\text{§}} (3,\ -5) \xrightarrow{\leftarrow} (2,\ -5) \xrightarrow{\leftarrow} (1,\ -5)$

③ $(-5,\ 2) \xrightarrow{\text{§}} (5,\ -2) \xrightarrow{\downarrow} (5,\ -3) \xrightarrow{\leftarrow} (4,\ -3) \xrightarrow{\uparrow} (4,\ -2) \xrightarrow{\uparrow} (4,\ -1) \xrightarrow{\text{※}} (-1,\ 4)$

④ $(-5,\ 2) \xrightarrow{\rightarrow} (-4,\ 2) \xrightarrow{\uparrow} (-4,\ 3) \xrightarrow{\rightarrow} (-3,\ 3) \xrightarrow{\rightarrow} (-2,\ 3) \xrightarrow{\rightarrow} (-1,\ 3) \xrightarrow{\text{※}} (3,\ -1)$

06

정답 ④

$$(-4, -4) \xrightarrow{※} (-2, -2) \xrightarrow{▤} (-2, 2) \xrightarrow{◁} (-3, 2) \xrightarrow{※} (-6, 1) \xrightarrow{▥} (6, 1) \xrightarrow{※} (3, 2)$$

$$\xrightarrow{△} (3, 3) \xrightarrow{▤} (3, -3) \xrightarrow{※} (6, -6) \xrightarrow{△} (6, -5)$$

따라서 모든 단추를 누른 후 겹쳐지는 검은색 바둑돌은 D이다.

07

정답 ③

5버튼을 눌렀을 때 적용되는 규칙은 짝수 자리에 위치한 숫자를 오른쪽 끝으로 이동하는 것이다.
따라서 197482563에서 짝수 자리에 위치한 9, 4, 2, 6을 오른쪽 끝으로 이동하면 1785394260이다.

08

정답 ④

- ㉠ : 모든 도형을 180°회전 후, 왼쪽으로 1칸씩 이동
- ㉡ : 모든 도형을 왼쪽으로 1칸씩 이동 후, 위쪽으로 1칸씩 이동

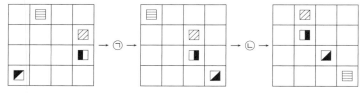

09

정답 ②

규칙은 가로 방향으로 적용된다.
첫 번째 도형을 시계 반대 방향으로 90° 회전한 것이 두 번째 도형, 이를 색 반전한 것이 세 번째 도형이다.

10

정답 ②

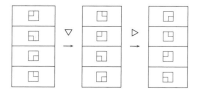

11

정답 ④

앞의 항에 2^1, 2^2, 2^3, 2^4, 2^5, 2^6, …을 더하는 수열이다.
따라서 ( )$=65+2^6=65+64=129$이다.

12

정답 ④

11, 12, 13, 14, 15의 제곱수를 나열한 수열이다.
따라서 ( )$=14^2=196$이다.

13

주어진 조건에 따라 동물들의 구역 분배를 나타내면 다음과 같다.

A(입구)	기린
B	코끼리
C	악어
D	거북이
E(출구)	호랑이

따라서 호랑이가 출구 쪽에 가장 가까운 구역인 E구역에 오게 된다.

14

주어진 조건에 따라 운동 종류의 순서를 배치해 보면 두 가지의 경우가 나온다.

구분	첫 번째	두 번째	세 번째	네 번째	다섯 번째
경우 1	E	A	C	B	D
경우 2	E	A	B	C	D

따라서 다섯 번째로 하는 운동은 D이다.

15

라팀은 파란색을 선택하였으므로 보라색을 사용하지 않고, 나팀과 다팀도 보라색을 사용한 적이 있으므로 가팀은 보라색을 선택한다. 나팀은 빨간색을 사용한 적이 있고, 파란색과 보라색은 사용할 수 없으므로 노란색을 선택한다. 다팀은 나머지 빨간색을 선택한다.

가	나	다	라
보라색	노란색	빨간색	파란색

따라서 항상 참인 것은 ①이다.

오답분석

② 가팀의 상징색은 보라색이다.
③·④ 주어진 조건으로는 판단하기 힘들다.

제2회 정답 및 해설

제 1영역 언어이해

01	02	03	04	05	06	07	08	09	10
①	④	④	②	③	④	④	②	④	①
11	12	13	14	15					
③	④	④	①	④					

01
정답 ①

세 번째 문단에 따르면 먼 바다에서 지진해일의 파고는 수십 cm 이하이지만 얕은 바다에서는 급격하게 높아진다는 것을 알 수 있으므로 ①이 가장 적절하다.

오답분석

② 화산 폭발로 인해 발생하는 건 맞지만 파장이 긴 파도를 지진해일이라 한다.
③ 지진해일이 해안가에 가까워질수록 파도가 강해지는 것은 맞지만, 속도는 시속 45 ~ 60km까지 느려진다.
④ 태평양에서 발생한 지진해일은 발생 하루 만에 발생지점에서 지구의 반대편까지 이동할 수 있다.

02
정답 ④

치명적인 이빨이나 발톱을 가진 동물들은 살상 능력이 크기 때문에 자신의 종에 대한 공격을 제어할 억제 메커니즘이 필요했고, 그것이 진화의 과정에 반영되었다고 했으므로 적절한 내용이다.

오답분석

①·③ 인간은 신체적으로 미약한 힘을 지녔기 때문에 자신의 힘만으로 자기 종을 죽인다는 것이 어려웠을 뿐 공격성은 학습이나 지능과 관계가 없다.
② 인간의 공격적인 본능은 긍정적인 측면과 부정적인 측면을 모두 포함해서 오늘날 인류를 있게 한 중요한 요소이다.

03
정답 ④

논리적 흐름에 따라 문화 변동은 수용 주체의 창조적·능동적 측면과 관련되어 이루어짐 – (나) 수용 주체의 창조적·능동적 측면은 외래문화 요소의 수용을 결정지음 – (다) 즉, 문화의 창조적·능동적 측면은 내부의 결핍 요인을 자체적으로 극복하려 노력하나 그렇지 못할 경우 외래 요소를 수용함 – (가) 결핍 부분에 유용한 부분만을 선별적으로 수용함 – 다시 말해 외래문화는 수용 주체의 내부요인에 따라 수용 여부가 결정됨의 순으로 나열하는 것이 가장 적절하다.

04
정답 ②

제시문의 핵심 논점을 잡으면 첫 번째 문단의 끝에서 '제로섬(Zero-sum)적인 요소를 지니는 경제문제'와 두 번째 문단의 끝에서 '우리 자신의 수입을 보호하기 위해 경제적 변화가 일어나는 것을 막거나 혹은 사회가 우리에게 손해를 입히는 공공정책이 강제로 시행되는 것을 막기 위해 싸울 것'이다. 따라서 이 글은 사회경제적인 총합이 많아지는 정책, 즉 '사회의 총생산량이 많아지게 하는 정책이 좋은 정책'이라는 주장에 대한 비판이라고 할 수 있다.

05
정답 ③

제시문은 행동주의 학자들이 생각하는 언어습득 이론과 그 원인을 설명하고, 이를 비판하는 입장인 촘스키의 언어습득 이론을 설명하는 내용이다. 따라서 (라) 행동주의 학자들의 언어습득 이론 – (가) 행동주의 학자들이 주장한 언어습득의 원인 – (다) 행동주의 학자들의 입장에 대한 비판적 관점 – (마) 언어학자 촘스키의 언어습득 이론 – (나) 촘스키 이론의 의의의 순으로 나열하는 것이 가장 적절하다.

06
정답 ④

세 번째 문단에서 '상품에 응용된 과학기술이 복잡해지고 첨단화되면서 상품 정보에 대한 소비자의 정확한 이해도 기대하기 어려워졌다.'는 내용과 일맥상통하므로 ④가 가장 적절하다.

07
정답 ④

첫 번째 문단에 '우리 조상은 화재를 귀신이 장난치거나, 땅에 불의 기운이 넘쳐서라 여겼다.'라고 하면서 안녕을 기원하기 위해 조상들이 시도했던 여러 가지 노력을 제시하고 있다. 따라서 글의 제목으로 ④이 가장 적절하다.

08
정답 ②

화재 예방을 위한 주술적 의미로 쓰인 것은 지붕 용마루 끝에 장식 기와로 사용하는 '치미'이다. 물의 기운을 지닌 수호신인 해치는 화기를 잠재운다는 의미로 동상으로 세워졌다. 따라서 ②는 글의 내용과 일치하지 않는다.

오답분석
① 네 번째 문단에서 '실제 1997년 경회루 공사 중 오조룡이 발견되면서 화제가 됐다.'고 하였다.
③ 첫 번째 문단에서 농경사회였던 조선시대의 백성들의 삶을 힘들게 했던 재난·재해 중 특히 화재는 즉각적인 재앙이었고 공포였다고 하였다.
④ 세 번째 문단에서 '잡상은 건물의 지붕 내림마루에 『서유기』에 등장하는 기린, 용, 원숭이 등 다양한 종류의 신화적 형상으로 장식한 기와'라고 하였다.

09
정답 ④

제시문에서 펀드 가입 절차에 대한 내용은 찾아볼 수 없으므로 ④는 적절하지 않다.

오답분석
① 세 번째 문단에서 확인할 수 있다.
② 첫 번째 문단에서 확인할 수 있다.
③ 마지막 문단에서 확인할 수 있다.

10
정답 ①

세 번째 문단에서 '주식 투자 펀드의 수익률 차이가 심하게 나는 것은 주식이 경기변동의 영향을 많이 받기 때문'이라고 하였다. 따라서 발표 내용을 가장 적절하게 이해한 것은 ①이다.

오답분석
② 채권 투자 펀드에 대한 설명이다.
③ 채권을 사서 번 이익에서 투자기관의 수수료를 뺀 금액이 수익이 된다.
④ 주식 투자 펀드에 대한 설명이다.

11
정답 ③

제시문은 산업사회의 특징에 대해 설명함으로써 산업사회가 가지고 있는 문제점들을 강조하고 있다. 따라서 글의 중심 내용으로 '산업사회의 특징과 문제점'이 가장 적절하다.

12
정답 ④

산업사회는 인간의 삶을 거의 완전히 지배하고 인격을 사로잡는다. 즉, 산업사회에서 인간은 삶의 주체가 되지 못하고 소외되고 있다. 광고 등을 통한 과소비의 유혹에서 벗어나 자신이 삶의 주체가 되도록 생활양식을 변화시켜야 한다. 따라서 글을 통해 우리가 취해야 할 태도로 가장 적절한 것은 ④이다.

13
정답 ④

제시문은 가솔린엔진과의 대조를 통해 디젤엔진의 작동 원리와 특성을 설명하고 있다. 네 번째 문단의 '탄소가 많이 연결된 탄화수소물에 고온의 열을 가하면 탄소 수가 적은 탄화수소물로 분해된다.'는 내용을 통해 탄소의 수가 많은 원유에 열을 가하면 탄소의 수가 적은 경유와 가솔린을 얻을 수 있다고 추론할 수 있으므로 ④가 가장 적절하다.

오답분석
① 경유는 가솔린보다 점성이 강하므로 손으로 만지면 경유가 더 끈적끈적할 것이다.
② 경유는 가솔린보다 훨씬 무거우므로 가솔린과 경유를 섞으면 경유가 가솔린 아래로 가라앉을 것이다.
③ 경유는 가솔린보다 증발하는 속도가 느리므로 가솔린이 경유보다 더 빨리 증발할 것이다.

14
정답 ①

마지막 문단에서 '디젤엔진은 원리상 가솔린엔진보다 더 튼튼하고 고장도 덜 난다.'고 하였으므로 ①이 적절하다.

오답분석
② 첫 번째 문단에 따르면 가솔린엔진은 1876년에, 디젤엔진은 1892년에 등장했다.
③ 마지막 문단에 따르면 디젤엔진에는 분진을 배출하는 문제가 있다. 그러나 디젤엔진과 가솔린엔진 중에 어느 것이 분진을 더 많이 배출하는지 언급한 내용은 없다.
④ 마지막 문단에 따르면 디젤엔진은 연료의 품질에 민감하지 않다.

15
정답 ④

마지막 문단의 '기다리지 못함도 삼가고 아무것도 안 함도 삼가야 한다. 작동 중에 있는 자연스런 성향이 발휘되도록 기다리면서도 전력을 다할 수 있도록 돕는 노력도 멈추지 말아야 한다.'를 통해 '잠재력을 발휘하도록 하려면 의도적 개입과 방관적 태도 모두를 경계해야 한다.'가 이 글의 중심 주제로 가장 적절하다.

오답분석
① 인위적 노력을 가하는 것은 일을 조장(助長)하지 말라고 한 맹자의 말과 반대된다.
② 싹이 성장하도록 기다리는 것도 중요하지만 전력을 다할 수 있도록 돕는 노력도 해야 한다.
③ 명확한 목적성을 강조하는 부분은 제시문에 나와 있지 않다.

제 2 영역 자료해석

01	02	03	04	05	06	07	08	09	10
④	②	②	②	②	①	②	①	④	③
11	12	13	14	15					
①	④	④	④	③					

01
정답 ④

E과제에 대한 전문가 3의 점수는 $70 \times 5 - (100 + 40 + 70 + 80) = 60$점이고, A ~ E과제의 평균 점수와 최종 점수를 구하여 표로 정리하면 다음과 같다.

구분	평균 점수	최종 점수
A과제	$\dfrac{100 + 70 + 60 + 50 + 80}{5} = 72$점	$\dfrac{70 + 60 + 80}{3} = 70$점
B과제	$\dfrac{80 + 60 + 40 + 60 + 60}{5} = 60$점	$\dfrac{60 + 60 + 60}{3} = 60$점
C과제	$\dfrac{60 + 50 + 100 + 90 + 60}{5} = 72$점	$\dfrac{60 + 90 + 60}{3} = 70$점
D과제	$\dfrac{80 + 100 + 90 + 70 + 40}{5} = 76$점	$\dfrac{80 + 90 + 70}{3} = 80$점
E과제	70점	$\dfrac{60 + 70 + 80}{3} = 70$점

따라서 평균 점수와 최종 점수가 같은 과제는 B, E이다.

02
정답 ②

매년 A, B, C 각 학과의 입학자와 졸업자의 차이는 13명으로 일정하다.
따라서 빈칸에 들어갈 값은 $58 - 13 = 45$이다.

03
정답 ②

100대 기업까지 48.7%이고, 200대 기업까지 54.5%이다. 따라서 101 ~ 200대 기업이 차지하고 있는 비율은 $54.5 - 48.7 = 5.8\%$이므로 ②는 옳지 않은 설명이다.

오답분석
① · ③ 표를 통해 쉽게 확인할 수 있다.
④ 표를 통해 0.2%p 감소했음을 알 수 있다.
⑤ 등락률이 상승과 하락의 경향을 보이므로 올바른 판단이다.

04
정답 ②

미국과 중국의 생산자 물가지수 추이는 '증가 – 증가 – 증가 – 감소 – 증가 – 증가'의 추이를 보이지만 일본은 2022년에 전년 대비 감소하였으므로 ②는 옳지 않은 설명이다.

오답분석
① · ③ 2017년 대비 2023년 생산자 물가지수가 가장 적게 상승한 나라는 5.81 상승한 일본으로, 일본의 4배인 $5.81 \times 4 = 23.24$ 이상 상승한 나라는 없다.
④ 2020년 대비 2023년 우리나라의 생산자 물가지수 상승률은 $\dfrac{119.35 - 108.60}{108.60} \times 100 ≒ 9.89\%$로 다른 나라에 비해 높은 상승률을 보이고 있다.

05
정답 ②

지역별 초등학교 수와 중학교 수의 수치가 바뀌므로 ②는 옳지 않은 그래프이다.

06
정답 ①

ㄱ. 절도에 대하여 '보통이다'라고 응답한 사람의 수는 3,519명으로, '매우 그렇다'라고 응답한 사람 수의 20배인 $189 \times 20 = 3,780$명보다 적다.
ㄴ. 기물파손에 대하여 '매우 그렇다'라고 응답한 사람의 수는 190명으로, 성폭행에 대하여 '매우 그렇다'라고 응답한 사람의 수인 249명보다 적다.

오답분석
ㄷ. 가택침입에 대하여 '전혀 그렇지 않다'라고 응답한 사람의 수는 3,384명으로, 강도에 대하여 '그런 편이다'라고 응답한 사람의 수인 1,826명보다 많다. 따라서 옳은 설명이다.
ㄹ. 표를 보면 모든 유형에서 '그렇지 않은 편이다'라고 응답한 사람의 수가 가장 많으며, '전혀 그렇지 않다'라고 응답한 사람의 수가 두 번째로 많음을 알 수 있다.

07
정답 ②

'그렇지 않은 편이다'라고 응답한 사람의 수가 가장 많은 유형은 7,516명이 응답한 기물파손이며, 두 번째는 7,467명이 응답한 강도이므로 ②가 적절하다.

08
정답 ①

ㄱ. 자원봉사자 1인당 연간 사회복지 평균 봉사 시간이 두 번째로 높은 시도는 대구광역시(25.4시간)이고, 그 다음으로 높은 시도는 인천광역시(25.1시간)이다.

오답분석
ㄴ. 경상남도의 자원봉사자 1인당 연간 보건의료 평균 봉사 시간은 20.8시간으로, 18.9시간인 충청북도보다 높다.
ㄷ. 자료를 보면 서울특별시의 자원봉사자 1인당 연간 평균 봉사 시간은 전 분야, 사회복지, 보건의료에서 모두 전라남도보다 높음을 알 수 있다.
ㄹ. 자원봉사자 1인당 연간 보건의료 평균 봉사 시간이 가장 낮은 시도는 14.3시간인 세종특별자치시로, 기타 분야에서도 6.8시간으로 가장 낮다.

09

정답 ④

1인당 연간 평균 봉사 시간이 전 분야에서 가장 높은 시도는 26.1시간인 인천광역시이며, 그 다음은 24.9시간인 대구광역시이다. 다음은 24.7시간인 부산광역시, 23.1시간인 충청북도 순이다.

10

정답 ③

여가 활동의 주된 목적이 대인관계라고 응답한 인원의 수를 학력별로 정리하면 다음과 같다.

학력	해당 인원수
초졸 이하	$923 \times 0.043 ≒ 40$명
중졸	$1,452 \times 0.056 ≒ 81$명
고졸	$4,491 \times 0.054 ≒ 243$명
대졸 이상	$3,632 \times 0.047 ≒ 171$명

따라서 여가 활동의 주된 목적이 대인관계라고 응답한 인원수가 많은 순으로 나열하면 '고졸 – 대졸 이상 – 중졸 – 초졸 이하'이다.

11

정답 ①

ㄱ. '스트레스 해소'로 응답한 인원은 고졸 중 구성비가 중졸 중 구성비에 비해 1.1%p 더 높은 것이지, 1.1% 더 많다고 할 수 없다. 또한 고졸 중 해당항목 응답자 수는 $4,491 \times 0.152 ≒ 683$명, 중졸에서는 $1,452 \times 0.141 ≒ 205$명으로 고졸 중 '스트레스 해소'를 선택한 인원은 중졸 인원 중 동일한 항목을 선택한 인원수의 3배 이상이다.

ㄴ. 응답률이 가장 낮은 중졸에서는 항목은 '가족과의 시간', '자기계발', '대인관계'이며, 대졸 이상에서는 '시간 보내기', '자기계발', '대인관계'이다.

오답분석

ㄷ. '시간 보내기'로 응답한 인원수는 고졸이 $4,491 \times 0.029 ≒ 130$명으로 초졸 이하의 $923 \times 0.138 ≒ 127$명보다 많다.

ㄹ. '자기계발'로 응답한 대졸 이상 인원수는 $3,632 \times 0.022 ≒ 80$명, '건강'으로 응답한 중졸 인원수 $1,452 \times 0.126 ≒ 183$명보다 적다.

12

정답 ④

2020년, B사의 제품 판매 시 순이익은 $36,990 - 2,250 = 34,740$원으로 원재료 가격의 $34,740 \div 2,250 = 15.44$배이므로 ④가 옳은 해석이다.

오답분석

① 원재료는 판매하는 가격이 아니라 다른 업체로부터 구매한 가격이다.

② 재공품과 제품은 A사·B사의 판매가이다. 판매가가 높을수록 회사매출이 더 올라가므로 A사와 B사 모두 제품을 판매하는 것이 더 유리하다.

③ 2023년 A사 재공품 30개 판매가는 $13,960 \times 30 = 418,800$원, 제품 10개 판매가는 $37,210 \times 10 = 372,100$원으로 재공품 판매 시 매출이 더 높다.

13

정답 ④

A사의 2019년 대비 2023년 제품가격 증가율은 $\frac{37,210 - 35,430}{35,430} \times 100 ≒ 5.02\%$로 약 5%, B사의 2019년 대비 2023년 제품가격 증가율은 $\frac{37,990 - 36,730}{36,730} \times 100 ≒ 3.43\%$로 약 3%다.

14

정답 ④

ㄴ. 수사단서 중 현행범 유형의 건수가 가장 많은 범죄는 60,042건인 강력범죄(폭력)이다.

ㄷ. 형법범죄의 수사단서 합계는 958,865건으로, 특별법범죄의 수사단서 합계인 866,011건보다 더 많다.

ㄹ. 특별법범죄의 경우, 수사단서 중 미신고 유형의 건수가 35만 건을 넘는다.

오답분석

ㄱ. 표를 보면 풍속범죄의 경우 수사단서 중 현행범(2,308건)과 신고(4,380건)보다도 미신고 유형(5,473건)이 많음을 알 수 있다.

15

정답 ③

'신고'의 건수가 가장 많은 범죄는 470,114건인 재산범죄이며, 가장 적은 범죄는 공무원범죄로 1,560건이다.

따라서 신고 건수의 차이는 $470,114 - 1,560 = 468,554$건이다.

01	02	03	04	05	06	07	08	09	10	11	12	13	14	15					
④	③	②	①	①	④	①	④	④	①	③	③	②	③	①					

01
정답 ④

A ~ D기관의 내진성능평가 지수와 내진보강공사 지수를 구한 뒤 내진성능평가 점수와 내진보강공사 점수를 부여하면 다음과 같다.

구분	A기관	B기관	C기관	D기관
내진성능 평가 지수	$\frac{82}{100}\times100=82$	$\frac{72}{80}\times100=90$	$\frac{72}{90}\times100=80$	$\frac{83}{100}\times100=83$
내진성능 평가 점수	3점	5점	1점	3점
내진보강 공사 지수	$\frac{91}{100}\times100=91$	$\frac{76}{80}\times100=95$	$\frac{81}{90}\times100=90$	$\frac{96}{100}\times100=96$
내진보강 공사 점수	3점	3점	1점	5점
합산 점수	3+3=6점	5+3=8점	1+1=2점	3+5=8점

B, D기관의 합산 점수는 8점으로 동점이다. 최종순위 결정 조건에 따르면 합산 점수가 동점인 경우에는 내진보강 대상 건수가 가장 많은
기관이 높은 순위가 된다.
따라서 최상위기관은 D기관이고 최하위기관은 C기관이다.

02
정답 ③

대화 내용을 살펴보면 A과장은 패스트푸드점, B대리는 화장실, C주임은 은행, D사원은 편의점을 이용한다. 이는 동시에 이루어지는 일이므
로 가장 오래 걸리는 일의 시간만을 고려하면 된다. 은행이 30분으로 가장 오래 걸리므로 17:20에 모두 모이게 된다. 그러므로 17:00,
17:15에 출발하는 버스는 이용하지 못한다. 또한 17:30에 출발하는 버스는 잔여석이 부족하여 이용하지 못한다. 따라서 17:45에 출발하는
버스를 탈 수 있으므로 서울에 도착 예정 시각은 19:45이다.

03
정답 ②

주어진 자료를 토대로 모델별 향후 1년 동안의 광고효과를 계산해 정리하면 다음과 같다.

(단위 : 백만 원, 회)

구분	1년 광고비	1년 광고횟수	1회당 광고효과	총 광고효과
A모델	180-120=60	60÷2.5=24	140+130=270	24×270=6,480
B모델	180-80=100	100÷2.5=40	80+110=190	40×190=7,600
C모델	180-100=80	80÷2.5=32	100+120=220	32×220=7,040
D모델	180-90=90	90÷2.5=36	80+90=170	36×170=6,120

따라서 광고효과가 가장 높은 B가 TV광고 모델로 적합하다.

04
정답 ①

평가지표 결과와 지표별 가중치를 이용하여 지원자들의 최종 점수를 계산하면 다음과 같다.
- A지원자 : 3×3+3×3+5×5+4×4+4×5+5=84점
- B지원자 : 5×3+5×3+2×5+3×4+4×5+5=77점
- C지원자 : 5×3+3×3+3×5+3×4+5×5=76점
- D지원자 : 4×3+3×3+3×5+5×4+4×5+5=81점
- E지원자 : 4×3+4×3+2×5+5×4+5×5=79점

따라서 P사에서 올해 채용할 두 지원자는 A, D지원자이다.

05

먼저 음식 맛과 구성에 대한 평가를 점수로 환산하면 다음과 같다.

구분	음식 맛	음식 구성	합계
A호텔	3×5＝15점	3×5+1×3＝18점	33점
B호텔	2×5+1×3＝13점	3×5＝15점	28점
C호텔	2×5＝10점	3×5+1×3＝18점	28점
D호텔	3×5+1×3＝18점	2×5+1×3＝13점	31점

실제 시험에서는 음식맛과 구성의 별 개수를 보면 A호텔과 D호텔이 7개로 가장 많음을 알 수 있어 A호텔과 D호텔의 점수만 계산하면 된다. A호텔은 33점, D호텔은 31점으로 그 차가 3점 이하이다. 따라서 가격 점수를 비교하면 A호텔 18점, D호텔 15점으로 P사의 송년회는 A호텔에서 진행할 것이다.

06

200만 원 내에서 25명의 식사비용을 내려면 한 사람당 식대가 200÷25＝8만 원 이하여야 한다. 이 조건을 만족하는 곳은 A, D호텔이고 총 식사비용을 계산하면 다음과 같다.
- A호텔 : 73,000×25＝1,825,000원
- D호텔 : 75,000×25＝1,875,000원

가장 저렴한 A호텔과 D호텔의 가격 차이는 10만 원 이하이므로 음식 맛 점수가 높은 곳으로 선정한다. 따라서 D호텔이 18점으로 음식 맛 점수가 가장 높아 D호텔이 선정될 것이다.

07

A ~ C처리시설의 평가 결과를 표로 정리하면 다음과 같다.

구분	생물화학적 산소요구량	화학적 산소요구량	부유물질	질소 총량	인 총량	평가
A처리시설	4(정상)	10(정상)	15(주의)	10(정상)	0.1(정상)	우수
B처리시설	9(주의)	25(주의)	25(심각)	22(주의)	0.5(주의)	보통
C처리시설	18(심각)	33(심각)	15(주의)	41(심각)	1.2(심각)	개선필요

따라서 하수처리시설에 대한 평가로 옳은 것은 ①이다.

08

제시문에서 '심각' 지표를 가장 우선으로 개선하라고 하였으므로, '심각' 지표를 받은 부유물질을 가장 먼저 개선해야 한다. 따라서 B처리시설의 문제점과 개선 방향을 바르게 지적한 것으로 ④가 적절하다.

오답분석

① 생물화학적 산소요구량은 4가 아닌 9로 '주의' 지표이다.
② 부유물질이 '심각' 지표이므로, 가장 먼저 개선해야 한다.
③ 질소 총량과 인 총량을 개선하여도 '주의' 지표가 2개, '심각' 지표가 1개이므로, 평가결과는 '보통'이다.

09

건물별 항목마다 적용되는 환산 점수 합을 구하여 표로 정리하면 다음과 같다.

구분	층수	면적 (건물+주차장)	거리	시설	월임대료
A	3×10=30층	40×1×3+5×3=(120+15)평	10 (6km)	–	300÷100×10 =30점 감점
B	2×10=20층	50×1×2+10×3=(100+30)평	10 (10km)	–	500÷100×10 =50점 감점
C	1×10=10층	90×1×1+15×3=(90+45)평	20 (4km)	–	400÷100×10 =40점 감점
D	2×10=20층	55×1×2+20×3=(110+60)평	10 (8km)	엘리베이터 없음(10점 감점)	400÷100×10 =40점 감점

- A건물 : 30+(120+15)+10+(−30)=145점
- B건물 : 20+(100+30)+10+(−50)=110점
- C건물 : 10+(90+45)+20+(−40)=125점
- D건물 : 20+(110+60)+10+(−10)+(−40)=150점

따라서 P사는 점수가 가장 높은 D건물로 사무실을 이전할 것이다.

10

2층 이상의 건물이므로 1층인 C건물은 제외되고, 엘리베이터가 없는 D건물은 조건에 맞지 않아 P사는 A, B건물 중에 계약해야 한다.
두 건물은 마트와의 거리도 모두 10km 이하이므로 환산 점수 합을 비교하면 다음과 같다.

- A건물 : 30+(120+15)+10+(−30)=145점
- B건물 : 20+(100+30)+10+(−50)=110점

따라서 A건물이 145점으로 B건물의 110점보다 높아 P사는 A건물로 사무실을 이전할 것이다.

[11~13]

L은 가로축(H)의 수와 세로축(W)의 수를 나타낸다. C는 도형이 원일 때 A, 삼각형일 때 B, 사각형일 때 C이며, 안이 비어 있으면 E, 채워져 있으면 F이다. 괄호 안의 숫자는 도형의 위치를 나타내며, 가로축과 세로축이 만나는 위치이다.

11

- 가로축이 4개, 세로축이 4개 있다. → L : H4 / W4
- 안이 비어 있는 삼각형의 위치는 세로축(W) 2와 가로축(H) 4가 만나는 위치이다. → EB(2, 4)
- 안이 채워져 있는 원의 위치는 세로축(W) 1과 가로축(H) 2가 만나는 위치이다. → FA(1, 2)
- 안이 채워져 있는 사각형의 위치는 세로축(W) 4와 가로축(H) 1이 만나는 위치이다. → FC(4, 1)

따라서 그래프의 명령어는 L : H4 / W4, F : EB(2, 4) / FA(1, 2) / FC(4, 1)이다.

12

- 가로축이 5개, 세로축이 4개 있다. → L : H5 / W4
- 안이 비어 있는 사각형의 위치는 세로축(W) 4와 가로축(H) 5가 만나는 위치이다. → EC(4, 5)
- 안이 채워져 있는 원의 위치는 세로축(W) 1과 가로축(H) 3이 만나는 위치이다. → FA(1, 3)
- 안이 채워져 있는 삼각형의 위치는 세로축(W) 3과 가로축(H) 2가 만나는 위치이다. → FB(3, 2)

따라서 그래프의 명령어는 L : H5 / W4, C : EC(4, 5) / FA(1, 3) / FB(3, 2)이다.

13

EB(2, 2)는 세로축(W) 2와 가로축(H) 2가 만나는 위치에 안이 비어있는 삼각형을 생성하는 명령어이고, FC(2, 3)은 세로축(W) 2와 가로축(H) 3이 만나는 위치에 안이 채워져 있는 사각형을 생성하는 명령어이다. 하지만, 산출된 그래프에서 안이 비어있는 삼각형은 (1, 2) 위치에 생성되었고, 안이 채워져 있는 사각형은 (1, 3) 위치에 생성되었다.

14

출근할 때 경로별 이동시간을 구하면 다음과 같다.
① 1호선 9개역 이동
  : 3×9＝27분
② 1호선 3개역 이동 → 2호선 7개역 이동 → 1호선 3개역 이동
  : (3×3)＋(2×7)＋(3×3)＝32분
③ 1호선 3개역 이동 → 2호선 4개역 이동 → 급행 2개역 이동
  : (3×3)＋(2×4)＋(1분 30초×2)＝20분
④ 1호선 6개역 이동 → 2호선 3개역 이동 → 급행 2개역 이동
  : (3×6)＋(2×3)＋(1분 30초×2)＝27분
따라서 '1호선 3개역 이동 → 2호선 4개역 이동 → 급행 2개역 이동'이 20분으로 가장 시간이 적게 걸린다.

15

환승 시 이동시간을 더한 경로별 이동시간을 구하면 다음과 같다.
① 1호선 9개역 이동
  : 3×9＝27분
② 1호선 3개역 이동 → 2호선 7개역 이동 → 1호선 3개역 이동
  : (3×3)＋4＋(2×7)＋4＋(3×3)＝40분
③ 1호선 3개역 이동 → 2호선 4개역 이동 → 급행 2개역 이동
  : (3×3)＋4＋(2×4)＋4＋(1분 30초×2)＝28분
④ 1호선 6개역 이동 → 2호선 3개역 이동 → 급행 2개역 이동
  : (3×6)＋4＋(2×3)＋4＋(1분 30초×2)＝35분
따라서 '1호선 9개역 이동'이 27분으로 가장 시간이 적게 걸린다.

01	02	03	04	05	06	07	08	09	10	11	12	13	14	15					
③	②	④	④	③	②	④	①	①	②	③	④	②	③	①					

01

정답 ③

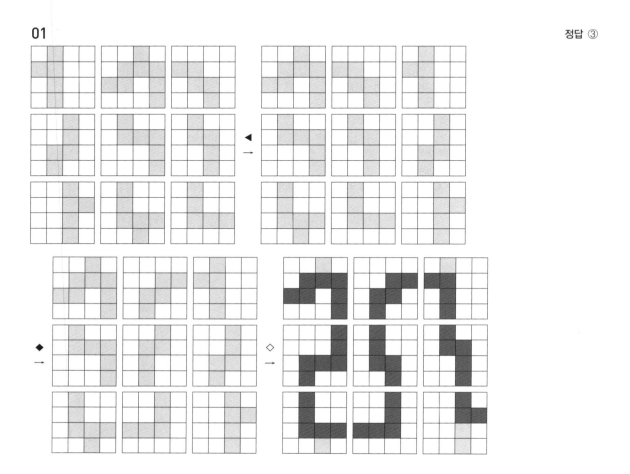

02

정답 ②

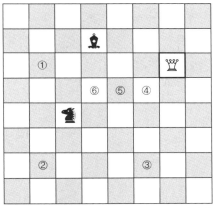

백색 나이트는 최소한 2번 움직여야 흑색 킹을 잡을 수 있다.

03

정답 ④

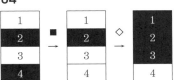

백색 퀸이 6번 움직일 수 있을 때, 최대 5개의 흑색 기물을 잡을 수 있다.

04

정답 ④

05

정답 ③

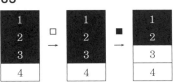

06

정답 ②

$$(-3, 6) \xrightarrow{\ ♪\ } (-4, 6) \xrightarrow{\ ◈\ } (-6, -4) \xrightarrow{\ ♭\ } (-6, -5) \xrightarrow{\ \&\ } (5, 6) \xrightarrow{\ ♪\ } (4, 6) \xrightarrow{\ ◈\ } (-6, 4)$$

오답분석

① $(-3, 6) \xrightarrow{\ ♭\ } (-3, 5) \xrightarrow{\ \&\ } (-5, 3) \xrightarrow{\ ♪\ } (-6, 3) \xrightarrow{\ ◈\ } (-3, -6) \xrightarrow{\ ♪\ } (-4, -6) \xrightarrow{\ ◈\ } (6, -4)$

③ $(-3, 6) \xrightarrow{\ \&\ } (-6, 3) \xrightarrow{\ ◈\ } (-3, -6) \xrightarrow{\ ♭\ } (-3, -7) \xrightarrow{\ \&\ } (7, 3) \xrightarrow{\ ♪\ } (6, 3) \xrightarrow{\ ◈\ } (-3, 6)$

④ $(-3, 6) \xrightarrow{\ ◈\ } (-6, -3) \xrightarrow{\ ♭\ } (-6, -4) \xrightarrow{\ ♭\ } (-6, -5) \xrightarrow{\ ◈\ } (5, -6) \xrightarrow{\ ♪\ } (4, -6) \xrightarrow{\ \&\ } (6, -4)$

07

정답 ④

$$(6, 3) \xrightarrow{\ ◎\ } (-6, -3) \xrightarrow{\ ▷\ } (-5, -3) \xrightarrow{\ ⇔\ } (5, -3) \xrightarrow{\ △\ } (5, -2) \xrightarrow{\ ⇔\ } (-5, -2) \xrightarrow{\ ◁\ } (-6, -2)$$

오답분석

① $(6, 3) \xrightarrow{\ ⇔\ } (-6, 3) \xrightarrow{\ ▷\ } (-5, 3) \xrightarrow{\ ⇔\ } (5, 3) \xrightarrow{\ ◁\ } (4, 3) \xrightarrow{\ ◎\ } (-4, -3) \xrightarrow{\ △\ } (-4, -2)$

② $(6, 3) \xrightarrow{\ ⇕\ } (6, -3) \xrightarrow{\ △\ } (6, -2) \xrightarrow{\ ◁\ } (5, -2) \xrightarrow{\ ◁\ } (4, -2) \xrightarrow{\ ◎\ } (-4, 2) \xrightarrow{\ ⇕\ } (-4, -2)$

③ $(6, 3) \xrightarrow{\ ◁\ } (5, 3) \xrightarrow{\ ◁\ } (4, 3) \xrightarrow{\ ◁\ } (3, 3) \xrightarrow{\ ▽\ } (3, 2) \xrightarrow{\ ◎\ } (-3, -2) \xrightarrow{\ ◁\ } (-4, -2)$

08

정답 ①

#버튼을 눌렀을 때는 양 끝에 있는 숫자를 가운데 숫자 옆으로 이동하는 것이다.

따라서 963154872 중 9, 2를 가운데 숫자인 5 옆으로 이동하면 631952487이다.

09

정답 ①

외부도형(사각형)은 정가운데를 중심으로 시계 방향으로 2칸씩 움직인다.

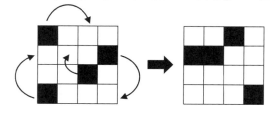

그리고 내부도형(원) 중 흰색 원은 왼쪽으로 1칸씩 이동하며, 검은색 원은 아래로 1칸씩 이동한다. 같은 칸에서 내부도형끼리 만나게 되면 검은색 원이 되며, 이후에는 합쳐지기 이전의 도형으로 다시 분리되어 1칸씩 움직인다.

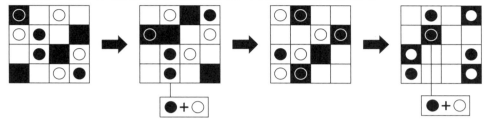

10

정답 ②

규칙은 가로 방향으로 적용된다.
첫 번째 도형을 시계 반대 방향으로 90° 회전한 것이 두 번째 도형, 이를 색 반전한 것이 세 번째 도형이다.

11

정답 ③

각 항을 4개씩 묶고 A, B, C, D라고 하면
$\underline{A \ B \ C \ D} \rightarrow A+B+C+D=0$
따라서 (   )$=(-6)+7+(-5)=-4$이다.

12

정답 ④

홀수 항은 $\times(-2)+2$, 짝수 항은 $+3$, $+6$, $+9$, …인 수열이다.
따라서 (   )$=10\times(-2)+2=-18$이다.

13

정답 ②

$\times1$, $\times2$, $\times3$, …인 수열이다.
따라서 (   )$=\dfrac{4}{3}\times2=\dfrac{8}{3}$이다.

14

정답 ③

월요일에 진료를 하는 경우 첫 번째 명제에 의해, 수요일에 진료를 하지 않으며, 네 번째 명제에 의해 금요일에 진료를 한다. 또한 세 번째 명제의 대우에 의해 화요일에 진료를 하지 않는다. 그리고 월요일에 진료를 하지 않는 경우 두 번째 명제에 의해 화요일에 진료를 하며, 세 번째 명제에 의해 금요일에 진료를 하지 않는다. 또한 네 번째 명제의 대우에 의해 수요일에 진료를 한다. 따라서 월요일, 화요일, 수요일, 금요일 총 3일 진료를 하였다.

15

정답 ①

제시된 조건을 모두 기호로 표기하면 다음과 같다.
• B → ~E
• ~B and ~E → D
• A → B or D
• C → ~D
• C → A
C가 워크숍에 참석하는 경우 D는 참석하지 않으며, A는 참석한다. A가 워크숍에 참석하면 B 또는 D 중 한 명이 함께 참석하므로 B가 A와 함께 참석한다. 또한 B가 워크숍에 참석하면 E는 참석하지 않는다. 따라서 워크숍에 참석하는 직원은 A, B, C이다.

제3회 정답 및 해설

제 1영역 언어이해

01	02	03	04	05	06	07	08	09	10
④	②	②	④	②	④	③	①	③	④
11	12	13	14	15					
①	④	③	①	②					

01
정답 ④

신경교세포가 전체 뉴런을 조정하면서 기억력과 사고력을 향상시키는다는 가설하에, 인간의 신경교세포를 갓 태어난 생쥐의 두뇌에 주입하는 실험을 하였다. 그리고 그 실험 결과는 이 같은 가설을 뒷받침해 주는 결과를 가져왔다. 따라서 추론할 수 있는 내용으로 ④가 가장 적절하다.

오답분석
① 인간의 신경교세포를 생쥐의 두뇌에 주입하였더니 쥐가 자라면서 주입된 인간의 신경교세포도 성장했고, 이 세포들이 주위의 뉴런들과 완벽하게 결합되어 쥐의 두뇌 전체에 걸쳐 퍼지게 되었다고 하였다. 그러나 이 과정에서 쥐의 뉴런에 어떠한 영향을 주는지에 대해서는 언급하고 있지 않으므로 추론할 수 없는 내용이다.
②·③ 제시문의 실험은 인간의 신경교세포를 쥐의 두뇌에 주입했을 때의 변화를 살펴본 것이지 인간의 뉴런 세포를 주입한 것이 아니므로 추론할 수 없는 내용이다.

02
정답 ②

두 번째 문단에서 마이크로비드는 '면역체계 교란, 중추신경계 손상 등의 원인이 되는 잔류성유기오염물질을 흡착한다.'고 설명하고 있으므로 ②는 적절하지 않다.

03
정답 ②

ⓒ 갑과 을의 수치가 같다면 양분 비율이나 백분율의 비율이 같기 때문에 올바른 판단이다.

오답분석
ㄱ '기존 믿음의 정도들'이 달라졌다고 해도 변화된 수치를 양분해서 적용시키는 방법과 변화된 수치를 적용된 기존 수치의 백분율에 따라 배분하는 방법에 의해 수정되기 때문에 각 수치의 변동률은 같게 나오게 된다.
ㄴ '갑이 범인'과 '을이 범인'에 대한 믿음의 정도의 차이는 방법 A를 이용한 결과가 방법 B를 이용한 결과의 최대치를 놓고 보아도 결과는 달라지지 않는다. 첫 번째 방법은 양분을 하는 것이므로 평균치에 가까워지는 반면, 두 번째 방법은 기존 비율에 비례하게 배분하는 것이므로 비율의 차이는 커지게 된다.

04
정답 ④

포지티브 방식은 PR 코팅, 즉 감광액이 빛에 노출되었을 때 현상액에 녹기 쉽게 화학구조가 변하며, 네거티브 방식은 반대로 감광액이 빛에 노출되면 현상액에 녹기 어렵게 변한다. 따라서 바르게 해석한 것은 ④이다.

오답분석
① 포토리소그래피는 PR층이 덮이지 않은 증착 물질을 제거하는 식각 과정 이후 PR층을 마저 제거한다. 이후 일련의 과정을 다시 반복하여 증착 물질을 원하는 형태로 패터닝하는 것이다.
② PR코팅은 노광 과정 이후 현상액에 접촉했을 때 반응하여 사라지거나 남게 된다. 따라서 식각 과정 이전에 자신의 실수를 알아챘을 것이다.
③ 포지티브방식의 PR 코팅을 사용한 창우의 디스플레이 회로의 PR층과 증착 물질이 모두 사라졌다면, 증착 및 코팅 불량이나 PR 제거 실수와 같은 근본적인 오류를 제외할 경우 노광 과정에서 마스크가 빛을 가리지 못해 PR층 전부가 빛에 노출되었을 가능성이 높다.

05
정답 ②

제시문은 빛의 본질에 관한 뉴턴, 토마스 영, 아인슈타인의 가설을 서술한 글이다. 빛은 광량자라고 하는 작은 입자로 이루어졌다는 아인슈타인의 광량자설은 빛이 파동이면서 동시에 입자인 이중적인 본질을 가지고 있다는 것을 의미하는 것으로, 뉴턴의 입자설과 토마스 영의 파동설을 모두 포함한다. 따라서 ②가 가장 적절하다.

오답분석
① 뉴턴의 가설은 그의 권위에 의해 오랫동안 정설로 여겨졌지만, 토마스 영의 겹실틈 실험에 의해 다른 가설이 생겨났다.

③ 아인슈타인은 토마스 영의 빛의 파동성을 인정하였다.
④ 겹실틈 실험은 한 개의 실틈을 거쳐 생긴 빛이 다음 설치된 두 개의 겹실틈을 지나가게 해서 스크린에 나타나는 무늬를 관찰하는 것이다.

06
정답 ④

보기에 제시된 문장에서 '묘사(描寫)'는 '어떤 대상이나 현상 따위를 있는 그대로 언어로 서술하거나 그림으로 그려서 나타내는 것'이다. 보기에서의 앞에는 어떤 모습이나 장면이 나와야 하므로 (다) 다음의 '분주하고 정신없는 장면'이 와야 한다. 또한 보기에서 묘사는 '본 사람이 무엇을 중요하게 판단하고, 무엇에 흥미를 가졌느냐에 따라 크게 다르다.'고 했으므로 보기 뒤에는 (다) 다음의 장면 중 '어느 부분에 주목하고, 또 어떻게 그것을 해석했는지에 따라 즐겁기도 하고 무섭기도 하다.'의 구체적 내용인 (라)에 들어가는 것이 가장 적절하다.

07
정답 ③

제시문의 빈칸 앞 문장에서 변혁적 리더는 구성원의 욕구 수준을 상위수준으로 끌어올린다고 하였으므로 구성원에게서 기대되었던 성과만을 얻어내는 거래적 리더십을 발휘하는 리더와 달리 변혁적 리더는 구성원에게서 보다 더 높은 성과를 얻어낼 수 있을 것임을 추론해볼 수 있다. 따라서 빈칸에 들어갈 내용으로는 '기대 이상의 성과를 얻어낼 수 있다.'는 내용이 가장 적절하다.

08
정답 ①

합리적 사고와 이성에 호소하는 거래적 리더십과 달리 변혁적 리더십은 감정과 정서에 호소하는 측면이 크다. 따라서 변혁적 리더십을 발휘하는 '변혁적 리더는 구성원의 합리적 사고와 이성이 아닌 감정과 정서에 호소한다.'는 적절하지 않다.

09
정답 ③

행동에 따라 세 집단으로 분류했지만 마지막 문단에서 무엇이 옳다 말할 수는 없다고 하였으므로 ③은 적절하지 않다.

오답분석
① 첫 번째 문단에서 '갑작스럽게 이런 트렌드가 시작된 이유는 무엇일까?'라는 질문으로 독자의 궁금증을 유발하였다.
② 두 번째 문단에서 버린 후의 행보를 기준으로 세 집단으로 나누고 집단별 특징을 설명하였다.
④ 마지막 문단에서 '바이(BYE)'와 '바이(BUY)'의 동음이의어를 사용하여 글의 핵심을 표현하였다.

10
정답 ④

물건의 소비를 경험의 소비로 바꾼 사람들은 육체적 만족이 아닌 정신적 만족을 추구한다. 따라서 ④는 적절하지 않다.

11
정답 ①

첫 번째 문단에서 엔테크랩이 개발한 감정인식기술을 모스크바시 경찰 당국에 공급할 계획이라고 하였으므로 아직 도입되어 활용되고 있는 것은 아니다. 따라서 ①은 적절하지 않다.

12
정답 ④

빈칸의 앞에서는 감정인식기술을 수사기관에 도입할 경우 새로운 차원의 수사가 가능하다고 하였고, 빈칸의 뒤에서는 이 기술이 어느 부서에서 어떻게 이용될 것인지 밝히지 않았고 결정된 것이 없다고 하였으므로 앞의 내용과 뒤의 내용이 상반될 때 쓰는 접속부사인 '그러나'가 와야 가장 적절하다.

13
정답 ③

제시문에서는 지진에서 2차적으로 발생하는 '물의 재해'로 인한 피해를 설명하고 있다. 두 번째 문단과 마지막 문단은 지진 이후 발생한 쓰나미와 댐 붕괴 등 물의 재해에 대한 구체적인 사례를 제시하고 있다. 따라서 글의 제목으로 ③이 가장 적절하다.

14
정답 ①

제시문에서는 지진의 여파로 발생한 댐의 붕괴에 대해 설명하고 있으므로 ①은 적절하지 않다.

오답분석
② 이탈리아의 스타바댐은 1985년 7월 19일 지진으로 인해 붕괴되었다.
③ 쓰나미는 지진으로 인한 지진해일로, 이로 인해 포르투갈은 수많은 인명 피해를 입었다.
④ 두 번째 문단에서 '지진은 재해의 전주곡에 불과했다.'라고 언급되어 있으며, 포르투갈은 이후의 쓰나미로 인해 더 큰 피해를 입었다.

15
정답 ②

제시문은 제4차 산업혁명으로 인한 노동수요 감소로 인해 나타날 수 있는 문제점으로 대공황에 대한 위험을 설명하면서도, 긍정적인 시각으로 노동수요 감소를 통해 인간적인 삶 향유가 이루어질 수 있다고 말한다. 따라서 제4차 산업혁명의 밝은 미래와 어두운 미래를 나타내는 '제4차 산업혁명의 빛과 그늘'이 글의 제목으로 가장 적절하다.

01	02	03	04	05	06	07	08	09	10
②	③	④	③	③	④	②	②	④	④
11	12	13	14	15					
③	②	①	①	③					

01
정답 ②

이산화탄소의 농도가 계속해서 증가하고 있는 것과 달리 오존 전량은 2017년부터 2020년까지 차례로 감소하고 있으므로 ②는 옳지 않은 설명이다.

오답분석

① 이산화탄소의 농도는 2017년 387.2ppm에서 시작하여 2022년 395.7ppm으로 해마다 증가했다.
③ 2023년 오존 전량은 335DU로, 2017의 331DU보다 4DU 증가했다.
④ 2023년 이산화탄소 농도는 2018년의 388.7ppm에서 395.7ppm으로 7ppm 증가했다.

02
정답 ③

총지원자 수에 대한 2015·2016년 평균과 2021·2022년 평균의 차이를 구하면 다음과 같다.

- 2015·2016년의 평균 $= \dfrac{826.9 + 806.9}{2} = 816.9$만 명
- 2021·2022년의 평균 $= \dfrac{796.3 + 813.0}{2} = 804.65$만 명

따라서 두 평균의 차이는 $816.9 - 804.65 = 12.25$만 명이다.

03
정답 ④

2023년 1관당 인구수는 2020년 1관당 인구수에 비해 12,379명 감소했으므로 ④는 옳지 않은 설명이다.

오답분석

① 2023년 1인당 장서 수는 1.49권임을 표에서 쉽게 확인할 수 있다.
② 공공도서관 수는 644개관 → 703개관 → 759개관 → 786개관으로 증가하는 추세이다.
③ 2022년 공공도서관에 258,315,000명이 방문했음을 표에서 쉽게 확인할 수 있다.

04
정답 ③

본인에 대해 아버지가 걱정하는 비율은 27.1%이므로 ③은 옳지 않은 설명이다.

오답분석

① 아버지가 본인, 아들, 딸에 대해 걱정하는 비율은 각각 27.1%, 77.1%, 89.6%인 반면, 어머니가 본인, 아들, 딸에 대해 걱정하는 비율은 58.4%, 83.4%, 91.1%이다.
② 아버지가 아들보다 딸을 걱정하는 비율이 12.5%p 더 높고, 어머니가 아들보다 딸을 걱정하는 비율이 7.7%p 더 높다.
④ 어머니가 아들과 딸에 대해 걱정하는 비율의 차이는 91.1 - 83.4 = 7.7%p이고, 아버지가 아들과 딸에 대해 걱정하는 비율의 차이는 89.6 - 77.1 = 12.5%p이다.

05
정답 ③

살인과 강간의 발생건수와 검거건수의 수치가 바뀌었다.
따라서 ③은 옳지 않은 그래프이다.

06
정답 ④

다음 중 2022년에 위험물안전관리자 선임자 수가 가장 많은 행정구역은 12,166인 경기도이며, 가장 적은 행정구역은 379명인 세종특별자치시이다.
따라서 선임자 수 차이는 12,166 - 379 = 11,787명이다.

07
정답 ②

ㄷ. 2020년에 제조소등수가 세 번째로 적은 행정구역은 대전광역시가 아닌, 1,305개소인 제주특별자치도이다.

오답분석

ㄱ. 제조소등수가 5,000개 이상인 행정구역은 2019년과 2020년 모두 울산광역시, 경기도, 충청북도, 충청남도, 전라남도, 경상북도, 경상남도로 7곳으로 동일하다.
ㄴ. 2019년과 2020년에 제조소등수가 가장 많은 행정구역은 모두 경기도로 동일하다.

08
정답 ②

ㄱ. 도시에서 행복한 편이라고 응답한 사람의 수는 1,147명 × 52.7% = 604.469명으로 600명을 넘는다.
ㄹ. 행복하지 않은 편이라고 응답한 사람의 비율은 60대가 12.4%, 50대가 7.2%로 60대가 더 높다.

오답분석

ㄴ. 농어가에서 전혀 행복하지 않다고 응답한 사람의 수는 842명 중 0.8%인 6.736명이며, 비농어가에서 전혀 행복하지 않다고 응답한 사람의 수는 1,911명 중 1.6%인 30.576명이다.
ㄷ. 읍의 경우 매우 행복하다고 응답한 사람의 비율과 행복한 편이라고 응답한 사람의 비율이 3.0 + 41.4 = 44.4%이며, 면의 경우 매우 행복하다고 응답한 사람의 비율과 행복한 편이라고 응답한 사람의 비율이 1.7 + 43.6 = 45.3%이다. 따라서 읍과 면 모두 50.0%를 넘지 못한다.

09 정답 ④

행복한 편이라고 응답한 비율과 행복하지 않은 편이라고 응답한 비율의 합은 30대 이하가 62.5+1.1=63.6%로 가장 높다.

10 정답 ④

ㄷ. 출산율은 2022년까지 계속 증가하였으며, 2023년에는 감소하였다.

ㄹ. 출산율과 남성 사망률의 차이는 2019년부터 2023년까지 각각 18.2%p, 20.8%p, 22.5%p, 23.7%p, 21.5%로 2022년에 가장 크다.

오답분석

ㄱ. 2019년 대비 2023년의 전체 인구수의 증감률은 $\frac{12,808-12,381}{12,381}\times100 ≒ 3.4\%$이다.

ㄴ. 가임기 여성의 비율과 출산율은 서로 증감 추이가 다르다.

11 정답 ③

ⓒ 전체 인구수는 계속하여 증가하고 있다.

ⓔ 여성사망률이 가장 높았던 해는 7.8%로 2022년이다.

ⓜ 2023년은 출산율이 계속 증가하다가 감소한 해이다.

따라서 옳지 않은 것은 모두 3개이다.

12 정답 ②

7월에 가계대출 금리의 이하인 금리를 갖는 대출 유형은 주택담보대출, 예 · 적금담보대출, 보증대출, 집단대출 총 4가지이므로 ②는 옳지 않은 설명이다.

오답분석

① 6~8월 동안 전월 대비 가계대출 가중평균 금리는 계속 감소했음을 알 수 있다.

③ 5월 대비 6월에 금리가 하락한 유형 중 가장 적게 하락한 유형은 4.55-4.65=-0.1%p인 소액대출이다.

④ 8월 가계대출 유형 중 공공 및 기타부문대출과 주택담보대출 금리 차이는 3.32-2.47=0.85%p이다.

13 정답 ①

가계대출 유형별 5월 대비 8월에 금리 차이를 구하여 표로 정리하면 다음과 같다.

구분	5월	8월	금리 차이 (%p)
소액대출	4.65	4.13	-0.52
보증대출	3.43	2.95	-0.48
일반신용대출	4.40	3.63	-0.77
집단대출	3.28	2.76	-0.52

따라서 대출유형 중 5월 대비 8월 가중평균 금리가 가장 많이 감소한 것은 '일반신용대출'이다.

14 정답 ①

60대 이상은 '읽음'의 비율이 '읽지 않음' 비율보다 낮으므로 ①은 옳지 않은 설명이다.

오답분석

② 여성이 남성보다 종이책 독서를 하는 비율은 61.5-58.2=3.3%p 높다.

③ 사례 수가 가장 적은 연령대는 20대이고, '읽지 않음'을 선택한 인원은 1,070×0.265=283.55 ≒ 284명이다.

④ 40대의 '읽음'과 '읽지 않음'을 선택한 인원의 차이는 1,218×(0.619-0.381)=289.884 ≒ 290명이다.

15 정답 ③

3,000×(0.582+0.615)=3,000×1.197=3,591명

따라서 '읽음'을 선택한 여성과 남성의 인원은 총 3,591명이다.

01	02	03	04	05	06	07	08	09	10	11	12	13	14	15					
②	④	④	①	④	③	④	②	④	②	④	①	④	③	④					

01
정답 ②

예상 금액에 통신사별 할인 혜택을 반영하여 표로 정리하면 다음과 같다.

구분	A통신사	B통신사	C통신사
A레스토랑	143,300−5,000=138,300원	143,300×0.85≒121,800원	143,300−14,300=129,000원
B레스토랑	165,000원	165,000×0.8=132,000원	45,500(∵ 65,000×0.7)+100,000 =145,500원
C레스토랑	174,500−26,100=148,400원	112,050(∵ 124,500×0.9)+50,000 =162,050원	174,500×0.7=122,150원

따라서 P씨의 가족이 A레스토랑에서 B통신사 15% 할인 혜택을 받아 외식할 때 121,800원으로 가장 저렴하게 먹을 수 있다.

02
정답 ④

인천에서 샌프란시스코까지 비행시간은 10시간 25분이므로, 샌프란시스코 도착 시각에서 거슬러 올라가면 샌프란시스코 시각으로 00시 10분에 출발한 것이 된다. 이때 한국은 샌프란시스코보다 16시간 빠르기 때문에 한국 시각으로는 16시 10분에 출발한 것이다. 하지만 비행기 티케팅을 위해 출발 한 시간 전에 인천공항에 도착해야 하므로 15시 10분까지 공항에 가야 한다.

03
정답 ④

제품군별 지급해야 할 보관료를 정리하면 다음과 같다.
• A제품군 : 300×0.01=3억 원
• B제품군 : 2,000×20,000=4천만 원
• C제품군 : 500×80,000=4천만 원
따라서 P사가 보관료로 지급해야 할 총 금액은 3억 8천만 원(=3억+4천만+4천만)이다.

04
정답 ①

수상, 자격증획득, 징계는 4분기 내의 것만 인정되는 것에 유의하여 성과급 지급 기준에 따라 직원들의 성과점수를 산정하면 다음과 같다.

직원	성과점수
가	(85×0.4)+(70×0.3)+(80×0.3)+4=83점
나	(80×0.4)+(80×0.3)+(70×0.3)−1=76점
다	(75×0.4)+(85×0.3)+(80×0.3)+2=81.5점
라	(70×0.4)+(70×0.3)+(90×0.3)−5=71점
마	(80×0.4)+(65×0.3)+(75×0.3)=74점

따라서 가, 다만 B등급으로 직원들 중 가장 높은 등급을 받고, 이에 따라 가장 많은 성과급을 받는다.

05

대리와 과장이 2박 3일간 부산 출장비로 받을 수 있는 총 출장비를 정리하면 다음과 같다.

- 일비 : $(30,000 \times 3) + (50,000 \times 3) = 240,000$원
- 교통비 : $(3,200 \times 2) + (121,800 \times 2) + 10,300 = 260,300$원
- 숙박비 : $(120,000 \times 2) + (150,000 \times 2) = 540,000$원
- 식비 : $(8,000 \times 3 \times 3) + (10,000 \times 3 \times 3) = 162,000$원

따라서 지급받을 수 있는 총 출장비는 $240,000 + 260,300 + 540,000 + 162,000 = 1,202,300$원이다.

06

사원 2명과 대리 1명이 1박 2일간 강릉 출장비로 받을 수 있는 총 출장비를 정리하면 다음과 같다.

- 일비 : $(20,000 \times 2 \times 2) + (30,000 \times 2) = 140,000$원
- 교통비 : 0원(자가용 이용)
- 숙박비 : $80,000 \times 3 = 240,000$원
- 식비 : $(6,000 \times 3 \times 2 \times 2) + (8,000 \times 3 \times 2) = 120,000$원

따라서 지급받을 수 있는 총 출장비는 $140,000 + 240,000 + 120,000 = 500,000$원이다.

07

A/S 규정 중 '교환·환불배송 정책' 부분에서, A/S와 관련된 운송비는 제품 초기 불량일 경우에만 당사에서 부담한다고 규정하고 있다. 그러므로 초기 불량이 아닐 경우에는 운송비는 고객이 부담하여야 한다.

따라서 운송비를 제외한 복구 시 발생되는 모든 비용에 대해 고객이 부담하여야 한다는 답변은 적절하지 않다.

08

고객의 요청을 참고하여 수리가 필요한 항목을 정리하면 다음과 같다.

- 네트워크 관련 작업 : 20,000원
- 펌웨어 업그레이드 : 20,000원
- 하드 디스크 점검 : 10,000원

따라서 고객에게 안내하여야 할 수리 비용은 $20,000 + 20,000 + 10,000 = 50,000$원이다.

09

A/S 점검표에 따른 비용을 계산하면 다음과 같다.

- 전면 유리파손교체 : 3,000원
- 전원 배선 교체 : 8,000원
- 41만 화소 IR 교체 : 30,000원
- 추가 CCTV 제품비 : 80,000원
- 추가 CCTV 건물 내부(로비) 설치 : 10,000원

따라서 고객에게 청구하여야 할 비용은 $3,000 + 8,000 + 30,000 + 80,000 + 10,000 = 131,000$원이다.

10

11:00 ~ 11:30에는 20명의 고객이 식사를 하고 있음을 알 수 있다. 그리고 11:30부터 1시간 동안은 2분당 +3명, 5분당 −1명이 출입한다. 이때, 2와 5의 최소공배수는 10이고, 10분당 출입하는 고객 수는 $3 \times 5 - 1 \times 2 = (+)13$명이다.

따라서 12:00에는 $20 + 13 \times 3 = 59$명이 매장에서 식사를 하고 있다.

11

정답 ④

매출액은 매장에 방문한 고객 수에 주요 시간대별 가격을 곱한 값을 모두 더하면 알 수 있으므로 주요 시간대별 방문한 고객 수를 계산하면 다음과 같다.

- 런치에 방문한 고객 수 : $20+(3 \times 60 \div 2)+(2 \times 60 \div 1)+(6 \times 60 \div 5)=302$명
- 디너에 방문한 고객 수 : $20+(7 \times 60 \div 2)+(3 \times 60 \div 1)+(4 \times 60 \div 5)=458$명

따라서 하루 매출액은 $(302 \times 10,000)+(458 \times 15,000)=9,890,000$원이다.

12

정답 ①

조사 당일에 만석이었던 적이 한 번 있었다고 하였으므로, 가장 많은 고객이 있었던 시간대의 고객 수가 한식뷔페의 좌석 수가 된다. 시간대별 고객의 증감은 최소공배수를 활용하여 계산하면 다음과 같다.

- 런치

시간	내용
11:30 ~ 12:30	• 2분과 5분의 최소공배수 : 10분 • $(3 \times 10 \div 2)-(1 \times 10 \div 5)=+13$명 ∴ 10분당 13명 증가
12:30 ~ 13:30	• 1분과 6분의 최소공배수 : 6분 • $(2 \times 6)-(5 \times 1)=+7$명 ∴ 6분당 7명 증가
13:30 ~ 14:30	• 5분과 3분의 최소공배수 : 15분 • $(6 \times 15 \div 5)-(2 \times 15 \div 3)=+8$명 ∴ 15분당 8명 증가

즉, 런치에는 고객의 수가 계속 증가함을 알 수 있다.

- 디너

시간	내용
16:30 ~ 17:30	• 2분과 3분의 최소공배수 : 6분 • $(7 \times 6 \div 2)-(7 \times 6 \div 3)=+7$명 ∴ 6분당 7명 증가
17:30 ~ 18:30	• 1분과 5분의 최소공배수 : 5분 • $(3 \times 5 \div 1)-(6 \times 5 \div 5)=+9$명 ∴ 5분당 9명 증가
18:30 ~ 19:30	• 5분과 3분의 최소공배수 : 15분 • $(4 \times 15 \div 5)-(3 \times 15 \div 3)=-3$명 ∴ 15분당 3명 감소

즉, 디너에는 18:30 이전까지는 고객 수가 계속 증가함을 알 수 있다.

- 런치 최대 고객 수(14:30) : $20+(13 \times 60 \div 10)+(7 \times 60 \div 6)+(8 \times 60 \div 15)=200$명
- 디너 최대 고객 수(18:35) : $20+(7 \times 60 \div 6)+(9 \times 60 \div 5)-3+4=199$명

따라서 한식뷔페 P지점의 좌석 수는 모두 200석이다.

[13~15]

L은 가로축(H)의 수와 세로축(V)의 수를 나타낸다. F는 삼각형일 때 P, 사각형일 때 Q, 별 모양일 때 R, 원일 때 S이다. 괄호 안의 숫자는 도형의 위치를 나타내며, 가로축과 세로축이 만나는 위치이다.

13
정답 ④

- 가로축이 5개, 세로축이 3개 있다. →L : H5 / V3
- 삼각형의 위치는 세로축(V) 2와 가로축(H) 2가 만나는 위치이다. → P(2, 2)
- 사각형의 위치는 세로축(V) 3과 가로축(H) 4가 만나는 위치이다. → Q(3, 4)
- 원의 위치는 세로축(V) 3과 가로축(H) 2가 만나는 위치이다. → S(3, 2)
따라서 그래프의 명령어는 L : H5 / V3, F : P(2, 2) / Q(3, 4) / S(3, 2)이다.

14
정답 ③

- 가로축이 3개, 세로축이 2개 있다. →L : H3 / V2
- 삼각형의 위치는 세로축(V) 1과 가로축(H) 2가 만나는 위치이다. → P(1, 2)
- 사각형의 위치는 세로축(V) 2와 가로축(H) 3이 만나는 위치이다. → Q(2, 3)
- 별의 위치는 세로축(V) 2와 가로축(H) 1이 만나는 위치이다. → S(2, 1)
따라서 그래프의 명령어는 L : H3 / V2, F : P(1, 2) / Q(2, 3) / S(2, 1)이다.

15
정답 ④

S(1, 3)은 세로축(V) 1과 가로축(H) 3이 만나는 위치에 원을 생성하는 명령어이다. 하지만, 산출된 그래프의 도형 중 원은 (1, 4) 위치에 생성되었다.

01	02	03	04	05	06	07	08	09	10	11	12	13	14	15					
①	③	④	②	③	①	④	④	①	④	③	③	②	④	④					

01

정답 ①

백색 퀸은 최소한 2번 움직여야 흑색 킹을 잡을 수 있다.

02

정답 ③

백색 비숍이 4번 움직일 수 있을 때, 최대 3개의 흑색 기물을 잡을 수 있다.

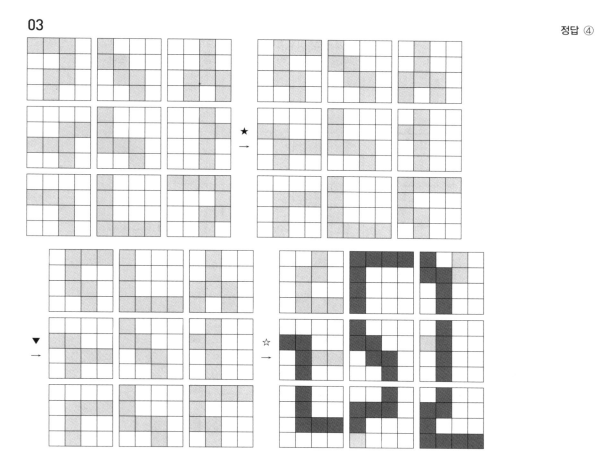

04

조건에 따라 △를 누르면 빈칸의 타일은 9번째 타일로 이동하게 된다. 이후 홀수 열에 위치하므로 ★ 명령에 영향을 받아 좌우가 반전되고,
▼ 명령에는 영향을 받지 않는다. 따라서 9번째 타일에 들어갈 모양에서 좌우가 반전된 모양의 타일을 찾으면 된다.

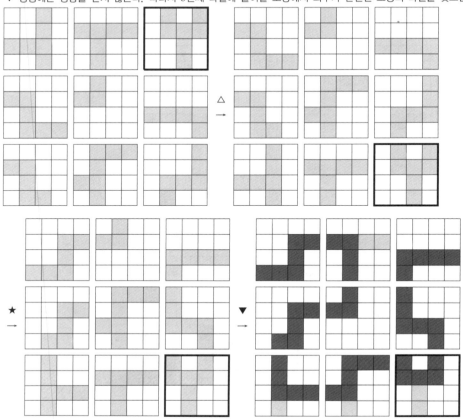

따라서 빈칸에 들어갈 타일은 ②이다.

05

$$(5,\ 4)\ \xrightarrow{\ \nwarrow\ }\ (3,\ 5)\ \xrightarrow{\ \curvearrowright\ }\ (-5,\ 3)\ \xrightarrow{\ \nearrow\ }\ (-4,\ 5)\ \xrightarrow{\ \searrow\ }\ (-2,\ 4)\ \xrightarrow{\ \curvearrowright\ }\ (-4,\ -2)\ \xrightarrow{\ \searrow\ }\ (-2,\ -3)$$

오답분석

① $(5,\ 4)\ \xrightarrow{\ \curvearrowright\ }\ (4,\ -5)\ \xrightarrow{\ \swarrow\ }\ (3,\ -7)\ \xrightarrow{\ \nwarrow\ }\ (1,\ -6)\ \xrightarrow{\ \curvearrowright\ }\ (-6,\ -1)\ \xrightarrow{\ \nearrow\ }\ (-5,\ 1)\ \xrightarrow{\ \curvearrowright\ }\ (-1,\ -5)$

② $(5,\ 4)\ \xrightarrow{\ \swarrow\ }\ (4,\ 2)\ \xrightarrow{\ \searrow\ }\ (6,\ 1)\ \xrightarrow{\ \curvearrowright\ }\ (1,\ -6)\ \xrightarrow{\ \nearrow\ }\ (2,\ -4)\ \xrightarrow{\ \nwarrow\ }\ (0,\ -3)\ \xrightarrow{\ \swarrow\ }\ (-1,\ -5)$

④ $(5,\ 4)\ \xrightarrow{\ \searrow\ }\ (7,\ 3)\ \xrightarrow{\ \curvearrowright\ }\ (-3,\ 7)\ \xrightarrow{\ \searrow\ }\ (-1,\ 6)\ \xrightarrow{\ \curvearrowright\ }\ (-6,\ -1)\ \xrightarrow{\ \curvearrowright\ }\ (1,\ -6)\ \xrightarrow{\ \nwarrow\ }\ (-1,\ -5)$

06

$(-2, -2)$ →♣ $(-4, -3)$ →◇ $(-5, -1)$ →△ $(-3, -2)$ →◇ $(-4, 0)$ →○ $(-6, 1)$

→□ $(-4, 2)$ →☆ $(-3, 4)$ →♣ $(-2, 2)$ →△ $(0, 1)$ →☆ $(1, 3)$ →△ $(3, 2)$

→♣ $(4, 0)$ →♡ $(3, -2)$ →○ $(1, -1)$ →☆ $(2, 1)$

따라서 모든 단추를 누른 후 겹쳐지는 검은색 바둑돌은 A이다.

07

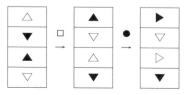

08

2버튼을 눌렀을 때는 짝수자리에 있는 숫자만 오름차순으로 정렬하는 것이다.
따라서 732859641에서 짝수자리에 있는 숫자인 3, 8, 9, 4만 오름차순으로 정렬하면 7324586910다.

09

정사각형 4개의 칸을 기준으로 바깥쪽에 있는 직각삼각형은 정사각형의 변을 따라 시계 방향으로 90° 회전하며 시계 방향으로 한 칸씩 이동한다. 오각형은 정사각형 4개의 칸 안에서 180° 회전하며 시계 반대 방향으로 한 칸씩 이동한다. 회색 칸은 시계 방향으로 한 칸씩 이동하며, 이때 오각형이 회색 칸에 있으면 색 반전한다.

10

규칙은 가로 방향으로 적용된다.
첫 번째 도형을 시계 방향으로 270° 회전한 것이 두 번째 도형이고, 이를 시계 반대 방향으로 90° 회전한 것이 세 번째 도형이다.

11

나열된 수를 각각 A, B, C라고 하면
$\underline{A\ B\ C\ D} \rightarrow A \times B = C \times D$
따라서 ( )$=14 \times 4 \div 7 = 80$이다.

12

n을 자연수라고 하면 n항과 $(n+2)$항을 곱한 값이 $(n+1)$항이 되는 수열이다.
따라서 ( )$=\frac{1}{9} \times 36 = 40$이다.

13

주어진 조건을 표로 정리하면 다음과 같다.

구분	A	B	C	D	E	F
아침	된장찌개	된장찌개	된장찌개	김치찌개	김치찌개	김치찌개
점심	김치찌개	김치찌개	된장찌개	된장찌개	된장찌개	김치찌개
저녁	김치찌개	김치찌개	김치찌개	된장찌개	된장찌개	된장찌개

따라서 김치찌개는 총 9그릇이 필요하므로 ②는 옳지 않다.

14

현재 아르바이트생의 월 급여는 (평일)+(주말)=(3×9×4×9,000)+(2×9×4×12,000)=1,836,000원이므로, 월 급여는 정직원>아르바이트생>계약직원 순서이다. 또한 현재 상황에서 전체 인원을 줄일 수 없다고 했으므로 현 상황에서 인건비를 가장 많이 줄일 수 있는 방법은 아르바이트생을 계약직원으로 전환하는 것이다.

15

게임 규칙과 결과를 토대로 경우의 수를 정리하면 다음과 같다.

라운드	벌칙 제외	총 퀴즈 개수
3	A	15개
4	B	19개
5	C	21개
	D	
	C	22개
	E	
	D	22개
	E	

ㄴ. 총 22개의 퀴즈가 출제되었다면, E가 정답을 맞혀 벌칙에서 제외된 것이다.

ㄷ. 게임이 종료될 때까지 총 21개의 퀴즈가 출제되었다면 C, D가 벌칙에서 제외된 경우로 5라운드에서 E에게는 정답을 맞힐 기회가 주어지지 않았다. 따라서 퀴즈를 푸는 순서가 벌칙을 받을 사람 선정에 영향을 미친다.

오답분석

ㄱ. 5라운드까지 4명의 참가자가 벌칙에서 제외되었으므로 정답을 맞힌 퀴즈는 8개, 벌칙을 받을 사람은 5라운드까지 정답을 맞힌 퀴즈는 0개나 1개이므로 총 정답을 맞힌 퀴즈는 8개 또는 9개이다.

제4회 정답 및 해설

제 1 영역 언어이해

01	02	03	04	05	06	07	08	09	10
③	③	②	④	④	②	②	③	②	④
11	12	13	14	15					
④	①	③	③	③					

01
정답 ③

첫 번째 문단에서 통각 수용기에는 감각적응 현상이 거의 일어나지 않는다고 하였으므로 옳은 내용이다.

오답분석

① 글의 마지막 문장에서 Aδ섬유는 직경이 크고 전도 속도가 빠르며, C섬유는 직경이 작고 전도 속도가 느리다고 했으므로 옳지 않다.
② 첫 번째 문단에서 통각 수용기는 피부에 가장 많아 피부에서 발생한 통증은 위치를 확인하기 쉽다고 했으므로 옳지 않다.
④ 두 번째 문단에서 Aδ섬유를 따라 전도된 통증 신호가 대뇌 피질로 전달되면, 대뇌 피질에서는 날카롭고 쑤시는 듯한 짧은 초기 통증을 느끼고 통증이 일어난 위치를 파악한다고 하였으므로 옳지 않다.

02
정답 ③

이곡의 『차마설』은 말을 빌려 탄 개인적인 경험을 통해 소유에 대한 보편적인 깨달음을 제시하고 올바른 삶의 태도를 촉구하는 교훈적 수필로, 개인적 일상의 경험을 먼저 제시하고 이에 대한 자신의 의견을 제시하고 있다.

오답분석

① 말을 빌려 탄 개인적 경험의 예화를 통해 소유에 대한 반성의 교훈을 제시하는 2단 구성 방식을 취하고 있다.
② 주관적인 개인적 경험을 통해 소유에 대한 보편적인 의견을 제시하고 있다.
④ 말을 빌려 탄 개인의 경험을 소유에 대한 욕망이라는 추상적 대상으로 확장하는 유추의 방법을 사용하고 있다.

03
정답 ②

빈칸 뒤에서는 고전 미학과 근대 미학이 각각 추구하는 이념과 대상에 대해 예를 들어 설명하고 있다. 따라서 빈칸에 들어갈 문장으로 미학이 추구하는 이념과 대상도 '시대에 따라 다름'을 언급하는 ②가 가장 적절하다.

04
정답 ④

제시문에서는 한국 사람들이 자기보다 우월한 사람들을 준거집단으로 삼기 때문에 이로 인한 상대적 박탈감으로 행복감이 낮다고 설명하고 있으므로, 이를 반증하는 사례를 통해 반박해야 한다. 따라서 만약 자신보다 우월한 사람들을 준거집단으로 삼으면서도 행복감이 낮지 않는 나라가 있다면 이에 대한 반박이 되므로 ④가 가장 적절하다.

05
정답 ④

마지막 문단에서 '그리고 병원균이나 곤충, 선충에 기생하는 종들을 사용한 생물 농약은 유해 병원균이나 해충을 직접 공격하기도 한다.'라고 하였으므로 직접 공격하지 못한다는 내용은 적절하지 않다.

06
정답 ②

제시문은 빈칸의 앞부분에서는 언어가 사고능력을 결정한다는 언어결정론자들의 주장을 소개하고, 이어지는 문단에서는 이에 대하여 반박하면서 우리의 생각과 판단이 언어가 아닌 경험에 의해 결정된다고 결론짓고 있다. 그러므로 빈칸에 들어갈 문장은 언어결정론자들이 내놓은 근거를 반박하면서 사고능력이 경험에 의해 결정된다는 주장에 위배되지 않는 내용이어야 한다. 따라서 풍부한 표현을 가진 언어를 사용함에도 인지능력이 뛰어나지 못한 경우가 있다는 내용인 ②가 빈칸에 들어가는 것이 가장 적절하다.

07
정답 ②

내성적인 사람의 경우 불안감을 느낄 확률이 높아 맥박이 빨라지고 체온이 상승함에 따라 대사작용이 빨라져 외향적인 사람보다 에너지 소모량이 많아 저체중일 가능성이 높다. 따라서 ②의 내용이 옳지 않다.

08

정답 ③

㉮는 문맥상 강한 힘으로 음식을 쉽게 되면 치아가 '마모'된다는 의미가 자연스러우며, ㉯는 문맥에서는 치열이 불규칙하게 '변형'된다는 의미가 자연스럽다. 치열은 치아가 나열된 형태이므로 닳아 없어진다는 마모와는 어울리지 않다. 또한 ㉰의 문맥에서는 입을 통한 호흡으로 세균이 입안에 번식할 가능성이 커지므로 입에서 나는 안 좋은 냄새를 뜻하는 '구취'가 자연스럽다.

09

정답 ②

세 번째 문단에서 임신 32주가 넘으면 부른 배로 운전이 어렵다고 하였다. 따라서 최대 40주까지 운전이 가능하다는 내용은 적절하지 않다.

10

정답 ④

다섯 번째 문단에서 '차량 내부는 환기가 잘 되지 않아 어지럼증이 생길 수 있다.'고 하였으므로 창문을 열어 환기를 시키는 것이 중요하다.

11

정답 ④

채권을 발행한 기업의 경영 환경이 악화되면 지급 불능 위험이 높아지므로, 채권 가격은 떨어지게 된다.

12

정답 ①

빈칸 앞의 '금리는 현재가치에 반대 방향으로 영향을 준다.'와 빈칸 뒤의 '금리가 상승하면 채권의 현재가치가 하락하게 되고'는 논리적 모순 없이 인과관계를 이룬다. 그러므로 빈칸에는 '따라서'가 가장 적절하다.

13

정답 ③

제시문에 쓰인 '부과하다'는 '일정한 책임이나 일을 부담하여 맡게 하다.'의 의미이다.

14

정답 ③

미국은 처음부터 교토의정서의 협약참여를 거부하였고, 이후 러시아, 일본, 캐나다 등이 잇따라 탈퇴하였다. 그리고 온실가스 최대 배출국인 중국과 인도 등 개도국에는 애초에 감축의무가 부과되지 않았다.

15

정답 ③

제시문에서 레비스트로스는 신화 자체의 사유 방식이나 특성을 특정 시대의 것으로 한정하는 오류를 범하고 있다고 언급하였다. 따라서 과거 신화시대에 생겨난 신화적 사유는 신화가 재현되고 재생되는 한 여전히 시간과 공간을 뛰어 넘어 현재화되고 있음을 알 수 있다.

제2영역 자료해석

01	02	03	04	05	06	07	08	09	10
③	④	④	③	②	②	①	③	④	②
11	12	13	14	15					
③	④	④	④	③					

01

정답 ③

- A기업
  - 화물자동차 : $200,000+(1,000\times5\times100)+(100\times5\times100)$
    $=750,000$원
  - 철도 : $150,000+(900\times5\times100)+(300\times5\times100)$
    $=750,000$원
  - 연안해송 : $100,000+(800\times5\times100)+(500\times5\times100)$
    $=750,000$원
- B기업
  - 화물자동차 : $200,000+(1,000\times1\times200)+(100\times1\times200)$
    $=420,000$원
  - 철도 : $150,000+(900\times1\times200)+(300\times1\times200)$
    $=390,000$원
  - 연안해송 : $100,000+(800\times1\times200)+(500\times1\times200)$
    $=360,000$원

따라서 A기업은 모든 수단에서 운송비용이 동일하고, B기업은 연안해송을 이용할 때 가장 저렴하다.

02

정답 ④

남성의 골다공증 진료율이 가장 높은 연령대는 진료 인원이 가장 많은 70대이고, 여성의 골다공증 진료율이 가장 높은 연령대는 진료 인원이 가장 많은 60대로, 남성과 여성이 다르다.

오답분석

① 전체 골다공증 진료 인원 중 진료 인원이 가장 많은 연령대는 60대이며, 그 비율은 $\frac{264}{880}\times100=30\%$이다.

② 골다공증 발병이 진료로 이어진다면 여성의 진료 인원이 남성보다 많으므로 여성의 발병률이 남성보다 높음을 추론할 수 있다.

③ 전체 골다공증 진료 인원 중 40대 이하가 차지하는 비율은 $\frac{3+7+34}{880}\times100=5\%$이다.

03

정답 ④

사망자가 30명 이상인 사고를 제외한 나머지 사고는 A, C, D, F이다. 사고 A, C, D, F를 화재 규모와 복구 비용이 큰 순서로 각각 나열하면 다음과 같다.

- 화재 규모 : $A-D-C-F$
- 복구 비용 : $A-D-C-F$

따라서 옳은 설명이다.

① 터널 길이가 긴 순서로, 사망자가 많은 순서로 사고를 각각 나열하면 다음과 같다.
- 터널 길이 : A – D – B – C – F – E
- 사망자 수 : E – B – C – D – A – F
따라서 터널 길이와 사망자 수는 관계가 없다.
② 화재 규모가 큰 순서로, 복구 기간이 긴 순서로 사고를 각각 나열하면 다음과 같다.
- 화재 규모 : A – D – C – E – B – F
- 복구 기간 : B – E – F – A – C – D
따라서 화재 규모와 복구 기간의 길이는 관계가 없다.
③ 사고 A를 제외하고 복구 기간이 긴 순서로, 복구 비용이 큰 순서로 사고를 나열하면 다음과 같다.
- 복구 기간 : B – E – F – C – D
- 복구 비용 : B – E – D – C – F
따라서 옳지 않은 설명이다.

04 정답 ③

① 전체에서 금전출납부의 기록, 미기록 비율은 각각 30%, 70%이므로 기록하는 비율이 더 낮음을 알 수 있다.
② 용돈을 받는 남학생과 여학생의 비율은 각각 82.9%, 85.4%이므로 여학생이 더 높다.
④ 고등학교 전체 인원을 100명이라 한다면 그중에 용돈을 받는 학생은 약 80.8명이다. 따라서 80.8명 중에 용돈을 5만 원 이상 받는 학생의 비율은 40%이므로 80.8×0.4≒32.3명이다.

05 정답 ②

2022년 영산강(주암댐)은 2021년에 비해서 BOD가 증가하였다.

① 대청댐은 주어진 자료에서 항상 BOD 1.0mg/L 이하였다.
③ BOD 수치가 가장 컸던 때는 2.4mg/L로 2019년 낙동강이었다.
④ 가장 적게 오염이 되었다는 것은 BOD 수치가 가장 적다는 것이다. 따라서 BOD 수치가 다른 곳보다 항상 적거나 같았던 영산강이 가장 오염이 적다고 볼 수 있다.

06 정답 ②

첫 번째로 2022년 대비 2023년 이용건수의 증감량은 통상 국내특급이 91,214−86,309=4,905건으로 가장 크며, 두 번째로 증감량이 큰 것은 10,678−7,772=2,906건인 특별송달이다. 그리고 세 번째로 이용건수의 증감량이 큰 것은 증감량이 4,256−3,186=1,070건인 선거우편이다.
따라서 세 번째로 큰 우편물 종은 선거우편이다.

07 정답 ①

ㄱ. 2022년 대비 2023년 증감 추이는 내용증명은 증가이나 대금교환은 감소로 서로 상이하다.
ㄴ. 2020년 통상 국내특급과 특별송달 이용건수의 합은 94,950+16,973=111,923건으로 12만 건을 넘지 않는다.
ㄷ. 2020년 대비 2023년에 이용건수가 감소한 우편물 종은 통화 보험취급, 유가증권 보험취급, 통상 배달증명, 대금교환, 통상 국내특급, 소포 국내특급, 특별송달, 민원우편, 모사전송우편까지 9가지로 6가지를 초과한다.

ㄹ. 2023년 전체 특수취급우편물 이용건수는 통상 국내특급, 특별송달, 내용증명, 선거우편만 합하여도 86,309+7,772+7,234+3,186=104,501건으로, 10만 건을 초과한다.

08 정답 ③

ㄴ. SNS를 이용한다고 응답한 50대의 비율은 2022년에 70.9%, 2023년에 65.5%로 2023년에 전년 대비 감소하였다.
ㄷ. SNS를 이용한다고 응답한 고등학생의 비율은 2023년에는 96.1%로 90%를 넘지만, 2022년에 88.9%로 90%를 넘지 않는다.

ㄱ. 2022년에 SNS를 이용한다고 응답한 남성의 비율과 2023년에 SNS를 이용하지 않는다고 응답한 여성의 비율의 차이는 82.0−22.0=60.0%p로 50%p 이상이다.
ㄹ. 가구소득에 따른 구분을 보면, 2022년과 2023년 모두 가구소득이 높을수록 SNS를 이용한다고 응답한 비율이 높음을 알 수 있다.

09 정답 ④

SNS를 이용한다고 응답한 비율의 2022년과 2023년의 차가 가장 큰 직업은 74.0−60.7=13.3%p인 생산관련직이 차가 가장 크다.

10 정답 ②

첫 번째 조건에 따르면 사업체 수는 E가 70개로 가장 많고 그 다음으로 '관공서 및 단체'가 39개로 많아 E가 '서비스업'이 되고, 두 번째 조건에서 '서비스업'의 평균 종사자 수가 4명으로 같은 B가 '패션업'임을 알 수 있다.
세 번째 조건에 따르면 패션의 평균 광고비의 40%인 2,820×0.4=1,128만 원 이상인 것은 A, C이므로 기초재업은 A와 C 중 하나이다. 네 번째 조건에 따라 가정용품업의 평균 종사자 수는 패션업의 평균 종사자 수 4명보다 적다고 했으므로 D가 '가정용품업'임을 알 수 있다.

다섯 번째 조건에 따르면 C의 사업체 수는 A의 사업체 수의 2배이므로 A가 '기초재업', C가 '수송기기업'이 되어 이를 정리하면 다음과 같다.

구분	업종
A	기초재
B	패션
C	수송기기
D	가정용품
E	서비스

11 정답 ③

유통업계의 광고 관련 총 종사자 수는 3명×33개＝99명이며, 패션업계의 광고 관련 총 종사자 수는 4명×18개＝72명이다.

따라서 유통업계의 광고 관련 총 종사자 수 대비 패션업계의 광고 관련 총 종사자 수의 비율은 $\frac{72}{99} \times 100 = 72.7\%$이다.

12 정답 ④

연도별 단태아 산모 수를 구하면 다음과 같다.
- 2019년 : 882×0.62≒546명
- 2020년 : 898×0.68≒610명
- 2021년 : 1,020×0.71≒724명
- 2022년 : 1,108×0.64≒709명
- 2023년 : 1,174×0.65≒763명

따라서 단태아 산모 수가 가장 많은 연도는 2023년이다.

13 정답 ④

단태아는 1명, 다태아는 2명·3명이므로 이를 고려하여 계산하면 다음과 같다.
{(1,020×0.71)×1}＋{(1,020×0.17)×2}＋{(1,020×0.12)×3}
≒724＋(173×2)＋(122×3)＝1,436명

따라서 2021년 출생한 태아는 1,436명이다.

14 정답 ④

ㄱ. 자료를 통해 확인할 수 있다.
ㄴ. 각 6,570백만 원으로 동일하다.
ㄷ. (1kWh당 전기요금)＝(연간 절감 전기요금)÷(연간 절감 전력량)
   따라서 3,942백 만원÷3,942만 kWh＝100원/kWh이다.

오답분석

ㄹ. (필요한 LED 전구 수)÷(적용 비율)＝900천 개÷0.3＝300만 개

15 정답 ③

P시 가구의 80%를 5개 교체하면 절감액은 17,520백만 원이고, 50%를 5개 교체하면 10,950백만 원 임을 고려하여 계산하면 다음과 같다.
(17,520－10,950)×3＝19,710백만 원

따라서 두 전구를 교체할 때의 3년 후 절감액은 19,710백만 원이다.

제**3**영역 문제해결

01	02	03	04	05	06	07	08	09	10	11	12	13	14	15				
④	④	②	④	④	④	③	①	②	④	④	③	②	①	③				

01

정답 ④

각 조합들에 대해 할인 행사가 적용된 총 결제금액과 총효용을 표로 정리하면 다음과 같다.

구분	총 결제금액	총효용
①	$\{(5,000\times2)+(2,500\times1)+(8,200\times1)\}\times90\%=18,630$원	$80+35+70=185$
②	$\{(1,200\times6)+(2,500\times2)+(5,500\times2)\}\times90\%=20,880$원	$-$
③	$\{(5,000\times3)+(1,200\times1)+(2,500\times1)+(5,500\times1)\}\times90\%=21,780$원	$-$
④	$(5,000\times1)+(1,200\times2)+(2,500\times4)=17,400$원	$220+35=255$

②와 ③의 경우, 할인을 적용받아도 결제금액이 예산 범위를 초과하여 구입이 불가능하므로 ①과 ④ 중 효용의 합이 더 높은 ④의 조합으로 구입하는 것이 옳다.

02

정답 ④

주어진 행렬을 그림으로 나타내면 다음과 같다.

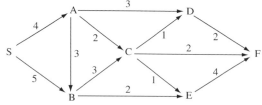

따라서 최단 경로는 'S → A → C → F'로 최단 거리는 $4+2+2=8$km이다.

03

정답 ②

㉠ 뉴욕행 비행기는 한국에서 6월 6일 22시 20분에 출발하고, 13시간 40분 동안 비행하기 때문에 현지에 도착하는 시간은 한국시간으로 6월 7일 12시이다. 한국시간은 뉴욕보다 16시간 빠르기 때문에 현지 도착시간은 6월 6일 20시이다.

㉡ 런던행 비행기는 한국에서 6월 13일 18시 15분에 출발하고, 12시간 15분 동안 비행하기 때문에 현지에 한국시간으로 6월 14일 6시 30분에 도착한다. 한국시간은 런던보다 8시간이 빠르므로, 현지에 도착하는 시간은 6월 13일 22시 30분이 된다.

04

정답 ④

조건에 따라 비용 차이를 정리하면 다음과 같다.

- (가)안 : 3·4분기 자재구매 비용은 $7,000\times40+10,000\times40=680,000$원이다. 3분기에 재고가 10개가 남으므로 재고관리비는 $10\times1,000=10,000$원이다. 따라서 자재구매·관리 비용은 $680,000+10,000=690,000$원이다.
- (나)안 : 3·4분기 자재구매 비용은 $7,000\times60+10,000\times20=620,000$원이다. 3분기에 재고가 30개가 남으므로 재고관리비는 $30\times1,000=30,000$원이다. 따라서 자재구매·관리 비용은 $620,000+30,000=650,000$원이다.

따라서 (가)안과 (나)안의 비용 차이는 $690,000-650,000=40,000$원이다.

05

입찰가격이 9억 원 이하인 업체는 A, C, D, E이고 이 업체들에 가중치를 적용한 점수와 이에 따른 디자인 점수를 표로 정리하면 다음과 같다.

(단위 : 점)

입찰기준 입찰업체	운영건전성 점수	시공실적 점수	공간효율성 점수	총합	디자인 점수
A	6	6(=3×2)	14(=7×2)	26(=6+6+14)	4
C	5	12(=6×2)	6(=3×2)	23(=5+12+6)	1
D	8	16(=8×2)	18(=9×2)	42(=8+16+18)	2
E	9	10(=5×2)	10(=5×2)	29(=9+10+10)	8

따라서 중간 선정된 A, D, E 중 디자인 점수가 가장 높은 E가 최종 선정된다.

06

입찰가격이 11억 원 이상인 B를 제외한 A, C, D, E업체들에 가중치를 적용한 점수와 이에 따른 최종 선정 결과를 표로 정리하면 다음과 같다.

(단위 : 점)

입찰기준 입찰업체	운영건전성 점수	환경친화자재 점수	시공실적 점수	디자인 점수	총합	비고
A	12(=6×2)	7	9(=3×3)	4	32 (=12+7+9+4)	시공실적 점수 기준미달
C	10(=5×2)	9	18(=6×3)	1	38 (=10+9+18+1)	중간 선정
D	16(=8×2)	2	24(=8×3)	2	44 (=16+2+24+2)	중간 선정
E	18(=9×2)	6	15(=5×3)	8	47 (=18+6+15+8)	시공실적 점수 기준미달

따라서 중간 선정된 C, D 중 운영건전성 점수가 더 높은 D가 최종 선정된다.

07

ⅰ) A씨(8개월)
- 처음 3개월 : 220×0.8=176만 원 → 150만 원(∵ 상한액) → 150×3=450만 원
- 나머지 기간 : 220×0.4=88만 원 → 88×5=440만 원
- ∴ 450+440=890만 원

ⅱ) B씨(1년, 아빠의 달+둘째)
- 처음 3개월 : 300×1.0=300만 원 → 200만 원(∵ 상한액) → 200×3=600만 원
- 나머지 기간 : 300×0.4=120만 원 → 100만 원(∵ 상한액) → 100×9=900만 원
- ∴ 600+900=1,500만 원

ⅲ) C씨(6개월)
- 처음 3개월 : 90×0.8=72만 원 → 72×3=216만 원
- 나머지 기간 : 90×0.4=36만 원 → 50만 원(∵ 하한액) → 50×3=150만 원
- ∴ 216+150=366만 원

따라서 세 사람이 받을 수 있는 육아휴직급여는 890+1,500+366=2,756만 원이다.

08

우선 제품특성표의 ★의 개수를 수치화하여 표로 정리하면 다음과 같다.

(단위 : 점)

구분	가격	브랜드가치	무게	디자인	실용성
A제품	3	5	4	2	3
B제품	5	4	4	3	2
C제품	3	3	3	4	3
D제품	4	5	2	3	3

이때, 50대 고객이 선호하는 특성인 브랜드가치, 무게, 실용성 점수만 더하여 계산하면 다음과 같다.
- A제품 : 5+4+3=12점
- B제품 : 4+4+2=10점
- C제품 : 3+3+3=9점
- D제품 : 5+2+3=10점

따라서 점수가 가장 높은 A제품을 판매하는 것이 가장 합리적인 판매 전략이다.

09

09번의 표로부터 20대와 30대 고객이 선호하는 특성인 가격, 무게, 디자인, 실용성 점수만 더하여 계산하면 다음과 같다.
- A제품 : 3+4+2+3=12점
- B제품 : 5+4+3+2=14점
- C제품 : 3+3+4+3=13점
- D제품 : 4+2+3+3=12점

따라서 점수가 가장 높은 B제품을 판매하는 것이 가장 합리적인 판매 전략이다.

10

ⓒ B씨의 사전평가 총점은 42점이지만 구술이 3점 미만이므로 기초 과정에 배정된다.
ⓔ 사전평가에 응시하지 않으면 자동 면제로 처리되어 기초과정부터 참여한다.

오답분석

㉠ A씨의 사전평가 총점은 40점(=10+30)이므로 초급2 과정에 배정된다.
ⓒ C씨는 이수정지 신청 후 2년 이내에 재등록했기 때문에 과거 이수사항이 승계되어 초급1 과정에 참여할 수 있다.

11

불가피한 사유(출산)로 이수정지 신청을 한 경우, 이수정지 후 2년 이내에 재등록하면 과거 이수사항 및 이수시간이 계속 승계되어 해당 과정에 참여할 수 있다고 하였으므로 문의 고객은 중급1 과정을 승계하여 수강하며, 100시간 중 남은 70시간을 더 이수해야 한다.

12

오븐은 소비자의 과실로 인한 고장이 맞지만 부품 생산이 중단되어 수리가 불가능한 상황이다. 부품보유기간 이내에 부품을 보유하지 않았고 품질보증기간이 경과하였으므로, '가' 항목의 ⓒ에 해당하며, 잔존가치액에 구입가의 5%를 가산하여 환급한다고 안내해야 한다. 따라서 ③은 응대할 대답으로 옳지 않다.

13

로봇청소기는 7년으로 정해진 부품보유기간 내에 부품이 없어 수리를 하지 못하는 경우이기 때문에 보상 규정에 따라 환급을 받는다.

- 감가상각비 : $14 \div 84 \times 2,400,000 = 400,000$원
- 잔존가치액 : $2,400,000 - 400,000 = 2,000,000$원
- 보상금액 : $2,000,000 + 2,400,000 \times 0.05 = 2,120,000$원

따라서 고객에게 다시 안내해야 할 보상금액은 212만 원이다.

[14~15]

W□/L○는 가로축이 □까지, 세로축이 ○까지 있음을 나타낸다. 괄호 앞의 각 문자는 도형의 모양을 의미한다. 즉, C는 원, D는 마름모, R은 사다리꼴, T는 정삼각형이다. 괄호 안의 숫자는 도형의 위치를 나타낸다. 즉, (1, 2)는 가로축에서 1과 세로축에서 2가 만나는 위치이다. 또한 쌍점(:) 뒤에 위치한 문자와 숫자는 도형의 명암과 크기를 알려준다. 즉, F는 도형의 안쪽이 검은색, E는 도형의 안쪽이 흰색이다. 그리고 1은 도형이 가장 작은 형태, 2는 중간 형태, 3은 가장 큰 형태이다.

14

- 가로축이 5까지, 세로축이 5까지 있다. → W5 / L5
- 원(C)은 가로축 3과 세로축 2가 만나는 위치이고, 도형의 안쪽이 흰색이다. 또한 크기가 가장 큰 형태이다. → C(3, 2) : E3
- 마름모(D)는 가로축 1과 세로축 3이 만나는 위치이고, 도형의 안쪽이 검은색이다. 또한 크기가 가장 작은 형태이다. → D(1, 3) : F1
- 사다리꼴(R)은 가로축 2와 세로축 1이 만나는 위치이고, 도형의 안쪽이 흰색이다. 또한 크기가 중간 형태이다. → R(2, 1) : E2
- 정삼각형(T)은 가로축 4와 세로축 4가 만나는 위치이고, 도형의 안쪽이 검은색이다. 또한 크기가 가장 작은 형태이다. → T(4, 4) : F1

15

D(3, 4) : F1는 마름모가 가로축 3과 세로축 4에서 만나는 위치이고, 도형의 안쪽이 검은색이다. 또한, 크기가 가장 작은 형태이다. 그러나 산출된 그래프에서는 가로축 4와 세로축 3이 만나는 위치이다. 따라서 D(4, 3) : F1이 되어야 한다.

01	02	03	04	05	06	07	08	09	10	11	12	13	14	15					
③	③	④	②	④	①	③	②	②	②	③	③	①	④	③					

01

정답 ③

백색 나이트는 최소한 5번 움직여야 흑색 킹을 잡을 수 있다.

02

정답 ③

백색 룩이 8번 움직일 수 있을 때, 최대 7개의 흑색 기물을 잡을 수 있다.

03

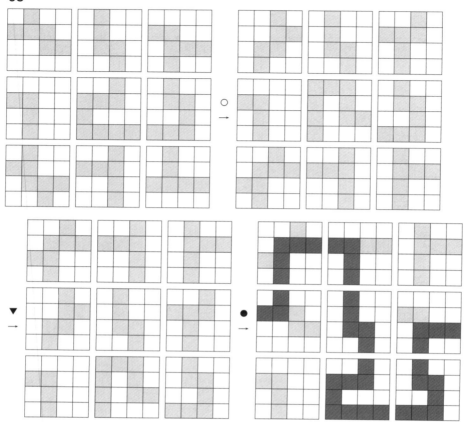

04

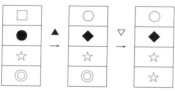

05

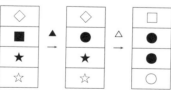

06

$(-4, -1)$ $\xrightarrow{\rightarrow}$ $(-3, -1)$ $\xrightarrow{\odot}$ $(-1, -3)$ $\xrightarrow{\curvearrowleft}$ $(3, -1)$ $\xrightarrow{\odot}$ $(-1, 3)$ $\xrightarrow{\rightarrow}$ $(0, 3)$

$\xrightarrow{\odot}$ $(3, 0)$ $\xrightarrow{\uparrow}$ $(3, 1)$

오답분석

② $(-4, -1)$ $\xrightarrow{\uparrow}$ $(-4, 0)$ $\xrightarrow{\odot}$ $(0, -4)$ $\xrightarrow{\curvearrowleft}$ $(4, 0)$ $\xrightarrow{\leftarrow}$ $(3, 0)$ $\xrightarrow{\leftarrow}$ $(2, 0)$

$\xrightarrow{\uparrow}$ $(2, 1)$ $\xrightarrow{\uparrow}$ $(2, 2)$

③ $(-4, -1)$ $\xrightarrow{\curvearrowleft}$ $(1, -4)$ $\xrightarrow{\odot}$ $(-4, 1)$ $\xrightarrow{\curvearrowright}$ $(1, 4)$ $\xrightarrow{\downarrow}$ $(1, 3)$ $\xrightarrow{\downarrow}$ $(1, 2)$

$\xrightarrow{\odot}$ $(2, 1)$ $\xrightarrow{\uparrow}$ $(2, 2)$

④ $(-4, -1)$ $\xrightarrow{\odot}$ $(-1, -4)$ $\xrightarrow{\rightarrow}$ $(0, -4)$ $\xrightarrow{\rightarrow}$ $(1, -4)$ $\xrightarrow{\curvearrowleft}$ $(4, 1)$ $\xrightarrow{\uparrow}$ $(4, 2)$

$\xrightarrow{\leftarrow}$ $(3, 2)$ $\xrightarrow{\leftarrow}$ $(2, 2)$

07

좌표평면 위의 모든 원을 제시된 조건에 따라 순서대로 작동하면

○$(-5, 3)$ / ○$(4, -2)$ / ○$(7, -1)$ / ●$(-3, 3)$ / ●$(-5, -2)$ / ●$(1, -2)$

◗, ◖, ◗

$\rightarrow$ ○$(-4, 5)$ / ○$(5, 0)$ / ○$(8, 1)$ / ●$(-4, 1)$ / ●$(-6, -4)$ / ●$(0, -4)$

◆

$\rightarrow$ ○$(-4, 5)$ / ○$(5, 0)$ / ○$(8, 1)$ / ●$(-1, -4)$ / ●$(4, -6)$ / ●$(4, 0)$

①

$\rightarrow$ ○$(-4, 5)$ / ○$(5, 0)$ / ●$(-1, -4)$ / ●$(4, -6)$ / ●$(4, 0)$

◇

$\rightarrow$ ○$(-5, -4)$ / ○$(0, 5)$ / ●$(-1, -4)$ / ●$(4, -6)$ / ●$(4, 0)$

◗, ◖, ◗

$\rightarrow$ ○$(-6, -6)$ / ○$(-1, 3)$ / ●$(0, -2)$ / ●$(5, -4)$ / ●$(5, 2)$

③

$\rightarrow$ ○$(-1, 3)$ / ●$(0, -2)$ / ●$(5, -4)$ / ●$(5, 2)$

따라서 남아 있는 원의 수는 4개이다.

08

8버튼을 눌렀을 때 적용되는 규칙은 모든 숫자를 1씩 빼는 것이다.
따라서 761593248에서 모든 숫자에 1씩 빼면 6594821370이다.

09

숫자 정가운데 칸을 중심으로 하여 칸 안의 정삼각형은 고정된 채, 정사각형 8개의 칸만 시계 반대 방향으로 한 칸씩 이동한다. 이동 후 회색 칸에 있는 정삼각형의 개수는 1개씩 줄어들고, 흰색 칸의 정삼각형 개수는 1개씩 늘어난다. 정가운데 칸의 숫자는 회색 칸의 정삼각형 개수의 총합이다.

10

정답 ②

규칙은 가로 방향으로 적용된다.
첫 번째 도형을 시계 반대 방향으로 90° 회전한 것이 두 번째 도형, 이를 색 반전한 것이 세 번째 도형이다.

11

정답 ③

각 항을 3개씩 묶고 각각 A, B, C라고 하면
$$A \ B \ C \rightarrow (A+B)+3=C$$
따라서 (   )=(1+2)+3=6이다.

12

정답 ③

나열된 수를 각각 A, B, C라고 하면
$$A \ B \ C \rightarrow (A+B) \div 3=C$$
따라서 (   )=6×3-8=10이다.

13

정답 ①

각 변에 있는 수의 합은 18로 일정하다.
따라서 7+4+(   )+5=18이므로 (   )=2이다.

14

정답 ④

제시된 내용에 따라 앞서 달리고 있는 순서대로 나열하면 A-D-C-E-B가 된다.
따라서 이 순위대로 결승점까지 달린다면 C는 3등을 할 것이므로 ④는 항상 참이 아니다.

15

정답 ③

• A와 B의 말이 진실일 경우
  A는 자신이 범인이 아니라고 했지만, B는 A가 범인이라고 하였으므로 성립하지 않는다.
• A와 C의 말이 진실일 경우
  A는 거짓말을 한 사람과 범인이 아니며, C의 진술에 따르면 거짓말을 한 사람과 범인은 B가 된다.
• B와 C의 말이 진실일 경우
  C의 진술에서 B가 거짓말을 하고 있다고 했으므로 둘의 진술은 동시에 진실이 될 수 없다.
따라서 거짓말을 한 사람과 물건을 훔친 범인은 모두 B이다.

제4회 정답 및 해설